D1349478

RELIURE
LAROCHELLE

Bien manger

sans se serrer la ceinture

Conception graphique de la couverture: Nancy Desrosiers
Photo: Andrea Sperling / Masterfile
Illustrations intérieures: Luc Lapierre

DISTRIBUTEURS EXCLUSIFS:

- Pour le Canada et les États-Unis:
  LES MESSAGERIES ADP*
  955, rue Amherst, Montréal H2L 3K4
  Tél.: (514) 523-1182
  Télécopieur: (514) 939-0406
  * Filiale de Sogides Ltée

- Pour la Belgique et le Luxembourg:
  PRESSES DE BELGIQUE S.A.
  Boulevard de l'Europe 117
  B-1301 Wavre
  Tél.: (10) 41-59-66
      (10) 41-78-50
  Télécopieur: (10) 41-20-24

- Pour la Suisse:
  TRANSAT S.A.
  Route des jeunes, 4 Ter
  C.P. 125
  1211 Genève 26
  Tél.: (41-22) 342-77-40
  Télécopieur: (41-22) 343-46-46

- Pour la France et les autres pays:
  INTER FORUM
  Immeuble ORSUD, 3-5, avenue Galliéni, 94251 Gentilly Cédex
  Tél.: (1) 47.40.66.07
  Télécopieur: (1) 47.40.63.66
  Commandes: Tél.: (16) 38.32.71.00
                  Télécopieur: (16) 38.32.71.28
                  Télex: 780372

Marie Breton, diététiste

Bien manger
sans se serrer la ceinture

Préface
de Louise Lambert-Lagacé

Comment
en avoir
plus pour
son argent

LES ÉDITIONS DE
L'HOMME

Données de catalogage avant publication (Canada)

Breton, Marie, 1962-

Bien manger sans se serrer la ceinture: comment
en avoir plus pour son argent

ISBN 2-7619-1098-2

1. Cuisine économique.   2. Alimentation.   I. Titre.

TX652.B73 1993   641.5'52   C93-096199-4

© 1993, Les Éditions de l'Homme,
une division du groupe Sogides

Tous droits réservés

Dépôt légal: 1er trimestre 1993
Bibliothèque nationale du Québec

ISBN 2-7619-1098-2

Remerciements

Je remercie sincèrement chacune de mes consœurs pour avoir accepté si spontanément de relire des sections de ce document ou de partager avec moi leurs connaissances...

Gisèle Deslières, diététiste experte en étiquetage des aliments,

Francine Jodoin, diététiste et coordonnatrice pour la province de Québec au Centre d'information sur le bœuf,

Suzanne Gendron-Rigaud, diététiste au Service de promotion et de publicité à la Fédération des producteurs de lait du Québec,

Pauline Vallières-Klosevych, R.P.Dt., spécialiste en alimentation et consommation ayant travaillé de nombreuses années à la Division de la consultation en alimentation d'Agriculture Canada et aux Services de la consommation du ministère des Pêcheries du Canada,

... et Pierre, pour m'avoir accompagnée si patiemment au cours de mes longues mais instructives visites dans les épiceries.

Préface

Saviez-vous que le nombre de produits offerts dans les supermarchés qui était de 9000 en 1975 est de 30 000 à l'heure actuelle? S'ajoutent à ce chiffre mirobolant une nouvelle réglementation sur l'étiquetage des aliments et une nouvelle série de données nutritionnelles. Avec le peu de temps dont bénéficie le consommateur pour faire ses courses, on peut comprendre ses difficultés à trouver des aliments vraiment nutritifs et pas trop chers. Le défi ne laisse personne indifférent. La dernière recherche de l'Institut national de nutrition (Canada) révèle que la grande majorité de la population, soit 70 % des consommateurs d'aujourd'hui, s'intéressent à la santé et à la nutrition lorsqu'ils font leurs achats alimentaires. Ils recherchent plus que jamais les meilleurs investissements, mais ils ne trouvent pas l'information dont ils ont besoin. Ils tentent de décoder le jargon des étiquettes, comparent de nouveaux aliments, parfois même de nouveaux ingrédients, improvisent la manière de conserver et d'apprêter des aliments moins connus, calculent difficilement les meilleurs achats sur le plan nutritif; mais, malgré tout, ils restent sur leur appétit en ce qui concerne les informations utiles.

Marie Breton connaît bien les aliments et réussit à calmer les inquiétudes des consommateurs. Son livre arrive à point! Il répond à une foule de questions et permet de multiplier les bons investissements alimentaires. On y apprend tout ou presque... sur l'ensemble des aliments de base: la valeur en fibres et en gras des différentes céréales à déjeuner, la signification du terme «sans cholestérol», le contenu du kéfir ou du tofu glacé, la durée d'entreposage des divers fruits et légumes frais, la façon d'apprêter les légumineuses et les grains entiers, le coût d'une portion de fromage, de poisson, de fruits de mer ou de produits céréaliers. J'y ai appris, par exemple, qu'une portion de riz instantané assaisonné ayant une valeur nutritive très limitée revenait au même prix qu'une portion du superbe riz sauvage riche en minéraux et en fibres; j'ai aussi appris que l'orge mondé revenait moins cher que tout autre grain entier. Avec de telles informations et bien d'autres, il devient possible de mieux manger sans se serrer la ceinture.

Ce livre est un outil pratique et précieux et je lui souhaite longue vie!

LOUISE LAMBERT-LAGACÉ

Introduction

Mieux investir son dollar alimentaire constitue tout un défi par les temps qui courent, un défi qui prend souvent l'allure d'un casse-tête, mais que vous avez choisi de relever.

Comme de plus en plus de consommateurs, les questions de santé et de nutrition vous intéressent. Vous êtes conscient de la portée de vos choix sur votre bien-être. Vous vous informez, vous évaluez, vous critiquez parce que vous voulez plus de qualité. Comme de plus en plus de consommateurs, votre stabilité financière fait également partie de vos préoccupations. Vous planifiez vos achats, vous surveillez les articles en promotion, vous comparez prix et produits parce que vous en voulez plus pour votre argent. Mais au bout du compte, vous constatez que réussir à concilier la meilleure qualité avec les plus bas prix à l'épicerie n'est pas facile! Faut-il s'en étonner?

Chaque semaine, encouragées par une concurrence grandissante, les entreprises alimentaires proposent des produits prétendument aussi-faciles-et-rapides-à-préparer-que-nutritifs-et-délicieux. Malgré votre bonne volonté, vous avez souvent peine à vous y retrouver. Bien sûr, l'étiquette renseigne sur les vertus du produit et tente de vous convaincre que ce serait une erreur de ne pas l'adopter. Mais la somme des «autres» informations qui vous permettraient de juger de sa qualité est souvent mince. De plus, lorsqu'ils sont donnés, ces renseignements restent difficiles à décoder par le non-initié et les écritures plus que minuscules n'incitent évidemment pas à la lecture! De toute façon, avec le peu de temps dont on dispose pour l'épicerie, n'est-il pas plus simple de faire confiance au fabricant?

D'autre part, le temps est aux «coupures», et pas seulement dans le gras. Dans un contexte où les revenus plafonnent ou, pire, sont réduits, il faut se débrouiller pour faire plus avec autant, sinon avec moins. Chacun doit faire travailler son imagination pour élaborer de nouvelles stratégies à inscrire au menu. Dans trop de familles, malheureusement, les dépenses liées à l'alimentation sont souvent celles qui sont compressibles.

Selon les données compilées par Statistique Canada, les dépenses alimentaires moyennes par ménage se chiffraient en 1990 à 77,51 $ par semaine (excluant les dépenses au restaurant). Semaine après semaine, cela fait tout un montant au bout de l'année! Un montant qui s'élève à plus du quart du revenu pour bien des ménages. Or, selon certaines études, il semble que ce soit au supermarché que 80 % des décisions d'achat sont prises pour une dépense pourtant importante. Curieux... Lorsqu'il s'agit de l'achat de la tondeuse si essentielle, du lecteur de disques compacts si convoité ou, même, du grille-pain si pratique, on «magasine»! Prix, qualité, garantie, service, on examine tout avant de prendre une décision. Mais quand il s'agit d'aliments... Ils représentent à la fois une dépense fort considérable et un capital-santé.

L'alimentation constitue certes une façon d'influencer la santé physique et mentale. Viser la santé, c'est plus que vous efforcer à éviter la maladie. C'est vous donner un moyen, une ressource, un capital qui permette de vous réaliser pleinement. Comme pour tout investissement, il faut évidemment y mettre du temps et des efforts. Dans un monde où l'on veut tout et tout de suite, on doit cultiver la patience et la persévérance et avoir la force de ses convictions. On ne peut déloger du jour au lendemain des habitudes alimentaires confortablement installées depuis 15, 30 ou 60 ans. On ne peut non plus le faire sans certaines résistances et quelques tentations de les garder...

Vous avez décidé que votre mieux-être valait l'investissement, mais vous vous demandez comment rester à l'intérieur des limites de votre budget? Partez à la découverte des stratégies que vous propose ce guide. Adoptez-les, faites-les fructifier, elles sont à vous! Mais surtout, respectez vos habitudes alimentaires actuelles et votre rythme. Les gratifications ne coûtent rien. N'en soyez pas avare et offrez-vous-en pour vous récompenser de chacun des placements effectués. Petit à petit, leurs intérêts feront profiter votre capital-santé. Le plaisir que vous tirerez à accumuler vos gains ne pourra que vous encourager à poursuivre dans la voie d'autres investissements.

Faites de bonnes affaires! Et bonne santé!

Chapitre 1

Les règles de l'étiquetage

Les inscriptions obligatoires

À quelques exceptions près, les aliments préemballés (c'est-à-dire vendus dans l'emballage original du fabricant) en vente au Canada ont une étiquette sur laquelle doivent figurer les renseignements suivants, en français et en anglais:

- le nom usuel* de l'aliment, par exemple, «jus d'orange»;
- le nom et l'adresse* de l'entreprise responsable (fabricant, distributeur, détaillant, importateur) de l'aliment, par exemple, «fabriqué pour...», «fabriqué par...»;
- s'il s'agit d'un produit préemballé dont la durée de conservation est de 90 jours ou moins** (comme le lait):
  - la date limite de conservation précédée de la mention «meilleur avant», par exemple, «meilleur avant 92 DE 21». Jusqu'à cette date, le produit aura probablement conservé sa fraîcheur s'il a été manipulé et maintenu dans de bonnes conditions. Après, il peut quand même être

---

* Sauf les fruits et légumes frais qu'on peut identifier à travers l'emballage.
** Sauf quelques exceptions, dont les fruits et légumes frais.

consommable, mais on devrait se hâter de l'utiliser. Une fois le contenant ouvert, la date «meilleur avant» n'est plus valable;
- le mode d'entreposage du produit, si ce dernier doit être conservé autrement qu'à la température ambiante, par exemple, «garder réfrigéré»;

- s'il s'agit d'un produit emballé chez le marchand et dont la durée de conservation est de 90 jours ou moins*, par exemple, une coupe de viande fraîche, un morceau de fromage:
  - la date d'emballage** précédée de la mention «empaqueté le», par exemple, «empaqueté le SE 12»;
  - la durée de conservation de l'aliment, sauf si elle est affichée à proximité de l'aliment, par exemple, «durée de conservation: 2 à 3 jours»;
- la quantité nette de l'aliment (excluant le poids du contenant) en poids (en grammes ou kilogrammes) ou en volume (en millilitres ou litres);
- la liste des ingrédients;
- la grosseur de la portion lorsque le nombre de portions est indiqué;
- pour un produit aromatisé artificiellement, et dont l'étiquette illustre l'aliment dont la saveur est imitée (comme une orange), une mention spécifiant clairement qu'il s'agit d'un arôme artificiel;
- la marque de la catégorie, s'il s'agit d'un aliment soumis à des normes de classement.

---

* Sauf quelques exceptions, dont les fruits et légumes frais.
** La date d'emballage peut être la date à laquelle l'aliment a été emballé par le fabricant (par exemple, du fromage préemballé vendu tel quel) ou la date à laquelle le produit a été pesé et emballé par le marchand (par exemple, du fromage coupé en magasin).

La liste des ingrédients

Lorsqu'un produit renferme plus d'un ingrédient, on doit la plupart du temps trouver sur son emballage une liste de ces ingrédients. Ceux-ci sont généralement listés en ordre décroissant selon leur proportion en poids dans le produit; l'emballage peut aussi faire mention de leur pourcentage dans l'aliment.

La liste des ingrédients donne une «idée» du contenu, à savoir les ingrédients présents et leur importance relative dans le produit. Elle permet de découvrir que, par exemple, une «boisson à l'orange» contient avant tout de l'eau et du sucre additionnés de saveurs artificielles et de colorants; aucune commune mesure donc entre le fruit convoité et un tel produit qui ne représente évidemment pas un bon rapport qualité/prix.

Toutefois la liste des ingrédients est rarement complète. En effet, sauf en ce qui concerne les sulfites dont la présence doit absolument être signalée, les dispositions actuelles de la loi n'obligent pas le fabricant à mentionner sur l'emballage «tous» les ingrédients et substances du produit. De même, les fabricants peuvent employer certains termes génériques comme «colorant» ou «huile végétale» sans avoir à fournir de détails sur ce que ces substances contiennent. Dès lors, si vous êtes allergique à un ingrédient, ou si vous désirez éviter certains colorants ou certaines substances ajoutées pour relever les saveurs, ou encore si vous voulez réduire votre consommation de caféine, la liste des ingrédients ne pourra vous aider.

La loi ne contraint pas non plus le fabricant à indiquer le pourcentage en poids de chacun des ingrédients, ce qui aiderait à estimer la quantité réelle d'un ingrédient recherché ou évité. Par exemple, l'élément «shortening» doit apparaître immédiatement après la farine sur la liste d'ingrédients de vos biscottes préférées, si aucun autre ingrédient n'est contenu en plus grande quantité (ce qui est souvent le cas). Même si le gras est en seconde position, cette même biscotte peut ne fournir que 0,2 g de gras, soit 1,8 calorie sur les 20 calories de la biscotte, ce qui est très peu.

Si les pourcentages en poids des ingrédients étaient spécifiés, vous pourriez faire des découvertes encore plus surprenantes. Par exemple*, vous apprendriez que les gaufres que vous achetez parce que leur nom laisse entendre qu'elles sont faites de grains entiers nutritifs renferment en fait chacune l'équivalent de 1/25 de tasse de blé entier! Ou que certains petits pâtés congelés «aux légumes et au poulet» peuvent en réalité ne contenir que 10 pois, l'équivalent de 1/20 d'une carotte et de 1/9 d'une pomme de terre. Ou encore, que la céréale «au miel et aux noix» que vous trouvez plus naturelle et saine apporte en fait plus de sucre que de miel et plus de sel que de noix!

LES INGRÉDIENTS CACHÉS

Pour bien lire une liste d'ingrédients, il faut savoir interpréter des mots parfois savants qui en cachent souvent d'autres, beaucoup plus simples. La liste suivante regroupe quelques-uns de ces mots sous trois titres connus: le gras, le sucre et le sel.

GRAS	SUCRES ET AUTRES ÉDULCORANTS	SEL
Beurre	Cassonade	Toutes les substances
Diglycérides	Dextrose	qui renferment du
Glycérides	Fructose	sodium:
Graisse	Galactose	benzoate de sodium
Huile	Glucose	bicarbonate de sodium
Margarine	Lactose	chlorure de sodium
Monoglycérides	Maltose	citrate de sodium
Saindoux	Mannitol	gluconate de sodium
Shortening	Mélasse	phosphate sodique/
Suif	Miel	disodique/monosodique
	Sirop (de maïs)	propionate de sodium
	Sorbitol	Levure chimique

* Selon une étude réalisée par le Center for Science in the Public Interest, publiée dans le numéro de mars 1992 de *Nutrition Action*.

GRAS	SUCRES ET AUTRES ÉDULCORANTS	SEL
	Sucre (blanc, de canne, d'érable, à glacer, de maïs, inverti, liquide) Sucrose (sucre de table) Xylitol	Poudre à pâte Saumure Sel de mer

Les données nutritionnelles

L'étiquette qui porte une mention nutritionnelle sur la teneur en sel, en gras, etc., doit être accompagnée d'autres renseignements. Si la mention concerne:

- la teneur en matières grasses, en glucides, en sucres ou en fibres alimentaires: la quantité totale de ces substances en grammes (g) doit être déclarée par portion;
- la teneur en cholestérol ou en acides gras (polyinsaturés, monoinsaturés ou saturés): les quantités de gras total et de gras polyinsaturé, monoinsaturé et saturé, en grammes, doivent être données par portion, de même que la quantité de cholestérol, en milligrammes (mg);
- la présence d'une vitamine ou d'un minéral: la quantité de la vitamine ou du minéral en question doit être spécifiée, par portion, en pourcentage de son apport quotidien recommandé* (% AQR);
- la teneur en sel ou en sodium: la quantité de sodium et de potassium en milligrammes doit être déclarée par portion.

---

* L'apport quotidien recommandé (AQR) est la quantité d'une vitamine ou d'un minéral jugée suffisante pour satisfaire aux besoins d'une journée de la majorité des individus. La quantité totale de vitamines et de minéraux contenus dans une portion de l'aliment doit être déclarée en pourcentage (%) de l'apport quotidien recommandé lorsqu'on les mentionne spécifiquement.

Ne vous contentez pas de lire les mentions nutritionnelles destinées à retenir votre attention. Recherchez avant tout les données qui vous permettront de comparer les produits. Et n'oubliez pas qu'un produit qui ne porte aucune mention accrocheuse pourrait bien être tout aussi avantageux et même plus.

QUELQUES DÉFINITIONS

- Un aliment à «faible teneur en matières grasses» (avec ou sans le terme «léger») ou «renfermant peu de matières grasses» ne doit pas contenir plus de 3 g de gras par portion et 15 g de gras par 100 g de matière sèche (15 %).
- Un aliment à «faible teneur en acides gras saturés» ou «renfermant peu d'acides gras saturés» ne doit pas contenir plus de 2 g d'acides gras saturés par portion, et l'énergie fournie par les acides gras saturés ne doit pas dépasser 15 % de la valeur énergétique totale de l'aliment.
- Un aliment ne renferme «pas de cholestérol» ou est «sans cholestérol» s'il ne contient pas plus de 3 mg de cholestérol par 100 g de l'aliment, pas plus de 2 g d'acides gras saturés par portion et de 15 % de l'énergie totale en provenance des acides gras saturés. Cela ne signifie pas nécessairement que la teneur de cet aliment est faible en gras.
- Un aliment à «faible teneur en cholestérol» (avec ou sans le terme «léger») ou «renfermant peu de cholestérol» ne doit pas fournir plus de 20 mg de cholestérol par 100 g et par portion de l'aliment, pas plus de 2 g d'acides gras saturés par portion et de 15 % de l'énergie totale en provenance des acides gras saturés, ce qui ne signifie pas nécessairement non plus que sa teneur en gras est faible. Surveillez la teneur totale en matières grasses qui doit obligatoirement être inscrite.
- Un aliment «sans matières grasses» ne doit pas contenir plus de 0,1 g de gras par 100 g de l'aliment.

- Un produit de viande, de volaille, de poisson ou de fruits de mer est «maigre» s'il ne contient pas plus de 10 % de gras (sauf le bœuf et le porc hachés qui ne doivent pas contenir plus de 17 % de gras).

- Un aliment à «faible teneur en sucres» (avec ou sans le terme «léger») ne doit pas contenir plus de 2 g de sucres par portion et 10 g par 100 g de matière sèche (10 %).

- Un aliment dit «sans sucre ajouté» ou «non sucré» ne doit pas avoir été additionné de sucre (sucrose ou sucre de table) ni d'un autre type de sucre comme le miel, la mélasse, le fructose, le glucose et autres sucres (monosaccharides et disaccharides) dont le nom se termine généralement par «ose». On ne doit pas non plus lui avoir ajouté un ingrédient renfermant lui-même une quantité appréciable de ces sucres. L'aliment n'est pas nécessairement «sans sucre» puisqu'il peut renfermer le sucre qui y est naturellement présent, le sucre des fruits par exemple. Une mention «sucré avec du miel» (ou de la mélasse ou un autre produit) peut toutefois suivre la mention «sans sucre ajouté» pour indiquer que le produit a été sucré avec du miel au lieu du sucre. Pour éviter toute confusion, on exige dans ce cas que les deux mentions soient d'égale grosseur.

- Un aliment peut porter la mention «source de tel ou tel minéral ou vitamine» ou «renferme tel ou tel minéral ou vitamine» si le pourcentage de l'apport quotidien recommandé (% AQR) de ce minéral ou de cette vitamine par portion est déclaré sur l'étiquette et est d'au moins:
5 % quant aux mentions «renferme...» et «source de...»;
15 % (30 % pour la vitamine C) quant aux mentions «bonne source de...» et «source élevée de...»;
25 % (50 % pour la vitamine C) quant aux mentions «excellente source de...», «source très élevée de...» et «riche en...».

- Un aliment «enrichi» comportera une inscription spécifiant l'élément nutritif ajouté et la teneur de cet élément en pourcentage (%) de l'apport quotidien recommandé. Mais un aliment enrichi est-il nécessairement un meilleur choix? (Voir «Farines et pains d'énergie», p. 187).

- Un aliment «sans sel ajouté» ou «non salé» ne doit pas avoir été additionné de sel (chlorure de sodium) ni d'autres sels de sodium. On ne doit pas non plus lui avoir ajouté un ingrédient renfermant lui-même une quantité appréciable de sel.

- Un aliment peut porter la mention «source de fibres alimentaires» si sa teneur en fibres en grammes par portion est déclarée sur l'étiquette et est d'au moins:
  2 g quant aux mentions «source de...» et «source moyenne de...»;
  4 g quant à la mention «source élevée de...»;
  6 g quant à la mention «source très élevée de...».

- Non seulement le terme «léger» est applicable à la teneur en sel, en sucre, en matières grasses et en calories (énergie), mais il peut également se rapporter à la texture, au goût, à la saveur. Ne le prenez pas à la légère. Comme beaucoup de consommateurs, vous êtes soucieux de votre alimentation et recherchez des produits renfermant moins de gras, de sucre, de calories, de sel, etc. Vous vous attendez à ce qu'un produit dit «léger» soit meilleur pour votre santé et contienne moins de ces ingrédients, ce qui n'est pas nécessairement le cas. Vérifiez donc toujours les renseignements suivants (qui devraient être présents):
  - ce qui a été allégé (le sucre, le gras, le sel, la saveur, etc.);
  - dans quelle proportion (25 %, 50 %...? La réduction devrait être d'au moins 25 %);
  - par rapport à quel aliment;
  - la teneur exacte de l'ingrédient allégé (le sucre, le gras, le sel, etc.) par portion.
  (Voir également «Les données comparatives» p. 23 et «Les aliments diététiques», p. 24.)

LES PRODUITS «SANS CHOLESTÉROL»: UN MEILLEUR CHOIX?

Les fabricants sont conscients que le gras et le cholestérol font maintenant partie des préoccupations du consommateur. Depuis quelques années, ils usent (et abusent) de la mention «sans cholestérol». Les «nouvelles» frites, chips et huiles «sans cholestérol» n'offrent la plupart du temps aucun avantage sur leurs versions ordinaires.

C'est bien de dire la vérité, mais encore faut-il dire «toute» la vérité! En effet, pour porter la mention «sans cholestérol», l'aliment doit effectivement ne pas en contenir. Pourtant, comme seuls les aliments d'origine animale contiennent du cholestérol, il n'y a rien d'original à ce qu'une huile 100 % végétale ou des frites et des chips (tous deux faits de pommes de terre) préparés sans ajout de gras animal n'en contiennent pas. Elles n'en ont jamais contenu...

Les diététistes et autres professionnels de la santé s'entendent sur une chose: une des règles d'or pour réduire les risques de problèmes de santé comme les maladies cardiovasculaires ou le cancer consiste à réduire la quantité totale de matières grasses dans l'alimentation. Une telle réduction passe par le choix d'aliments moins gras, avec ou sans mention «sans cholestérol». «Sans cholestérol» n'est pas forcément synonyme de «bas en gras» (pensez aux chips, aux frites ou aux huiles végétales). Il est donc important de toujours regarder la teneur en matières grasses qui doit nécessairement être donnée lorsque le produit est spécifié «sans cholestérol». Cela peut réserver bien des surprises!

LES DONNÉES COMPARATIVES

Les fabricants ont le droit de comparer les teneurs en gras, en calories, en vitamines ou autres éléments nutritifs de différents aliments. Cependant, même si le céleri «contient moins de gras que» le fromage, serait-il honnête de vanter le céleri en faisant valoir cet avantage concurrentiel? La boisson à saveur de raisin enrichie de vitamine C «fournit autant de cette vitamine que» le jus de raisin, mais est-elle aussi avantageuse pour autant? Serait-on gagnant à étendre plus de tartinade au chocolat «plus légère que» sa version ordinaire, si la réduction ne portait en fait que sur... la saveur? Pour éviter de semer la confusion, il est recommandé aux fabricants de se conformer aux règles suivantes:

- comparer des aliments semblables: des versions différentes d'un même aliment (par exemple, des yogourts) ou à tout le moins des aliments d'un même groupe alimentaire (par exemple, du lait glacé avec de la crème glacée);
- indiquer clairement quels aliments ont été comparés et les différences entre eux (par exemple, «le lait 1 % contient 50 % moins de gras que le lait 2 %»);
- comparer des aliments dont la différence (en plus ou en moins) de l'élément nutritif ou de la valeur énergétique est significative et d'au moins 25 %;
- fournir suffisamment de renseignements nutritionnels pour permettre au consommateur de comparer les produits et d'évaluer jusqu'à quel point l'aliment en vedette est réellement supérieur.

LES ALIMENTS DIÉTÉTIQUES

- Un aliment «hypocalorique» (avec ou sans le terme «léger»), une fois qu'il est apprêté, ne doit pas fournir plus de 50 % des calories de sa version ordinaire et pas plus de 15 calories par portion et 30 calories par ration quotidienne normale.
- Un aliment «réduit en calories» (avec ou sans le terme «léger»), une fois qu'il est apprêté, ne doit pas fournir plus de 50 % des calories de sa version ordinaire. Mais attention, la réduction des calories peut provenir d'une diminution de

la quantité de sucre, de gras ou des deux. Il ne convient donc pas nécessairement mieux aux personnes diabétiques, par exemple. Prenez le temps de lire les teneurs en calories, en protéines, en matières grasses et en glucides qui doivent obligatoirement figurer sur l'étiquette d'un aliment qualifié «réduit en calories».

- Un aliment «sans calorie» ne doit pas fournir plus de 1 calorie par 100 g de l'aliment.
- Un aliment «hyposodique» (avec ou sans le terme «léger»), une fois qu'il est apprêté, ne doit pas contenir plus de 50 % de la teneur en sodium de sa version ordinaire et pas plus de 40 mg de sodium par 100 g de l'aliment (80 mg quant aux produits de viande, de poisson et de volaille; 50 mg quant au cheddar).
- Un aliment «sans sel» ou «sans sodium» ne doit pas contenir plus de 5 mg de sodium par 100 g du produit.
- Un aliment «réduit en glucides» (avec ou sans le terme «léger»), une fois qu'il est apprêté, contient moins de 50 % des glucides normalement présents dans sa version ordinaire et ne fournit pas plus de calories qu'il ne le ferait si sa teneur en glucides n'était pas réduite. De plus, au moins 25 % de ses calories proviendraient de son contenu en glucides, si sa teneur en glucides n'était pas réduite. Toutefois, un aliment à teneur réduite en glucides n'est pas nécessairement «réduit en calories» si on lui a ajouté du gras ou des substituts de sucre pour améliorer sa texture, par exemple. Donc, si vous recherchez des produits «contenant moins de calories», vérifiez bien la valeur énergétique et les teneurs en gras et en glucides inscrites sur l'étiquette.
- Un aliment «sans sucre» (avec ou sans le terme «léger») est un aliment à teneur réduite en glucides qui, lorsqu'il est apprêté, ne doit pas contenir plus de 1/4 de 1 % de glucides et 1 calorie par 100 g ou 100 ml de l'aliment.

L'étiquetage nutritionnel

Au Canada, le système d'étiquetage nutritionnel a été conçu pour uniformiser la présentation de l'information sur la teneur en éléments nutritifs des aliments. Les fabricants ne sont pas tenus d'adopter ce système, mais la Direction générale de la protection de la santé de Santé et Bien-être social Canada encourage ceux qui souhaitent informer les consommateurs sur la composition nutritionnelle de leurs produits à l'utiliser. Les directives que ce système donne se rapportent à l'inscription sur l'étiquette, en français et en anglais, des renseignements suivants organisés sous forme de tableau comme le montre l'exemple que voici:

INFORMATION NUTRITIONNELLE

• Portion de l'aliment
  comme vendu (en g ou ml)
  ainsi que sa mesure domestique: Par portion de 75 ml   (1/3 tasse)

• Valeur énergétique: (en Cal et kJ)	Énergie[a]	70	Cal
		290	kJ
• Teneur en protéines: (en g)	Protéines[a]	3,8	g
• Teneur en gras: (en g)	Matières grasses[a]	0,3	g
	Polyinsaturées[b]	0,3	g
	Acide linoléique[c]	0,1	g
	Monoinsaturées[b]	0	g
	Saturées[b]	0	g
	Cholestérol[b]	0	mg

(a) Éléments devant faire partie de l'énumération de base, la déclaration des autres éléments étant facultative.

(b) Si un de ces éléments devait être mentionné, tous les quatre éléments devraient l'être, en plus des matières grasses.

(c) Peut être mentionné si les matières grasses, le cholestérol et les acides gras polyinsaturés, monoinsaturés et saturés le sont également.

INFORMATION NUTRITIONNELLE (suite)

• Teneur en glucides: (en g)	Glucides[a]	24	g
	Sucres	8,0	g
	Alcools de sucre	0	g
	Amidon	5,0	g
	Fibres alimentaires	11	g
• Sodium et potassium: (en mg)	Sodium[d]	200	mg
	Potassium[d]	310	mg

• Vitamines et minéraux:

Pourcentage de l'apport quotidien recommandé

Vitamine A	0	%
Vitamine D	0	%
Vitamine E	0	%
Vitamine C	0	%
Vitamine B_1/thiamine	46	%
Vitamine B_2/riboflavine	4	%
Niacine	12	%
Vitamine B_6	10	%
Folacine	8	%
Vitamine B_{12}	0	%
Acide pantothénique/pan-tothénate	7	%
Calcium	2	%
Phosphore	15	%
Magnésium	33	%
Fer	28	%
Zinc	14	%
Iode	34	%
Autres (à spécifier)	0	mg

(a) Éléments devant faire partie de l'énumération de base, la déclaration des autres éléments étant facultative.
(d) Si un de ces éléments devait être mentionné, les deux éléments devraient l'être.

Les marques de catégories

Au Canada, plusieurs groupes d'aliments vendus chez les détaillants sont soumis à des normes fédérales et provinciales de classement, en fonction de critères propres au groupe. La catégorie dans laquelle les produits ont été classés doit alors être spécifiée soit sur l'étiquette, soit sur le produit lui-même.

Agriculture Canada définit les normes fédérales et en surveille l'application pour les aliments exportés ou importés d'un autre pays (si le Canada les produit aussi) ou d'une autre province. D'autre part, le ministère de l'Agriculture, des Pêcheries et de l'Alimentation du Québec (MAPAQ) fait de même pour les aliments produits et vendus au Québec. Tous deux collaborent étroitement.

Sur l'étiquette, le mot «Canada» apparaissant près de la catégorie signifie que le produit a été soumis à des normes fédérales de classement. De telles normes existent pour:

- la viande et la volaille;
- les œufs;
- le lait écrémé en poudre, le cheddar et le beurre;
- les fruits et légumes frais, en conserve, congelés, déshydratés, en jus;
- le miel et le sirop d'érable.

Tableau I
Principales catégories trouvées chez les détaillants et quelques critères de classement
(Agriculture Canada)

ALIMENTS	CATÉGORIES	CRITÈRES
Bœuf, veau	Canada A (ruban rouge)	Animal jeune
		Partie maigre ferme, à grain fin, rouge vif et légèrement persillée
		Bonne couverture de gras ferme, de blanc à ambre rougeâtre
	A1, A2, A3	Rendement en viande
	AAA, AA, A (bœuf)	Degré de persillage[a]
	Canada B (ruban bleu)	Animal jeune
	B1	Sans persillage
		Couche de gras trop mince
	B2	Gras jaunâtre
	B3	Peu de muscle
	B4	Viande foncée
	Canada D, E (bœuf haché, produits transformés, «qualité économique»)	Animal mature (adulte)
		Taureau (Canada E)
Volaille	Canada A (étiquette rouge)	Conformation parfaite
		Chair abondante
		Bien engraissée, gras bien réparti

(a) Degré de persillage: quantité de petits filaments de gras qui traversent le maigre de la viande.

Tableau I
Principales catégories trouvées chez les détaillants et quelques critères de classement (suite)

ALIMENTS	CATÉGORIES	CRITÈRES
	Canada B (étiquette bleue)	Moins charnue Moins bien engraissée Petites déchirures ou décolorations
	Canada Utilité (étiquette bleue)	Membre(s) manquant(s)
Œufs	Canada A1, A, B	Propreté, forme de la coquille Position, forme du jaune Présence de taches (sang, chair)
		Poids:
	Canada A1, A	
	Extra gros	2 1/4 oz et plus
	Gros	2 oz et plus
	Moyens	1 3/4 oz et plus, mais moins de 2 oz
	Petits	1 1/2 oz et plus, mais moins de 1 3/4 oz
	Peewee (A seul.)	moins de 1 1/2 oz
	Canada B	1 3/4 oz et plus
Produits laitiers		
Lait écrémé en poudre	Canada 1	Couleur, saveur
Fromage cheddar	Canada 1	Couleur, texture, saveur
Beurre	Canada 1	Couleur, texture, saveur

Tableau I
Principales catégories trouvées chez les détaillants et quelques critères de classement (suite)

ALIMENTS	CATÉGORIES	CRITÈRES
Fruits et légumes		
frais[b]	Canada n° 1, Domestique	Uniformité (grosseur, forme) Longueur, diamètre, couleur Maturité, propreté Absence de défauts, de meurtrissures
congelés, en conserve	Canada de Fantaisie, de Choix, Régulière[c]	Uniformité (calibre, forme) Couleur, saveur Maturité, tendreté Absence de défauts, de matières étrangères
déshydratés	Canada de Fantaisie, de Choix	
jus	Canada de Fantaisie, de Choix	Couleur, saveur Consistance Absence de particules
Autres		
Miel	Canada n° 1	Saveur[d] Absence de matières étrangères
Sirop d'érable	Canada de Choix, Clair	Couleur, saveur

(b) Pommes, poires: Canada Extra de fantaisie, de Fantaisie.
(c) Régulière: fruits et légumes en conserve seulement.
(d) La couleur (blanc, doré, ambré ou foncé) est un indice de la saveur: plus la couleur est foncée, plus la saveur est prononcée. La couleur n'est cependant pas un critère de classement.

L'INSPECTION SANITAIRE DES VIANDES ET VOLAILLES

La viande et la volaille doivent avoir été inspectées et jugées saines et salubres avant d'être mises sur le marché. Chaque animal est examiné avant et après l'abattage par un inspecteur ou par un vétérinaire d'un service d'inspection fédéral d'Agriculture Canada ou d'un service d'inspection provincial. Les animaux suspects sont retenus pour un examen en profondeur. Des analyses de laboratoire aléatoires (effectuées au hasard selon une méthode déterminée) permettent de découvrir la présence de résidus.

Lorsque l'animal est jugé conforme aux standards de sécurité, sa carcasse est estampillée d'une marque d'inspection ronde portant une couronne en son centre entourée du mot «Canada» et du numéro d'enregistrement de l'établissement où s'est faite l'inspection. Cette estampille indique que la viande est propre à la consommation, mais ne renseigne pas sur sa qualité ni sur son rendement en viande, ce que seule la classification permet d'établir.

Estampille d'inspection fédérale

Chaque carcasse de viande est estampillée à plusieurs endroits. Mais lorsque l'on achète une coupe de viande chez le détaillant, cette marque n'apparaît pas nécessairement sur le gras visible de la viande. Les produits transformés à base de viande (par exemple, saucisses, cretons, bacon, viandes en conserve) porteront l'estampille sur l'emballage ou sur la boîte. La volaille la portera sur l'attache métallique, le sac ou l'étiquette.

Contrairement aux produits de viande importés d'un autre pays ou d'une autre province, ceux de la province même ne requièrent pas l'inspection sanitaire par un inspecteur ou un vétérinaire mandaté par Agriculture Canada. Ils ne porteront donc pas nécessairement l'estampille ronde fédérale, alors qu'elle est obligatoire sur les produits importés. Les produits de viande locaux sont toutefois soumis à des règlements provinciaux d'inspection.

LE CLASSEMENT PAR CATÉGORIE DES VIANDES ET VOLAILLES

Après l'inspection fédérale, le classement est effectué selon des critères précis se rapportant à la maturité, à la qualité et au rendement en viande.

- La maturité: elle est déterminée par le degré de calcification des os. Généralement, plus l'animal est âgé, moins sa viande est tendre.
- La qualité: elle se définit par la couleur, la texture et la fermeté du maigre et du gras de la carcasse. Pour le bœuf, par exemple, un animal jeune à la texture ferme (gras et viande), au grain fin (viande) et aux belles couleurs rouge vif (viande) et blanc (gras) est de qualité supérieure et sera donc classé de catégorie A.

Tout le bœuf de catégorie A est de qualité supérieure. À l'intérieur même de cette catégorie, la nouvelle classification du bœuf canadien 1992 différencie la qualité gustative du bœuf en fonction du degré de persillage. Le consommateur peut maintenant choisir la qualité qu'il préfère parmi trois catégories: AAA, AA ou A.

Ces catégories indiquent la présence d'un persillage léger (le bœuf non persillé ne peut être de catégorie A), le degré de persillage déterminant la catégorie: catégorie AAA pour un persillage peu abondant, catégorie AA pour un persillage très peu abondant et catégorie A lorsque la viande présente des traces de persillage. À cause de son degré plus élevé de persillage, le bœuf de catégorie AAA serait considéré par les consommateurs comme le bœuf le plus tendre, le plus savoureux et juteux. Selon le cas, l'estampille correspondante est apposée à quelques endroits sur la carcasse.

Estampilles fédérales spécifiant la qualité gustative du bœuf canadien de catégorie A

- Le rendement en viande: sa mesure est utile aux producteurs et aux fournisseurs. Les producteurs sont encouragés à élever des animaux plus maigres (dont le rendement en viande est supérieur) parce qu'ils en obtiennent un meilleur prix. Le rendement en viande est établi en fonction de l'épaisseur du gras et de la dimension du muscle de la noix de côte, à un endroit bien précis. Plus la couche de gras est épaisse, moins le rendement en viande de l'animal est bon. L'indice est alors un chiffre plus grand. Par exemple, le bœuf de catégorie A3 a un rendement en viande inférieur à celui de catégorie A1.

Une fois le rendement en viande mesuré, on appose sur la carcasse une marque en forme de ruban, le ruban de catégorie, dont la couleur varie selon la catégorie (A: rouge; B: bleu; D et E: noir). Le ruban parcourt la carcasse de haut en bas de sorte que la plupart des coupes au détail en portent la marque.

Ruban de catégorie fédéral

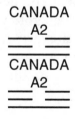

La volaille fraîche portera la marque de catégorie fédérale sur une attache métallique ou une étiquette, sur la poitrine. Quant à la volaille surgelée, la marque de catégorie se retrouve imprimée sur le sac.

Marque de catégorie fédérale

Le bœuf étiqueté «Approuvé Canada» chez votre marchand n'est pas nécessairement d'origine canadienne. Cette mention signifie seulement que la viande a été inspectée par un inspecteur fédéral. Seule la présence de la catégorie sur l'étiquette (par exemple, «Canada A1») vous garantit que le bœuf est d'origine canadienne et a été classé selon les critères de classement fédéraux, qui ne s'appliquent pas au bœuf importé.

L'ACHAT SELON L'USAGE

Et vous, dans quelle «catégorie» vous situez-vous?

- Vous achetez des fruits en conserve «de Fantaisie» parce que leur valeur nutritive est supérieure?
- Vous choisissez du poulet «Canada A» parce qu'il est sûrement plus salubre?
- Vous recherchez du brocoli «Canada n° 1» parce que vous avez moins de risques d'y trouver des bestioles?

Si l'un ou l'autre de ces comportements d'achat est le vôtre, lisez ce qui suit…

Des critères d'apparence et de texture principalement servent à déterminer la catégorie d'un aliment. Cela n'a rien à voir avec la valeur nutritive ou les risques de contamination ou d'infestation. Le principal critère pour choisir la catégorie à acheter devrait être l'utilisation que l'on prévoit faire de l'aliment. Voici quelques suggestions:

ALIMENTS	CATÉGORIES	USAGES
Volaille	Canada A	Lorsque l'apparence prime: servie entière
	Canada B, Utilité	Servie en morceaux, salades, casseroles, «hot chicken», «club sandwich»
Œufs	Canada A1, A	Pochés, frits, mousses, meringues
	Canada B	Omelettes, quiches, à la coque, boulangerie
Fruits et légumes en conserve, congelés	de Fantaisie	Lorsque l'apparence prime: décoration d'une pâtisserie, salades de fruits, nature
	de Choix, Régulière*	Cuisson: pains, muffins, blancs-mangers, pouding, soupes, gratins, casseroles, ragoûts

* Régulière: fruits et légumes en conserve seulement.

Chapitre 2

Planification, achat et préparation des investissements alimentaires

La planification

GÉREZ SAINEMENT VOS STOCKS

Pour être efficace, tout gestionnaire doit avoir à sa portée les outils qui faciliteront son travail. Commencez par un joli calepin ou bloc-notes ou un beau carton effaçable de couleur que vous suspendrez au côté d'une armoire de cuisine ou que vous collerez sur votre réfrigérateur.

Notez, au fur et à mesure que leur quantité diminue, les articles qu'il faudra renouveler au cours des prochaines semaines. Vous disposerez ainsi de plus de temps pour profiter des aubaines.

Notez, au fur et à mesure qu'ils viennent à manquer, les articles qu'il faudra remplacer à la prochaine visite au marché. Vous éviterez de cette façon le déplaisir de vous priver d'un produit jusqu'à la semaine suivante, la frustration de devoir modifier votre recette ou votre menu, ou la perte de temps à retourner au marché ou à vous rendre au dépanneur où vous serez peut-être tenté de faire des achats non prévus.

Au moment de planifier vos menus et vos achats de la semaine, vérifiez le contenu du garde-manger, du réfrigérateur et du congélateur. Vous ferez peut-être des découvertes! Pour que rien ne se perde, tenez-en compte avant de dresser votre liste d'achats.

RECHERCHEZ LES BONNES OCCASIONS

Tenez-vous au courant des prix habituels des produits. Rien de tel pour évaluer les économies à réaliser lorsque vous voyez des produits annoncés en rabais.

Vérifiez si l'utilisation des coupons-rabais offerts dans les circulaires ou distribués par le courrier vous permet vraiment un meilleur investissement en comparant avec des produits similaires de marques différentes. Même en déduisant le montant du rabais, un produit de marque nationale (marque du fabricant) peut s'avérer plus cher, par exemple, que l'équivalent de marque privée (marque du magasin) ou sans nom.

Comparez toujours les prix annoncés dans les circulaires, les journaux ou à la télévision avec les prix habituels des produits pour juger à quel point il s'agit d'une bonne affaire. Rappelez-vous que les prix annoncés ne sont pas nécessairement des prix réduits. Si on mentionne que l'article est «en promotion», «en vente», «en réclame» ou «en rabais», la comparaison avec le prix habituel vous aidera à apprécier la valeur réelle de l'aubaine proposée.

Les produits de marque nationale sont souvent offerts en promotion à tour de rôle dans les différents marchés d'alimentation. Si vous voyez un produit annoncé en promotion dans la circulaire d'un autre supermarché, il sera fort probablement réduit au vôtre sous peu. Si vous avez l'habitude d'acheter ce produit et que vous prévoyez en avoir besoin au cours des prochaines semaines, notez-le... et votre patience sera probablement récompensée, sans que vous ayez eu à vous déplacer!

Toutefois, il arrive que les promotions du concurrent dans les viandes, les fruits et légumes frais valent le déplacement, à condition que les économies réalisées ne soient pas englouties en essence et en temps. N'oubliez pas de calculer ces extra. Il est toujours préférable que les marchés soient situés à proximité.

Trois bottes d'oignons verts pour 99 ¢ vous donnent-elles l'illusion d'en avoir plus pour votre argent que 35 ¢ l'unité? Évaluez le coût à l'unité des articles vendus en paquet et comparez avec le prix du même produit vendu à l'unité. Même si un paquet de trois articles revient meilleur marché, deux d'entre eux finiront peut-être à la poubelle si vous n'en avez pas besoin! Où est l'économie alors?

Afin de faire une comparaison exacte entre des produits de marques ou de formats différents, calculez le prix unitaire, par exemple par 100 g ou 100 ml. Peu importe la grosseur de l'unité choisie (1 ml, 100 ml, 1 L), la comparaison entre des produits n'a de sens que si vous évaluez le prix pour une même quantité. Faites de même pour comparer les produits emballés par le fabricant avec les produits emballés par le marchand ou vendus en vrac:

- les gros formats: leur prix unitaire est souvent plus avantageux, sans compter qu'ils laissent moins de déchets d'emballage que la même quantité d'aliment en formats individuels ou en petits formats. Cependant, ils ne représentent pas nécessairement le meilleur achat si, par exemple, vous consommez peu de ce produit, si vous ne prévoyez pas utiliser toute la quantité avant qu'il se détériore, ou si vous ne disposez pas d'un endroit pour l'entreposer dans les conditions de température et d'humidité requises;
- les aliments vendus en vrac: la comparaison du prix unitaire des aliments vendus en vrac avec celui des produits

préemballés vous permettra de constater que l'achat de produits en vrac ne constitue pas toujours une économie;

- les marques privées et les produits sans marque: d'une façon générale, le produit de marque privée provient d'un fabricant qui vend également le même produit sous sa propre marque. La qualité des produits de marque privée (marque du magasin) est donc souvent comparable et leur prix est la plupart du temps moins élevé. La qualité des produits sans marque peut cependant être inférieure ou varier d'un achat à l'autre, mais ils sont aussi sains et de valeur nutritive équivalente. Toutefois, si le produit sans marque est soumis à des normes de classement (par exemple, des fruits ou des légumes en conserve), il doit respecter les mêmes critères de qualité que tout produit d'une autre marque de même catégorie (par exemple, Canada de Choix);

- les produits différents: le prix unitaire ne permet pas de comparer des produits de nature ou de forme différente (par exemple, une boisson à l'orange avec du jus d'orange). Pour qu'on puisse les comparer, les produits doivent être semblables.

Pour comparer les prix de coupes de viande ou d'un même aliment vendu sous différentes formes (frais, congelé, en conserve), évaluez toujours le prix par portion. Par exemple, le prix au kilo comprend aussi le prix des pertes à la préparation (os, gras, cartilages, parures de légumes, etc.) et à la cuisson. Les tableaux que contiennent les chapitres consacrés à chacun des quatre groupes d'aliments vous y aideront.

Plusieurs articles vendus dans les grandes surfaces reviennent meilleur marché, d'autres pas! Encore une fois, comparer les prix s'avère souvent payant. D'autre part, vous est-il déjà arrivé de vous laisser emporter par les prix emballants d'articles que vous n'auriez jamais achetés? Pas très économique. Les formats offerts peuvent de plus être démesurés pour une petite famille. Assurez-vous que vous pourrez utiliser toute la quantité avant que le produit ne se perde et que vous disposez de l'espace nécessaire pour entreposer ces formats géants.

Pour ce qui est des fruits et légumes, le vrac permet d'acheter seulement les quantités nécessaires pour la semaine et ce, peu importe la taille du ménage. Choisissez lorsque c'est possible des produits qui ne sont pas au même degré de maturité. Rappelez-vous qu'il peut être plus économique (et moins lourd!) d'acheter deux fois un sac de 2,3 kg (5 lb) de pommes de terre qu'un seul sac de 4,5 kg (10 lb).

Suivez les cycles de la nature: achetez les fruits et légumes de saison. On les trouve alors en abondance et, par conséquent, plus frais et moins chers. Ils vous inciteront à la variété et à l'économie tout au long de l'année.

Hors saison, optez pour les produits frais en promotion ou les produits surgelés ou en conserve, selon le prix par portion. Les légumes surgelés ou en conserve, déjà parés et nettoyés, sont rapides à utiliser et pratiques, particulièrement pour les gens seuls qui peuvent alors s'offrir le plaisir de varier leur menu quotidiennement et à longueur d'année.

PLANIFIEZ VOTRE MENU DE LA SEMAINE

Préparer ses menus, quel défi! Les semaines reviennent plutôt vite. L'inspiration n'est pas toujours au rendez-vous. Tenez compte des aliments que vous avez en stock et des réductions annoncées. Inspirez-vous des plats préférés de chacun des membres de votre famille. Ne manquez pas non plus d'essayer des recettes et des aliments nouveaux.

À chaque repas, impressionnez votre famille (et vous!) en variant les textures, les couleurs, les saveurs et les formes, tout en réunissant des aliments des quatre groupes définis par le *Guide alimentaire canadien pour manger sainement* en quantités suffisantes pour satisfaire l'appétit de chacun. S'assurer que chaque repas est complet, c'est un bon pas vers une alimentation quotidienne qui apportera aux membres de la famille les quantités d'aliments recommandées par le Guide pour chacun des groupes alimentaires.

Prévoyez utiliser en début de semaine les aliments périssables comme les verdures, les pois mange-tout, les petits fruits (fraises, bleuets), les abats et la viande hachée.

N'oubliez pas de prévoir les restes à «recycler» pour un prochain repas, les repas à emporter, les collations et des aliments «au cas où», pour les visiteurs imprévus, par exemple. Les aliments à faible valeur nutritive (boissons gazeuses, à saveur de fruit et alcoolisées, bonbons, chips, chocolats et autres) ne sont pas vraiment de «bonnes affaires», puisqu'ils offrent peu de retour sur l'investissement. Certains peuvent toutefois être ajoutés à l'occasion sur votre liste, pourvu que les repas planifiés répondent aux besoins nutritifs de chacun, que ces extra ne coupent pas l'appétit pour les bons aliments, et que le budget le permette.

Non seulement la planification des menus vous assure équilibre et variété, tout en profitant des rabais de la semaine, mais encore elle vous permet de prévoir tous les achats à faire et de bien gérer les restes inévitables. Fini le désagrément de manquer de maïs au moment de préparer votre pâté chinois et de mettre à la poubelle le reste de la laitue à la fin de la semaine! La tâche vous paraît plutôt lourde? Pensez qu'au lieu de vous poser (et de vous faire poser) sept fois par semaine la sempiternelle question «Qu'est-ce qu'on mange aujourd'hui?», vous ne vous la poserez qu'une seule fois! De plus, le menu affiché bien en évidence dans la cuisine donnera l'heureuse réponse du jour à tous les membres de votre famille.

PRÉPAREZ VOTRE LISTE D'ÉPICERIE

Évaluez la quantité nécessaire de chaque aliment en vous basant sur son rendement au kilo (coupes de viandes et de poissons frais et surgelés, légumes frais, en conserve et surgelés, etc.). Les tableaux que contiennent les chapitres consacrés à ces aliments vous y aideront.

Si le budget le permet, profitez des bonnes occasions pour acheter en plus grande quantité. Congelez, mettez en conserve ou cuisinez en quantité et congelez en portions suffisantes pour un repas.

Remarquez l'emplacement des produits à votre marché d'alimentation. Ce peut être par exemple: viandes, produits laitiers, épicerie (conserves et autres produits de conservation à température ambiante), vrac, produits surgelés, produits de boulangerie, fruits et légumes. Regroupez sur votre liste les aliments à acheter en fonction de la séquence des rayons que vous parcourez. De cette façon, vous économiserez... des pas!

Prenez l'habitude d'inscrire sur votre liste d'épicerie, à côté des produits à acheter: leur prix, leur format, la quantité à acheter ainsi que le numéro* désignant la grosseur des fruits et des légumes. Vous vous assurerez ainsi, par exemple, que le produit que vous vous apprêtez à acheter est bien le même que vous aviez vu annoncé.

Votre liste est prête? Bravo! C'est le moment d'effectuer les investissements planifiés...

---

* Ces numéros indiquent en fait le nombre d'unités du fruit ou du légume par caisse. Ainsi, plus le numéro est élevé, plus le produit est petit. Ils nous aident, entre autres, à acheter en fonction des appétits. Une orange de grosseur 113 ou 163 (plus petite) peut être un meilleur choix pour la collation de fiston qu'une orange 48 à demi mangée.

Les courses… aux obstacles!
ou l'art de faire son épicerie

Liste d'épicerie bien en main, vous voilà armé pour relever le prochain défi: celui d'acheter les articles qui ont été prévus.

ÉVITEZ DE FAIRE VOTRE ÉPICERIE L'ESTOMAC VIDE

Estomac et panier d'épicerie agissent comme des vases communicants: lorsque l'estomac est vide, le panier se remplit. Pas étonnant. Lorsqu'on a faim, tout nous semble bon et même irrésistible!

SI C'EST POSSIBLE, LAISSEZ LES ENFANTS À LA MAISON

Vous avez des enfants? Inutile de vous expliquer qu'il est souvent facile de succomber à leurs besoins «criants». Tout un monde de couleurs, de formats et de produits de tout acabit incluant bonbons, céréales sucrées et cahiers à colorier sont à portée de leurs petites mains agiles.

Prenez congé! Laissez votre conjoint garder les enfants à la maison ou encore, restez à la maison avec les enfants et prenez congé d'épicerie, cette fois. La liste des articles à acheter étant bien précise, vous pouvez fort bien confier le soin des emplettes à une autre personne.

LE DÉPANNEUR, POUR DÉPANNER SEULEMENT

Le dépanneur est tout près, mais faites quelques pas de plus pour épargner et pour garder la forme. Le choix offert au dépanneur est très restreint et les prix, plus élevés. Optez donc pour la solution la plus économique!

EN HAUT, EN BAS, FAITES UN PEU D'EXERCICE...

Votre vision (et forcément vos achats) se limite bien souvent aux produits qui se trouvent à la hauteur des yeux. Pour votre santé et celle de votre porte-monnaie, prenez le temps de vous étirer et de vous accroupir pour voir ce qui peut bien se cacher sur les rayons du haut ou du bas. Les gros formats se trouvent généralement près du plancher et les bonbons, à portée de main de vos chérubins.

... ET DE GYMNASTIQUE MENTALE EN COMPARANT LES PRIX DES PRODUITS

Les réductions-surprise

Les magasins proposent souvent des «rabais du marchand» qui ne sont pas annoncés dans la circulaire de la chaîne. Si un produit équivalant à celui de votre liste est offert à meilleur prix, achetez-le. S'il figure sur votre liste d'achats prévus pour les prochaines semaines et que vous pouvez vous permettre cette dépense supplémentaire, profitez-en également. Mais, acheter un produit à rabais n'est pas nécessairement une économie si le produit ne vous en donne pas pour votre argent en matière de valeur nutritive ou si vous n'avez pas l'habitude de le consommer. Économiser, oui, mais pas à n'importe quel prix!

Le prix unitaire

Recherchez le prix unitaire (prix par 100 ml ou 100 g du produit habituellement inscrit sur la bordure de la tablette au-dessous du produit). Il vous aidera à déterminer le meilleur achat par rapport aux formats ou aux marques d'un même produit. Il vous permettra aussi d'évaluer si l'achat en vrac est vraiment plus avantageux. Soyez fin détective!

Le prix par portion

Calculez les prix par portion plutôt que par kilo pour comparer les prix de différentes coupes de viandes ou des fruits et légumes vendus frais, surgelés ou en conserve.

VÉRIFIEZ LES PRODUITS

Vous avez bien inscrit sur votre liste d'épicerie le nom exact du produit à acheter, son prix, son format et le numéro de grosseur des fruits et légumes. Comparez les renseignements du produit offert avec ceux inscrits sur votre liste pour vous assurer d'acheter ce que vous recherchez.

N'achetez pas une boîte de conserve bombée, rouillée ou trop bosselée. Le contenu peut être altéré et même dangereux pour votre santé. Remettez-la plutôt au chef de rayon.

Les fruits et légumes meurtris ou défraîchis, même à prix réduit, ne sont pas un bon investissement. La valeur nutritive se détériore en même temps que la fraîcheur. Assurez-vous que vous pourrez utiliser rapidement les fruits et légumes achetés à maturité.

Au comptoir des aliments surgelés, n'achetez pas les emballages givrés, décolorés, séchés ou dont le contenu (les fruits et légumes, par exemple) forme une masse solide. Ces indices laissent soupçonner que les produits ont subi un dégel au cours de la manutention ou de l'entreposage. La rotation des produits dans le comptoir a pu être insuffisante ou mal effectuée, les amenant à y séjourner parfois trop longtemps. La qualité de ces aliments peut donc être altérée.

Le congélateur devrait être propre et indiquer une température égale ou inférieure à -18 °C (0 °F).

VÉRIFIEZ LES DATES

Pour une fraîcheur optimale, vérifiez les dates d'emballage et les dates «meilleur avant», si elles sont présentes sur le produit (voir «Les inscriptions obligatoires», p. 15). Laissez également votre flair vous guider. En dépit de la date, certains indices affectant l'apparence du contenant ou du produit peuvent laisser deviner des problèmes survenus au cours de la manutention et de l'entreposage.

VOULEZ-VOUS GOÛTER AU NOUVEAU...

Pas de cachette, les dégustations existent pour vous faire connaître et vous faire acheter. Il est prouvé que les consommateurs achètent souvent à nouveau le produit goûté en magasin.

JETEZ UN COUP D'ŒIL AUX BALANCES ET À LA CAISSE ENREGISTREUSE

La balance marque-t-elle zéro avant de peser l'aliment? Les manipulations du préposé et le poids de l'aliment pesé sur la balance sont-ils bien visibles? Le prix au poids est-il correct? Si vous avez un doute, rassurez-vous en vérifiant le prix ou le poids auprès du préposé ou en lui demandant si le poids du contenant a bien été soustrait (c'est-à-dire si on a fait la tare).

En patientant à la caisse, plutôt que de vous laisser tenter par le magazine, la tablette de chocolat ou le paquet de gomme à mâcher, assurez-vous qu'aucune erreur ne se glisse dans le calcul de votre commande. A-t-on tenu compte que vous ne prenez que deux contenants de yogourt au lieu de quatre? A-t-on soustrait le montant de vos coupons-rabais?

ASSUREZ-VOUS QUE «L'AFFAIRE EST DANS L'SAC»

Les aliments surgelés devraient être emballés individuellement dans des sacs de plastique et placés dans les sacs d'épicerie avec les aliments réfrigérés. Ils partagent ainsi un environnement bien frais jusqu'à la maison. De plus, les jus des viandes et des volailles fraîches ne peuvent s'écouler et risquer de contaminer les aliments prêts à manger.

LES QUANTITÉS SONT LIMITÉES?
PIRE, LE PRODUIT ANNONCÉ EST MANQUANT?

Il est possible que la demande pour un produit soit plus forte que prévue ou que le marchand n'ait pu obtenir toute la marchandise commandée. Il arrive aussi que les conditions météorologiques affectent le marché des fruits et légumes frais.

Si le marchand estime que le produit viendra à manquer avant la fin de la période de la réduction, il peut décider d'en limiter la quantité par client. Si l'aliment est manquant lorsque vous vous présentez, demandez un bon d'achat différé ou un substitut de qualité égale ou supérieure au même prix. Toutefois, le marchand n'y est pas tenu. Mais s'il est de bonne foi, il y a de fortes chances qu'il accepte d'agréer à votre demande. Vous n'avez rien à perdre à le demander.

Selon la Loi et règlements sur la protection du consommateur, un marchand ne peut faire de la publicité concernant un produit qu'il ne possède pas en quantité suffisante pour répondre à la demande, à moins de mentionner dans son message publicitaire qu'il ne dispose que d'une quantité limitée et d'indiquer cette quantité. Par la suite, la question de savoir si le marchand est oui ou non en faute pour n'avoir pas répondu adéquatement à la demande se débat fort mal en magasin. C'est plutôt en cour que cela se règle. Heureusement, la plupart des marchands ont à cœur de bien servir leur clientèle et n'hésitent pas, lorsqu'un article est manquant, à remettre un bon d'achat ou à offrir un autre produit. Prenez donc quelques instants pour discuter avec le vôtre.

LE RETOUR À LA MAISON, AUTRE ÉTAPE CRUCIALE

Chargé de sacs, vous êtes sur le chemin du retour avec votre précieuse cargaison. Vous vous en êtes bien sorti? Encore bravo!

Afin de préserver la fraîcheur et les qualités nutritives de votre capital-aliment, il est préférable de faire vite et, donc, de terminer vos emplettes par la visite à l'épicerie. En été, le coffre et l'intérieur de la voiture deviennent rapidement de véritables incubateurs pour bactéries affamées. En hiver, l'habitacle de la voiture vous conserve bien au chaud, condition par contre peu recommandée pour vos aliments. Le transport dans le coffre est alors préférable.

Vérifiez les conditions* d'entreposage et rangez en premier lieu les aliments surgelés ou réfrigérés. Emballez soigneusement les aliments et séparez les viandes et volailles crues des aliments cuits ou prêts à manger, de façon à empêcher l'écoulement des jus de viande, qui pourraient les contaminer.

Datez vos produits s'ils ne le sont pas, afin de vous rappeler de les utiliser à l'intérieur des délais recommandés (voir l'annexe 1): conserves, aliments congelés, etc.

Si vous ne prévoyez pas les utiliser dans un proche avenir, entreposez les aliments surgelés dans un congélateur indépendant et non dans celui de votre réfrigérateur. Assurez-vous que sa température indique -18 °C (0 °F) ou moins.

---

* L'indication du mode d'entreposage est obligatoire sur l'étiquette des aliments préemballés qui se conservent 90 jours ou moins et qui exigent des conditions d'entreposage autres qu'à température ambiante.

Tout comme le marchand, assurez une bonne rotation de vos produits. Vérifiez régulièrement le contenu du réfrigérateur, du congélateur et du garde-manger, et utilisez vos aliments à l'intérieur des délais de conservation suggérés (voir l'annexe 1).

Notez sur un aide-mémoire qu'il vous faut servir certains restes ou produits périssables avant la date où ils ne seront plus consommables.

La cuisine raisonnée

SES RÈGLES

Référez-vous aux recommandations du *Guide alimentaire canadien pour manger sainement* pour choisir des sortes et des quantités d'aliments qui répondront aux besoins nutritionnels et énergétiques quotidiens de chaque membre de la famille.

Tenez compte des produits saisonniers, des articles en promotion, des formats et marques économiques pour réduire les coûts, tout en apportant de la variété.

Dans les limites de votre budget, tirez profit des bonnes occasions pour cuisiner en grande quantité, pour congeler ou mettre en conserve. L'investissement permet d'économiser non seulement de l'argent mais aussi du temps, car vous bénéficierez d'une variété de mets à portée de la main: des plats préparés pouvant (pourquoi pas?) se transformer en monnaie d'échange avec les amis ou les parents. Tante Louise raffole de votre sauce à spaghetti et, comme par hasard, son gâteau aux bananes vous fait fondre...

Lors de la préparation et de la cuisson des aliments, ajoutez le moins possible de gras, de sucre et de sel.

Appliquez les principes de sécurité alimentaire lors de l'entreposage, de la préparation et de la cuisson des aliments, et ce, pour le confort et la santé des convives.

Planifiez les repas et les collations en fonction du caractère périssable et du degré de maturité des aliments: viandes fraîches ou dégelées, fruits et légumes frais mûrs, conserves et emballages ouverts, etc.

Utilisez les ingrédients disponibles ou moins chers et substituez-les à d'autres dans les recettes: coupe de viande moins tendre et plus économique, filet de poisson en promotion, poivron vert plutôt que rouge, légume à prix réduit ou moins exotique, légumineuses ou tofu à la place de la viande hachée dans les pâtés chinois, les sauces à spaghetti et les poivrons farcis, fromage doux canadien au lieu d'un fromage fort ou importé, lait écrémé reconstitué au lieu du lait frais, etc.

Enrichissez et allégez les recettes en substituant (ou en ajoutant) certains ingrédients plus sains à d'autres: coupe de viande plus maigre, lait écrémé en poudre reconstitué, fromage allégé, yogourt au lieu de crème sure, légume plus nutritif, pâtes alimentaires de blé entier, farine de blé entier, bulgur*, riz étuvé ou brun, poudre de lait, son, germe de blé, etc. La soupe-crème condensée non reconstituée permet, pour moins de calories, de remplacer la mayonnaise et la béchamel des plats principaux (coquilles Saint-Jacques, salade de riz ou de macaroni, etc.). Gardez-en une variété sous la main. Utilisez-les également comme sauces rapides pour les viandes, poissons et volailles. Les coulis de légumes font aussi des sauces colorées, vitaminées et maigres.

Modifiez les recettes en réduisant un peu chaque fois la quantité de gras et de sucre, sans modifier la qualité du mets. La quantité de sucre des recettes peut facilement être réduite de 25 à 50 %. L'huile des vinaigrettes et marinades peut être éliminée. Un jus de citron ou de lime, un yogourt nature assaisonné de fines herbes ou un vinaigre aromatisé suffisent pour rehausser la saveur des légumes, des poissons et des fruits de mer.

---

* Bulgur: petits grains obtenus de grains de blé entier trempés, étuvés, séchés, puis concassés (voir «Bulgur», p. 181).

Allongez les aliments coûteux comme la viande (assurez-vous toutefois de maintenir par repas une quantité équivalant à une portion de viande ou substitut telle que définie par le *Guide alimentaire canadien pour manger sainement*):

- en ajoutant à la viande des pommes de terre, du riz, des pâtes alimentaires, des légumineuses, du tofu ou un reste de légumes, pour en faire un plat composé: macaroni à la viande ou au fromage, riz au poulet, nouilles chinoises au bœuf, cigares au chou, casserole de bœuf, poulet à la king sur riz ou tranche de pain grillée, chop suey au porc, sauce à spaghetti, ragoût, pâté à la viande, croquettes de thon, de poulet ou de jambon, chili con carne;
- en combinant à la viande hachée du riz, du bulgur, du couscous, du gruau, de la chapelure, du son de blé ou du tofu: boulettes de viande, pains de viande, croquettes, poivrons ou feuilles de chou farcis;
- en augmentant la proportion de riz, de pâtes, de pommes de terre, de légumineuses, de tofu ou de légumes dans une recette de plat composé: ragoût, casserole, fricassée, chili con carne.

Soyez à l'heure de la récupération et recyclez les restes du repas, les fruits et les légumes qui se défraîchissent, le pain rassis, les parures de légumes et de viandes, les jaunes ou les blancs d'œufs en attente, etc.

Rendez-vous la tâche agréable. Cuisinez en compagnie, avec un ami, une voisine, un parent et partagez le fruit de votre travail. Inscrivez-vous à un cours de cuisine pour découvrir de nouveaux aliments et façons de faire. Créez une ambiance plaisante, écoutez de la musique. (Attention à la télé qui pourrait vous déconcentrer!) Aménagez un espace de travail bien éclairé et fonctionnel. N'attendez pas, soyez la première personne à vous féliciter de vos réussites.

L'ART DE RECYCLER LES RESTES

(Voir également les chapitres consacrés à chacun de ces groupes d'aliments.)

Riz et pâtes

Le riz et les pâtes ont l'avantage d'être nourrissants et très économiques. De plus, on peut les accommoder de plusieurs façons. Ainsi leur saveur se marie à merveille à de nombreux aliments: sauces aux tomates ou blanches, tofu, légumineuses, œufs, jambon, viandes hachées, volailles, poissons, fruits de mer, fromages frais (ricotta, cottage) ou fermes (mozzarelle, parmesan, cheddar), légumes, fruits, lait, yogourt, noix et graines.

Ils se transforment par magie: en soupes, en entrées, en salades, en accompagnements, en plats principaux, en farces et croquettes (riz), en poudings (riz), en tartes et gâteaux (riz), en desserts (riz). Quelques exemples:

- salades-repas: avec des pois chiches, du tofu, du poulet, du jambon, du poisson, des œufs durs ou du fromage, des légumes cuits ou crus, le tout, assaisonné de fines herbes au goût, d'un peu de soupe-crème condensée, de jus de citron, de vinaigre aromatisé ou de vinaigrette légère;
- plats principaux: avec de la viande, de la volaille, du poisson (hachés, en cubes, en lanières) ou des légumineuses et de bons légumes du jour; servis avec une sauce ou incorporés dans des tomates, des poivrons blanchis ou des feuilles de chou précuites à la vapeur;
- accompagnements aux plats principaux: avec un reste de fromage râpé et des épinards ou des lanières de brocoli cuits, le tout passé quelques minutes au four;
- desserts: du riz mélangé à des quartiers de mandarine (ou d'orange), des ananas broyés (ou en morceaux) et des morceaux de banane, de pomme ou de tout autre fruit, puis lié avec du yogourt nature et saupoudré de noix de coco râpée ou de germe de blé;

- farces au riz pour volailles: avec des croûtons, des raisins secs, des morceaux de pomme, des noix et un peu de bouillon ou de jus d'orange;
- pour allonger certains plats (voir «Ses règles», p. 50).

Pommes de terre

La pomme de terre se prête à bien des plats: croquettes de poisson ou de poulet, potages et soupes, pommes de terre rissolées ou en escalopes, pâtés et ragoûts, salades de pommes de terre avec lentilles, jambon, poisson ou œufs durs.

Fruits

Un reste de fruits en conserve? Des fruits frais, qui le sont de moins en moins? Pourquoi ne pas les servir:

- en croustade: le mélange à l'avoine pour croustade se prépare en grande quantité et se congèle bien en portions individuelles ou familiales;
- en salade de fruits, pouding, gâteau, pain, muffins, biscuits, mousse, fruits en gelée, compote, confiture, coulis (pour desserts glacés, gâteaux, fruits en conserve). Récupérez le jus des fruits en conserve «dans leur jus» pour sucrer la salade de fruits;
- comme ajout aux céréales, yogourts, desserts glacés, blancs-mangers, crèmes aux œufs («cossetardes»);
- en entrée: avec un peu de fromage blanc ou une vinaigrette sucrée;
- dans un riz, dans une salade ou avec une viande (veau, porc, agneau, poissons et fruits de mer).

Légumes

Un reste de légumes frais, cuits ou en conserve? Pourquoi ne pas en faire:

- une bonne ratatouille qui devient repas lorsqu'on la fait gratiner avec un reste de fromage râpé et qu'on l'accompagne d'une tranche de pain;
- une entrée ou un accompagnement: macédoine, marinés dans une vinaigrette (crus ou cuits), crus avec une trempette (au yogourt, aux pois chiches), cuits en brochette sur le gril (du four ou du barbecue), cuits au wok à la chinoise, riz aux légumes, salade, soupe, potage, beignets;
- un plat principal: riz aux légumes (chaud ou froid), salade-repas avec source de protéines (fromage, poulet, œufs, jambon, poisson, volaille, viande, légumineuses, tofu), gratin, hachis, fricassée, tarte aux légumes, bouilli, quiche ou omelette, crêpes farcies, sauce blanche.

Manque de temps? Cuisez (puis réduisez en purée si désiré) et congelez.

Conservez les parures de légumes et les jus de cuisson pour les bouillons de soupe et les potages, ou congelez-les si le temps manque.

Pain, gâteaux et biscuits rassis

Votre pain est un peu sec? Vous pouvez bien sûr en faire des miettes et les jeter aux oiseaux... ou essayer les suggestions suivantes:

- quelques secondes au micro-ondes ou une dizaine de minutes au four à 60 °C (140 °F) lui redonneront (l'espace d'un bref moment!) sa fraîcheur de jeunesse;
- séchez-le au four sur une tôle à biscuits puis conservez-le dans une boîte métallique. Variez les formes: en cubes pour des croûtons dans les soupes et salades, en tranches minces

pour des biscottes. Les emporte-pièce permettent aussi des formes amusantes. Des tranches de pain pressées dans des moules à muffins, puis séchées au four, remplacent les coquilles de pâte feuilletée commerciales pour les sauces aux œufs ou au poisson;

- réduisez le pain séché en chapelure au robot ou à l'aide d'un rouleau à pâte. Saupoudrez-en les plats en casserole, purées de légumes, salades, soupes-crèmes et potages. Ajoutez-en à la viande hachée pour augmenter son volume (voir plus haut «Ses règles» p. 50);
- préparez votre recette préférée de pouding au pain, de pain doré, de farce, de blanquette sur pain, de soupe à l'oignon.

Réduisez en chapelure les biscuits et les gâteaux secs. Saupoudrez cette chapelure sur les desserts glacés, les yogourts, les blancs-mangers ou utilisez-la comme fond de tarte. Passez les restes de gâteaux dans les bagatelles.

Fini le fromage sec à la poubelle!

Râpez et congelez. Au besoin, utilisez sans dégeler la quantité nécessaire pour gratiner, pour des muffins, des biscuits à la poudre à pâte, du pain, une sauce blanche.

Si des moisissures sont apparues, enlevez avec un couteau la partie moisie ainsi que 1 à 2 cm (1/2 à 1 pouce) de fromage autour de la moisissure afin de retirer toute toxine que la moisissure aurait pu sécréter. Placez ensuite le fromage dans un nouvel emballage pour éviter toute contamination.

Lait sur

Peut être utilisé dans les produits de boulangerie et pâtisserie pour en rehausser la saveur (gâteaux, muffins, poudings, crêpes).

Œufs crus

Jaunes: quiches, omelettes, œufs brouillés, pain doré, crêpes, «cossetardes», pommes de terre en purée, lait fouetté, crèmes pâtissières.

Blancs: meringues (sur compotes, gâteaux, tartes), gâteaux des anges, mousses, ajoutés à une omelette, soufflés.

Œufs, viandes, volailles et poissons cuits

Tranchez, coupez en cubes, hachez ou émiettez en flocons pour: garnitures à sandwichs, pizzas, riz frits, galantines, nouilles chinoises, chop sueys, macaroni, légumes à la chinoise, «hot chicken», «club sandwich», vol-au-vent, brochettes, fricassées, ragoûts, hachis, roulés à la viande, œufs ou dinde florentine, crêpes farcies, guedilles aux œufs ou au poulet, salades, pâtés, poulet divan, dinde tetrazzini, sauces blanches sur rôtie, sauces à spaghetti, timbales, gratins, pâtés chinois, pains ou croquettes, casseroles, quiches, omelettes, soupes, poivrons ou feuilles de chou farcis, salades compactes (poissons, fruits de mer, poulet, porc, veau) avec des fruits (ananas, cantaloup, avocat, agrumes, melon de miel, poires, pommes, pêches).

Conservez les os et les parures de viande et de volaille pour les bouillons et les fonds de sauce ou congelez-les si le temps manque.

Légumineuses cuites

Tartinades à sandwichs ou à canapés, trempettes à légumes, purées d'accompagnement, macédoines de légumes, marinées en salades, salades de légumes ou de pommes de terre, soupes, pâtés chinois et pains (avec ou sans viande), gratins, ragoûts, burgers, casseroles, chili con carne, sauces à spaghetti, fricassées, pâtés, croquettes de pommes de terre ou de riz, poivrons ou feuilles de chou farcis.

Tofu

Soupes-crèmes et potages, trempettes à légumes, tartinades à sandwichs ou à canapés, vinaigrettes, pizzas, légumes au wok à la chinoise, riz aux légumes, quiches et omelettes, guedilles, salades, pour allonger la viande dans certains mets.

Chapitre 3

Poissons, viandes, volailles

Poissons et fruits de mer

J'AIME UN PEU, BEAUCOUP... PAS DU TOUT!

Poisson-pénitence du vendredi, poisson-pitance du régime amaigrissant, poisson-scandale (le thon Starkist, les moules contaminées de l'Île-du-Prince-Édouard, la question toujours actuelle des contaminants), poisson malodorant-sec-et-sans-goût parce que pas frais et trop cuit, poisson d'avril... Décidément, il ne s'est pas toujours attiré la faveur populaire!

MORDEZ, VOUS AUSSI, À L'APPÂT

Heureusement, l'élevage du poisson (la pisciculture) s'est développé au cours des dernières années. De nombreuses espèces offrent maintenant au consommateur des appâts que les marchands, mieux formés, savent lui rendre alléchants. Du poisson frais, c'est possible plus que jamais. On peut même à l'occasion le voir nager allégrement au supermarché. Grâce aussi à la mise au jour de faits nouveaux sur ses vertus nutritionnelles, le poisson compte de plus en plus de mordus. Selon l'Institut national de la nutrition, la consommation annuelle par Canadien est passée de 5,3 kg en 1970 à 7,0 kg en 1988 (poisson 84 %, mollusques et crustacés 16 %).

Facile et rapide à préparer, le poisson répond parfaitement aux exigences de la vie d'aujourd'hui. Il se digère bien, car il renferme peu de tissu conjonctif et de gras. Il est facile à mastiquer, toujours tendre et ajoute de la variété au menu.

VALEUR NUTRITIVE DES POISSONS ET FRUITS DE MER

Les protéines des poissons et fruits de mer conjuguent qualité et quantité, ce qui permet de les substituer à la viande et à la volaille. Ils sont également de bonnes sources de phosphore et de calcium (en particulier le saumon, les sardines — harengs — et le maquereau en conserve consommés avec les arêtes), de vitamines du complexe B, de magnésium (mollusques et crustacés), de vitamine C (huîtres), de fer, de zinc, de cuivre (fruits de mer surtout: crevettes, huîtres, palourdes et moules), d'iode, de fluor et de sélénium. La chair des poissons gras est une bonne source de vitamine D. Les huiles de foie de poisson contiennent des vitamines A et D. Le poisson, même d'eau salée, ne contient pas plus de sodium que la viande.

Les poissons ont une teneur en gras variable selon les espèces et même, à l'intérieur d'une même espèce, selon les saisons (saumon, hareng, maquereau). Ils contiennent peu de cholestérol (sauf l'anguille). La majorité des poissons (80 %) sont maigres, particulièrement les poissons blancs (sole ou plie, aiglefin, morue, goberge, sébaste, thon blanc) alors que les poissons plus foncés sont généralement gras (saumon sockeye, sardine, truite arc-en-ciel, thon brun). La teneur en gras des poissons gras se compare à celle de la viande.

Quant aux mollusques, ils contiennent peu de gras et de cholestérol. Les crustacés renferment également peu de gras et de calories, mais plus de cholestérol que les poissons et les mollusques.

La teneur calorique des poissons et fruits de mer varie selon le contenu en gras de l'espèce et, bien sûr, la quantité de gras ajouté. L'apport en calories peut facilement doubler, selon l'espèce ou le mode de cuisson.

La portion de poisson recommandée par le *Guide alimentaire canadien pour manger sainement* est de 50 à 100 g (2 à 3 oz), cuits. Chez l'adulte, la portion réelle de poisson est plus souvent de 180 à 225 g (6 à 8 oz).

Plus c'est gras, mieux c'est!

On aura tout vu! Les spécialistes de la santé suggèrent, d'une part, de réduire la consommation de gras et, d'autre part, de manger souvent du poisson… gras! Et ils ont raison! Une plus grande consommation de poisson, et même de poisson gras, aiderait à réduire la quantité totale de gras de notre alimentation. Le poisson contient également plus de gras polyinsaturé et moins de gras saturé que d'autres sources de protéines comme la viande ou le fromage.

Mais la question ne s'arrête pas là. La consommation de poisson, d'huile de poisson ou de concentré d'huile de poisson pourrait avoir des effets favorables sur la coagulation et la viscosité du sang, ainsi que sur la tension artérielle. Les gras polyinsaturés oméga-3 (les gras polyinsaturés principaux des huiles de poisson) abaissent un taux élevé de triglycérides (TG) de même que les VLDL, deux formes sous lesquelles les gras sont transportés dans le sang.

On a observé un faible taux de mortalité due aux maladies cardio-vasculaires chez les Inuit de la côte du Groenland et chez les Japonais, populations qui consomment beaucoup de poisson. Ainsi, on croit que les gras polyinsaturés du poisson pourraient réduire le risque de maladies cardiaques. On trouve peu d'acides gras oméga-3 ailleurs que dans le poisson. Les poissons gras en contiennent plus que les poissons maigres.

Ayez à cœur de manger du poisson deux ou trois fois par semaine et souvent du poisson gras. Des suppléments d'huile de poisson seraient utiles? Certaines études semblent indiquer que la consommation de poisson contribue davantage que les capsules d'huile de poisson à réduire les risques de maladies cardio-vasculaires.

Tableau II
Teneur en gras et en cholestérol des poissons et fruits de mer
(par portion de 120 g [4 oz], crus et de 90 g [3 oz], cuits à chaleur sèche, sauf indication contraire)

ESPÈCES	GRAS		CHOLESTÉROL	
	CRUS (g)	CUITS (g)	CRUS (mg)	CUITS (mg)
Poissons				
Aiglefin	0,1	0,8	72	67
Anguille américaine	22,0	13,5	66	145
Anguille fumée	25,0 (90 g)		58 (90 g)	
Barbotte brune	1,9		66	
Brochet (du Nord)		0,8		45
Corégone (poisson blanc*)	9,8		66	
Doré jaune	1,4		66	
Doré noir	1,0		66	
Éperlan (Atl. et de baie)	2,5		66	
Espadon	4,8	4,6	66	45
Esturgeon	2,3	4,7	66	
Esturgeon fumé	4,0 (90 g)			
Flétan (Atl. et Pac.)	1,4	2,6	60	37
Flétan du Groenland (turbot*) (Atl.)	10,1		60	

* Appellation à proscrire.

Tableau II
Teneur en gras et en cholestérol des poissons et fruits de mer (suite)

ESPÈCES	GRAS		CHOLESTÉROL	
	CRUS (g)	CUITS (g)	CRUS (mg)	CUITS (mg)
Flétan (Atl. et Pac.)	1,4	2,6	60	37
Flétan du Groenland (turbot*) (Atl.)	10,1		60	
Goberge	1,1	4,7	66	63
Grenouilles (cuisses)	0,4		60	
Grand brochet	1,3		66	
Hareng (Atl.)	13,6	10,4	102	69
Hareng (Pac.)	3,1		102	
Hareng (de lac)	2,8		66	
Lotte	1,1		66	
Maquereau (Atl.)	14,6	16,0	114	68
Maquereau (Pac.)	8,8		114	
Maquereau (Jack) en conserve, solides égouttés		5,7		71
Maquereau (Atl.) en conserve, chair et liquide		10,0		85
Maskinongé	3,0		66	
Morue (Atl.)		0,8		50
Morue	0,4		60	
Morue charbonnière	17,9		66	
Omble chevalier (omble de l'Arctique*)	6,0			
Plie/sole	1,4	1,4	58	61
Raie	0,8		66	
Sardines (petits harengs, Pac.)	10,3		134	

* Appellation à proscrire.

Tableau II
Teneur en gras et en cholestérol des
poissons et fruits de mer (suite)

ESPÈCES	GRAS		CHOLESTÉROL	
	CRUS (g)	CUITS (g)	CRUS (mg)	CUITS (mg)
Sardines (Atl.) en conserve dans l'huile, solides égouttés avec os		10,3		128
Saumon de l'Atlantique (saumon de Gaspé*)	16,1		47	
Saumon chinook fumé	3,9 (90 g)		21 (90 g)	
Saumon coho	13,1	6,8[a]	40	44[a]
Saumon kéta	13,1		40	
Saumon kéta en conserve, solides égouttés avec os		5,0		35
Saumon rose	4,4		42	
Saumon rose en conserve, solides avec os et liquide		5,4		
Saumon rouge (sockeye)	13,1	9,9	42	78
Saumon sockeye en conserve, solides égouttés avec os		6,6		40
Sébaste (perche de mer*, Atl.)	1,4	1,9	66	49
Sébaste (Pac.)	1,8		66	
Sébaste	0,5		66	
Thon bonite (brun foncé) (Atl. et Pac.)	8,8		66	

[a] Cuisson à chaleur humide.
* Appellation à proscrire.

Tableau II
Teneur en gras et en cholestérol des poissons et fruits de mer (suite)

ESPÈCES	GRAS		CHOLESTÉROL	
	CRUS (g)	CUITS (g)	CRUS (mg)	CUITS (mg)
Thon germon (chair blanche)	9,1		66	
Thon blanc en conserve dans l'eau, solides égouttés		2,2		38
Thon rouge (chair pâle)	4,9		68	
Thon pâle en conserve dans l'eau, solides égouttés		0,5		
Touladi (truite grise*, truite de lac*)	13,6	12,7		
Truite arc-en-ciel	13,7	3,9	66	66
Crustacés				
Crabe		1,7[a]		90[a]
Crabe en conserve		2,3		91
Crabe royal (crabe d'Alaska*)		1,4[a]		48[a]
Crevettes		1,0[a]		176[a]
Crevettes en conserve, solides égouttés		1,8		156
Homard entier (du Nord)	2,3		95	
Homard (du Nord)		0,5[a]		65[a]

(a) Cuisson à chaleur humide.
* Appellation à proscrire.

Tableau II
Teneur en gras et en cholestérol des
poissons et fruits de mer (suite)

ESPÈCES	GRAS		CHOLESTÉROL	
	CRUS (g)	CUITS (g)	CRUS (mg)	CUITS (mg)
Mollusques				
Calmar	1,1		66	
Escargots	1,7		60	
Huîtres (de l'Est)	3,0	4,5[a]	66	98[a]
Huîtres (de l'Est) en conserve, solides et liquide		2,2		50
Moules (Atl. et Pac.)	2,6		60	
Moules (Pac.) en conserve, égouttées		3,0		41
Moules bleues	2,7	4,0[a]	34	50[a]
Palourdes/myes	1,9	1,8[a]	60	60[a]
Palourdes/myes en conserve, solides égouttés		1,8		60
Pétoncles	0,9	1,3[a]	40	48[a]

Sources: Santé et Bien-être social Canada, *Fichier canadien sur les éléments nutritifs*, 1988. Micheline Brault Dubuc et Liliane Caron Lahaie, *Valeur nutritive des aliments*, 1987. United States Department of Agriculture, *Composition of Foods: Finfish and Shellfish Products*, Handbook Number 8-15, 1987.

(*a*) Cuisson à chaleur humide.

Pour moins de mercure au menu

Le mercure rejeté dans l'environnement par les industries et la combustion de carburants a le fâcheux défaut de s'accumuler sous une forme toxique dans le poisson, puis chez la personne qui le consomme.

Les espèces qui se nourrissent elles-mêmes de poissons sont plus contaminées (brochet, doré, maskinongé, achigan). Les gros poissons d'une même espèce sont aussi plus contaminés que les petits. Le ministère de l'Environnement recommande d'éviter de consommer ces poissons à moins de deux semaines d'intervalle. Le touladi (truite grise), la perchaude, le meunier, la lotte et la barbotte ne devraient pas être au menu plus d'une fois par semaine (toutes espèces confondues).

Chaque fois que la fréquence de consommation est doublée (une fois par semaine de brochet ou de doré au lieu d'une fois par deux semaines), on devrait éviter par la suite d'en consommer à nouveau pendant le double de la période d'abstinence suggérée (quatre semaines d'abstinence au lieu de deux). De la même façon, lorsque la fréquence est quadruplée (deux fois par semaine au lieu d'une fois par deux semaines), il est souhaitable de quadrupler la période d'abstinence (huit semaines au lieu de deux). Ce repos est nécessaire pour éliminer le mercure accumulé.

Le choix étant vaste, évitez de limiter votre consommation de poisson aux espèces d'eau douce, en particulier le doré, le brochet, l'achigan et le maskinongé. Évitez la consommation de poisson cru; la cuisson tue les parasites potentiels.

«À la pêche aux moules moules moules,
je ne veux plus aller»

La cueillette des coquillages marins sur les plages à marée basse, que c'est agréable! Toutefois, la présence de différents contaminants dans nos cours d'eau (résidus chimiques, toxines, parasites, contaminants microbiens) devrait vous inciter à la prudence.

Respectez les enseignes qui préviennent que la consommation des mollusques d'une région est dangereuse. Rien de suspect en apparence? Seules des analyses de laboratoire permettent de détecter le poison. Les bactéries et les virus peuvent être neutralisés à la cuisson, mais certaines toxines y résistent. Ne prenez pas le risque...

Les faux frères

Doigts de goberge à saveur de crabe, ou encore goberge à l'arôme de pétoncles, de crevettes, de crabe ou de homard, ces nouveaux venus sur le marché imitent (ou tentent d'imiter) les fruits de mer. On désigne souvent ces substituts par l'appellation «kamaboko».

Ces «fruits de mer» sont principalement faits à base de goberge à cause de la grande disponibilité de cette espèce. Ils peuvent aussi être fabriqués à partir de morue. Certains comprennent une partie de chair de crabe; la liste des ingrédients nous renseigne à ce sujet, sans toutefois nous en indiquer la proportion.

Ce sont en fait les Japonais qui ont créé le kamaboko, voilà des siècles. Pour prolonger la conservation du poisson frais, sa chair était hachée, lavée à l'eau salée, broyée, salée puis égouttée. Il suffisait ensuite de donner à la pâte obtenue la forme désirée et de la cuire.

On prépare aujourd'hui le kamaboko en ajoutant à la pâte de poisson des extraits du fruit de mer imité (des concentrés de jus de cuisson), des assaisonnements, des additifs (dont le glutamate monosodique) et d'autres ingrédients comme du blanc d'œuf, de la farine, de l'amidon, du sucre, du sel, de la poudre à pâte, de l'huile. (Non, il ne s'agit pas d'une recette de gâteau!) On modèle ensuite la pâte pour lui donner la forme du fruit de mer en question: en cylindres pour des pattes de crabe, en forme de queues de homard, de pétoncles, de crevettes. Enfin, on les colore (rouge vif pour les pattes de crabe, rose pour les crevettes), on les pane parfois et on les cuit.

Le principal avantage de ces substituts est leur prix par rapport au produit imité, soit 20 à 50 % du prix du fruit de mer en question. Évidemment, l'opération «nouveau look» en augmente le coût si on compare avec la goberge fraîche. Ils peuvent se vendre près de trois fois plus que le prix de la goberge. Leur prix est un avantage réel sur celui des fruits de mer, à condition de savoir ce que vous achetez et d'en apprécier le goût et la texture.

Le problème serait de payer le prix du vrai pour un faux. À l'épicerie, vous pourrez les distinguer en lisant l'étiquette. Mais dans l'«assiette du pêcheur» du restaurant, la liste des ingrédients n'est pas aussi évidente et, de toute façon, rien dans l'appellation de ce plat rend illégal l'usage du kamaboko. La question est différente si le contenu en poissons et fruits de mer de l'assiette est spécifié sur le menu ou que l'appellation du plat comporte le nom du fruit de mer (par exemple, «feuilleté de pétoncles»). Le restaurateur se doit alors de respecter le contenu annoncé.

On reconnaît le kamaboko par sa chair très blanche à coloration de surface rose ou rouge imitant celle du crabe, du homard ou des crevettes. Sa chair se détache en longs filaments, comme des spaghettis. Sa forme est très régulière (pattes de crabe bien droites et de même longueur, crevettes et pétoncles de même grosseur). N'hésitez pas à vous renseigner si vos papilles et vos yeux détectent des indices suspects.

Pour ce qui est de leur valeur nutritive, les substituts de fruits de mer contiennent moins de cholestérol que les fruits de mer imités, mais plus de sel et aussi des additifs. De plus, ils renferment généralement moins de protéines, de vitamines et de minéraux. À moins de consommer des fruits de mer en grande quantité (ce qui n'est pas à la portée de toutes les bourses) ou d'une restriction particulière de votre médecin ou de votre diététiste, l'apport de cholestérol par les fruits de mer ne pose habituellement pas de problème.

Les imitations ne sont pas toujours réussies. Il est souhaitable de comparer les marques afin d'apprécier la couleur, la texture, la forme et le goût de chacune. Si vous estimez que leurs qualités en valent le coût, combinez-les à d'autres ingrédients ou à une sauce (coquilles Saint-Jacques, garnitures pour crêpes, etc.). Vous les apprécierez davantage. Comme ces substituts sont déjà cuits, on peut les utiliser tels quels (salades, garnitures à sandwichs, canapés), chauds ou froids.

DÉCOUPES DE POISSON FRAIS

Le poisson entier ou rond est vendu tel qu'il est pêché. Enlever les entrailles et, pour les plus gros, les ouïes, les nageoires et les écailles. La tête et la queue peuvent être enlevées ou non, selon l'effet souhaité.

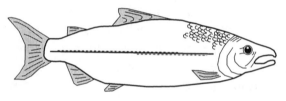

Le poisson habillé, vidé ou éviscéré est vendu sans les ouïes et les entrailles. Enlever les nageoires et les écailles des plus gros. La tête et la queue peuvent être enlevées ou non.

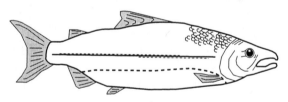

Le poisson paré ou prêt à cuire est offert sans la tête, la queue, les nageoires, les écailles, les entrailles et les ouïes. Comme l'indique son nom, il est prêt à cuire.

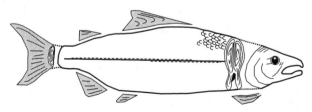

Les darnes sont des tranches transversales de gros poissons, comme le requin, le saumon ou le flétan. Elles ont entre 1 et 2 cm (1/2 et 1 po) d'épaisseur et sont également prêtes à cuire.

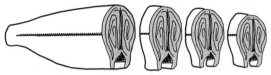

Les filets ou flancs sont les deux côtés sur la longueur du poisson, de part et d'autre de sa colonne vertébrale. Ils peuvent être vendus simples (un côté) ou doubles (deux côtés). On les appelle alors papillons.

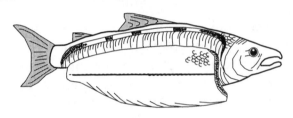

GUIDE D'ACHAT DU POISSON

Prévoyez deux à trois repas de poisson par semaine. Pensez à des poissons gras comme le maquereau, le saumon, la truite, le thon et le hareng.

Comparez les prix selon les formes (frais ou congelé), les découpes et les espèces.

Calculez la quantité à acheter selon la découpe.

À l'achat de poisson frais ou congelé, calculez par portion:

entier (rond):	225 à 450 g (1/2 à 1 lb)
habillé (vidé ou éviscéré):	150 à 225 g (1/3 à 1/2 lb)
paré (prêt à cuire):	150 à 225 g (1/3 à 1/2 lb)
darnes:	150 à 225 g (1/3 à 1/2 lb)
filets:	110 à 150 g (1/4 à 1/3 lb)

Les poissons en conserve émiettés sont généralement moins chers que ceux en morceaux.

Recherchez les poissons en conserve dans de l'eau ou dans un bouillon plutôt que dans l'huile.

Surveillez les dates (voir «Les inscriptions obligatoires», p.15). L'indication de la date d'emballage est obligatoire sur les poissons frais empaquetés en magasin. Leur durée de conservation doit aussi apparaître sur l'étiquette, à moins qu'elle ne soit affichée à proximité.

Choisissez des produits de qualité (voir «Critères d'achat du poisson», p. 73).

Achetez en fonction... des couleurs

- Le saumon* sockeye (ou rouge) est le saumon le plus coûteux. Sa chair est rouge et sa teneur en huile est plus élevée. C'est le saumon par excellence lorsque sa belle couleur riche est recherchée et que le prix importe peu. Le sockeye est vendu surtout en conserve.
- Le saumon* coho (ou argenté), dont la couleur est comparable à celle du sockeye (quoiqu'un peu plus pâle), est utilisé surtout frais ou congelé.
- Le saumon* rose, vendu en conserve, est plus pâle que le sockeye.
- Le saumon* kéta (ou chum), vendu en conserve, congelé ou salé, est plus pâle que le saumon rose.
- Le thon portant sur l'étiquette la mention «chair blanche» provient du germon. Il possède une chair ferme et blanche très appréciée et un goût délicat. C'est aussi le plus cher. Il est surtout utilisé pour les salades et les sandwichs.
- le thon à chair pâle peut provenir du thon rouge, de l'albacore à nageoires jaunes ou de la thonine à ventre rayé. Sa

---

* La teneur en gras du saumon augmente avec sa coloration: plus il est foncé, plus il est gras.

couleur est plus foncée que celle du thon germon à chair blanche. Son goût est également plus prononcé. On peut le substituer au germon dans les sauces blanches, les gratins, les garnitures pour crêpes, les croquettes, les quiches et les pains.

- Le thon bonite est de couleur brun foncé et son goût est plus marqué que les précédents. Il est plus économique et tout indiqué dans les plats à saveur relevée.

Les dépanneurs à garder sous la main

- Les conserves de poisson (voir «Il y a plus d'une façon de mordre à l'appât», p. 84): elles s'apportent bien en pique-nique, en camping ou dans la boîte à lunch. Prêt à manger, chaud ou froid, le poisson en conserve convient bien pour une ou deux personnes.
- Le poisson congelé en portions individuelles: congeler des filets de poisson frais en portions individuelles (ne pas recongeler le poisson décongelé sans le cuire au préalable) ou les acheter déjà congelés. Ils sont idéals pour les personnes seules ou les petites familles. Il suffit de les décongeler au besoin.

Critères d'achat du poisson

- Filets et darnes (frais): chair à l'aspect frais et humide, à texture ferme, aux segments adhérant les uns aux autres, et sans signes de décoloration (dessèchement) ni de brunissement; odeur fraîche et douce, non désagréable; ne reposent pas directement sur la glace dans le comptoir, ce qui laisserait la chair absorber l'eau et perdre de sa saveur; peu d'air dans l'emballage.
- Entier, habillé ou paré (frais): peau luisante et humide aux écailles adhérentes; chair souple mais ferme qui reprend sa place lorsqu'on la presse légèrement; chair adhérant aux arêtes; yeux brillants, clairs et pleins; ouïes rouge vif et humides; odeur fraîche et douce, non désagréable.

- Congelé: absence de cristaux de glace ou de givre à l'intérieur de l'emballage; chair solidement gelée à l'aspect frais, luisant et sans signes de décoloration (dessèchement) ni de brunissement; peu d'air dans l'emballage.

GUIDE DE CONSERVATION DU POISSON

- Frais: retirer le poisson de son emballage original; bien l'essuyer avec un linge humide et propre; éviscérer, laver et assécher le poisson entier (rond); envelopper dans du papier ciré; réfrigérer dans un contenant hermétique, trois à quatre jours au plus.
- Fumé: entreposer comme du poisson frais.
- Congelé*: laisser dans l'emballage original; insérer l'emballage des produits congelés en magasin dans un sac de plastique, du papier d'aluminium ou un contenant de plastique, puis évacuer l'air; entreposer jusqu'à deux mois les poissons gras (par exemple, saumon, truite, maquereau) et jusqu'à six mois les poissons maigres (par exemple, aiglefin, morue, goberge); réduire de moitié la durée de congélation lorsque les produits sont conservés dans le congélateur du réfrigérateur; maintenir la température de congélation à -18 °C (0 °F) au plus.

------

* Toujours décongeler dans l'emballage original, au réfrigérateur (18 à 24 h/450 g [1 lb]), dans l'eau froide (1 à 2 h/450 g [1 lb]) ou au micro-ondes (au cycle de décongélation, 4 à 6 min pour 450 g [1 lb], en retournant les morceaux ou le paquet sur lui-même à mi-temps). Ne jamais laisser décongeler à la température ambiante ni recongeler un poisson dégelé sans le cuire au préalable.

GUIDE D'ACHAT ET DE CONSERVATION DES FRUITS DE MER
(Pour les fruits de mer achetés congelés, voir les conseils relatifs au poisson congelé dans «Guide d'achat du poisson», p. 71 et «Guide de conservation du poisson», p. 74.)

Les mollusques

- Le calmar a l'avantage de ne pas contenir d'arêtes. Sa chair blanchâtre est douce, mais il faut éviter de trop la cuire, car elle devient alors caoutchouteuse. Calculer environ deux calmars par personne. La pochette, les nageoires et les tentacules sont comestibles. À l'achat, la chair doit avoir une apparence fraîche et humide, sans odeur forte. Conserver comme du poisson frais ou congelé, selon le cas.

- Les huîtres de l'Atlantique sont généralement moins grosses que celles du Pacifique. Leur coquille est rugueuse, de forme irrégulière et de couleur gris beige. Leur chair varie du gris au beige ou du gris au verdâtre, selon la nature des algues qu'elles ont mangées. Écarter les huîtres fraîches ouvertes dont la coquille ne se referme pas lorsqu'on la frappe légèrement; elles sont probablement mortes. Envelopper les huîtres fraîches dans du papier journal ou un linge humides, ou placer dans un contenant recouvert d'un linge humide; elles se conservent alors facilement deux à trois semaines (jusqu'à six semaines) au réfrigérateur. Décoquillées (crues), elles se gardent dans leur jus jusqu'à dix jours au réfrigérateur et de trois à quatre mois au congélateur. Ne pas congeler les huîtres dans la coquille.

- Les moules et les palourdes: les moules proviennent de l'Atlantique et du Pacifique. Leur coquille est brune ou bleu noirâtre, lisse et allongée. Leur chair, blanchâtre lorsqu'elles sont crues, tourne à l'orange vif en cuisant. Les palourdes et les myes sont appelées communément «clams» (du nom anglais). La coquille des palourdes est plutôt ronde et leur chair, orangée. Écarter les moules et les palourdes fraîches ouvertes dont la coquille ne se referme pas lorsqu'on la frappe légèrement; elles sont probablement mortes. Envelopper les moules et les palourdes fraîches dans un linge humide et réfrigérer 12 à 24 h au plus. Placer les moules et les palourdes décoquillées avec leur jus dans un contenant hermétique; réfrigérer un ou deux jours ou congeler jusqu'à quatre mois. Ne pas congeler les moules et les palourdes dans la coquille.

- Les pétoncles se vendent frais ou congelés, toujours décoquillés. Ils sont classés selon leur grosseur. À l'achat, la chair doit avoir une apparence fraîche et humide, sans dégager d'odeur désagréable. Garder au réfrigérateur dans un contenant fermé, un ou deux jours au plus.

Les crustacés

- Le homard provient de l'Atlantique. Il mesure en moyenne 30 cm (12 po). Ceux qu'on trouve sur le marché pèsent généralement entre 1/2 et 1 1/2 kg (1 et 3 lb); ils peuvent toutefois peser jusqu'à 5 kg (11 lb). Entiers, les acheter vivants, cuits, ou cuits et congelés. Rechercher les petits homards, ils sont plus savoureux. Choisir des homards vivants et fringants: ils remuent des pattes et leur queue se recourbe lorsqu'on les prend. Tester les homards cuits: une queue qui se replie lorsqu'on la tire indique que le homard était vivant au moment de sa cuisson. Envelopper les homards vivants dans du papier journal ou un linge humides; réfrigérer 12 à 24 h au plus. Il n'est pas recommandé de les conserver dans de l'eau douce ni sur de la glace. Ne jamais congeler les homards en carapace crus; les cuire d'abord.

- La langouste ressemble au homard. Elle diffère de son cousin entre autres par des épines sur sa carapace, une queue proportionnellement plus longue, des pattes d'égales longueur et grosseur, sans pinces mais à crochets. Elle peut mesurer jusqu'à 50 cm (20 po) et peser 4 kg (9 lb).

- La langoustine ressemble davantage au homard qu'à la langouste (on dirait en fait un homard miniature). Elle mesure entre 8 et 25 cm (3 et 10 po). On l'appelle également «homard de Norvège». Sa chair est plus délicate que celle du homard.

- Le crabe des neiges provient de l'Atlantique. Son corps, quasi circulaire, est brun pâle. Ses cinq paires de pattes sont très longues, légèrement aplaties; l'une porte des pinces. Il mesure en moyenne 13 cm (5 po) et pèse près de 1 1/2 kg (3 lb). Sa chair est orangée. Le crabe commun provient également de l'Atlantique, tandis que le crabe dormeur provient du Pacifique. Envelopper les crabes vivants de papier journal ou d'un linge humides; réfrigérer 12 à 24 h au plus. Il n'est pas recommandé de les conserver dans de l'eau douce ni sur de la glace. Ne jamais congeler les crabes en carapace crus; les cuire d'abord.

Crabe des neiges

Crabe dormeur

- Les crevettes: les crevettes roses, qui mesurent de 3 à 8 cm (1 à 3 po), proviennent de l'Atlantique et du Pacifique. Le Pacifique fournit également plusieurs autres espèces de crevettes de taille variant entre 5 et 20 cm (2 et 8 po). D'un vert gris lorsqu'elles sont crues, elles passent au rose ou au rouge et se recourbent lorsqu'elles sont cuites. Réfrigérer les crevettes fraîches ou cuites dans un contenant fermé, un ou deux jours au plus.

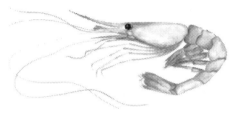

GUIDE DE CUISSON DU POISSON

L'abc d'une cuisson réussie

Le poisson est l'aliment parfait pour une cuisine-express-santé. Il se prépare et se cuit en deux temps, trois mouvements. Peu importe l'espèce de poisson ou son mode de cuisson, les mêmes règles de base s'appliquent:

- poisson frais: calculer de 5 à 7 min/cm d'épaisseur (10 à 12 min/po) (mesurer l'épaisseur dans la partie la plus épaisse);
- poisson congelé: on peut cuire le poisson sans le décongeler; calculer de 10 à 12 min/cm (20 à 25 min/po) (mesurer l'épaisseur dans la partie la plus épaisse). Le poisson mince se cuit très bien congelé ou tout juste décongelé pour séparer les filets ou les morceaux. Il est préférable de décongeler en partie le poisson épais pour assurer une cuisson uniforme;

- cuire à température élevée, entre 200 et 230 °C (400 et 450 °F). Étant donné son faible contenu en tissu conjonctif, le poisson ne requiert pas une cuisson prolongée à basse température comme on le fait pour attendrir la viande;
- test de cuisson: le poisson est prêt lorsque sa chair, d'abord translucide, est opaque mais encore humide et qu'elle s'effeuille facilement à la fourchette. Plus cuit, le poisson devient sec, insipide et caoutchouteux.

Modes de cuisson

- Au four: placer le poisson dans un plat ou sur une feuille d'aluminium (côté brillant à l'intérieur) beurré. Assaisonner de sel, de poivre et de fines herbes au goût. Ajouter si désiré un peu de jus de citron, de bouillon ou de vin blanc. On peut aussi farcir le poisson de légumes finement hachés ou d'une farce au pain. Couvrir avec le couvercle du plat ou en refermant le papier d'aluminium. Pour cuire sans dessécher, on peut aussi envelopper le poisson dans des feuilles de laitue ou le recouvrir de morceaux de légumes ou de sauce. Cuire au centre du four préchauffé à 230 °C (450 °F) ou à 180 °C (350 °F) si le poisson est cuit avec des œufs, du fromage ou une sauce blanche. Pour la cuisson en papillote dans un papier d'aluminium huilé, prévoir quelques minutes de plus. Cette méthode convient aussi bien au poisson habillé, paré, aux darnes et aux filets.
- Sur le gril du four ou du barbecue: couvrir ou envelopper le poisson de papier d'aluminium beurré pour l'empêcher de sécher. Ou encore, le badigeonner d'un peu de gras ou le mariner dans un mélange à base de jus d'agrumes. La marinade rehausse le goût du poisson et aide à en maintenir les jus et la fermeté à la cuisson. De même, barder un poisson avec des tranches de bacon lui donne de la saveur et l'empêche de sécher. Assaisonner de sel, de poivre et de

fines herbes, au goût. Pour la cuisson en papillote dans un papier d'aluminium huilé, prévoir quelques minutes de plus. Cuire sur une grille bien huilée, à environ 10 cm (4 po) des braises ou de l'élément chauffant pour le poisson décongelé ou frais, à une hauteur de 15 à 20 cm (6 à 8 po) pour le poisson congelé. Retourner à mi-cuisson lorsque l'épaisseur du poisson dépasse 2 cm (1 po). Cette méthode sert aussi bien pour le poisson habillé, paré, les darnes et les filets.

- À la poêle: détailler le poisson en portions (darnes, filets ou petits poissons habillés ou parés). Laisser tels quels, rouler dans une farine assaisonnée, ou tremper dans du lait ou un œuf battu, puis dans la chapelure. (C'est l'occasion d'utiliser un reste de pain rassis ou du son de blé.) Cuire jusqu'à ce que les morceaux soient dorés des deux côtés.

- Au micro-ondes: la cuisson au micro-ondes convient bien au poisson, car elle permet de cuire à température élevée pour une courte période. Elle en préserve la saveur et les nutriments, et en maintient l'humidité. De plus, elle n'exige pas d'ajout de gras. Pour une cuisson uniforme, il est préférable de décongeler le poisson au préalable. L'assaisonner de sel, de poivre, de fines herbes, au goût. Ajouter un peu de jus, de bouillon ou d'eau. Disposer les morceaux en une seule couche, en plaçant les côtés plus épais et plus gros vers l'extérieur du plat de cuisson et les plus minces et petits au centre. Couvrir avec le couvercle du plat ou une pellicule de plastique pour cuisson au four à micro-ondes. (Laisser un coin ouvert pour permettre à la vapeur de s'échapper.) Cuire à puissance maximale (avec un four de 700 watts) environ 5 min pour 450 g (1 lb), 7 1/2 min pour 900 g (2 lb) ou 10 min pour 1,4 kg (3 lb). Terminer la cuisson lorsque l'intérieur de la chair est encore un peu translucide. Laisser reposer de 2 à 5 min pour compléter la cuisson.

- À la vapeur: la marguerite ne sert pas seulement à la cuisson des légumes; elle est particulièrement pratique pour cuire le repas de poisson d'une ou deux personnes. La huiler et y déposer la darne (petite), le filet ou le poisson paré ou habillé. On peut aussi utiliser un tamis huilé ou encore, placer le poisson dans un coton à fromage et le suspendre dans un chaudron au-dessus de 2 à 5 cm (1 à 2 po) d'eau. On peut, pour plus de saveur, ajouter ses fines herbes préférées à l'eau de cuisson (persil, gingembre frais, aneth, fenouil). L'ajout d'un ingrédient acide (jus de citron, vin, vinaigre) à l'eau de cuisson réduit la forte senteur du poisson. Faire bouillir l'eau au préalable avant d'y mettre le poisson. Toujours cuire couvert et s'assurer que le tamis, le coton à fromage ou la marguerite ne touche pas l'eau. La cuisson à la vapeur exige un peu plus de temps, car la chaleur de la vapeur pénètre moins rapidement le poisson que celle de l'eau.

• Le pochage: pour les darnes, les filets ou le poisson paré ou habillé. À l'eau, dans un bouillon, du lait, du jus de tomate ou un mélange moitié-moitié vin blanc avec eau ou bouillon. L'ajout d'un ingrédient acide (jus de citron, vin, vinaigre) au liquide de cuisson réduit la forte senteur du poisson. Faire bouillir le liquide salé au préalable (sauf pour les poissons entiers dont la cuisson est plus uniforme si le liquide de départ est froid). Y déposer le poisson (le liquide doit le recouvrir) et couvrir. Ramener rapidement à ébullition, puis baisser le feu et laisser mijoter. Utiliser le liquide de cuisson comme base pour la sauce. Pour un effet de présentation assuré, enrouler le filet de poisson autour d'un verre et cuire ainsi. Pour repêcher plus facilement le poisson et éviter qu'il ne se brise à la cuisson, utiliser un coton à fromage. Pour une sauce savoureuse, filtrer le liquide de cuisson et le laisser mijoter jusqu'à ce qu'il ait réduit au quart de son volume; l'épaissir à la fécule. Le liquide de cuisson peut aussi être utilisé pour les soupes, les chaudrées, le riz (comme bouillon de cuisson), les casseroles et les ragoûts de poissons.

GUIDE DE PRÉPARATION ET DE CUISSON DES FRUITS DE MER

Les mollusques

- Le calmar: retirer la membrane qui le recouvre en la grattant sous l'eau froide; tirer sur l'épine dorsale (la plume transparente) et la jeter; couper les tentacules au-dessus des yeux et les conserver; couper la pochette (le corps) sous la tête, l'évider, la nettoyer et la conserver. Les tentacules et la pochette sont comestibles. Pour cuire entier: blanchir une minute. Pour cuire en morceaux: laisser mijoter en ragoût environ 10 min; sauter à la poêle ou au wok 1 ou 2 min à feu modéré; blanchir 30 s. Ajouter aux salades, ragoûts et gratins, ou servir froid en vinaigrette.
- Les huîtres: brosser la coquille sous l'eau froide; pour faciliter l'ouverture, placer trois ou quatre huîtres à la fois au micro-ondes, laisser une minute à puissance maximale (avec un four de 700 watts) et ouvrir. Pour cuire découquillées: mijoter quelques minutes dans l'eau salée ou dans leur jus jusqu'à ce que les bords des huîtres ondulent (environ 5 min).
- Les moules et les palourdes: brosser les moules et enlever le byssus (la barbe). Cuire dans la coquille (à la vapeur, au micro-ondes ou pochées) jusqu'à ce qu'elles s'ouvrent. Jeter celles qui ne s'ouvrent pas; elles étaient probablement mortes.
- Les pétoncles: essuyer avec un linge humide et laisser mijoter dans de l'eau salée: 3 à 4 min (frais) ou 5 à 8 min (congelés).

Les crustacés

- Le homard: plonger le homard tête première dans de l'eau salée bouillante. Calculer 12 min de cuisson pour les premiers 450 g (1re lb) + 1 min supplémentaire/110 g (1/4 lb) additionnels. (Par exemple, un homard de 1,4 kg [3 lb] cuira en 20 min.)

- Le crabe: plonger le crabe dans de l'eau bouillante salée. Calculer entre 10 et 20 min de cuisson selon la taille.
- Les crevettes dans leur carapace: laver et déposer dans l'eau bouillante salée; ramener rapidement à ébullition, puis réduire le feu et laisser mijoter*. Calculer environ 5 min de cuisson pour les petites crevettes et 8 min pour les grosses. Laisser refroidir; couper la carapace sur le dessous avec des ciseaux et la retirer; enlever la veine pierreuse sur le dos.
- Les crevettes sans carapace: pratiquer une incision le long du dos et retirer la carapace; enlever la veine pierreuse sur le dos et rincer. Mettre dans l'eau bouillante salée; ramener rapidement à ébullition, puis réduire le feu et laisser mijoter*. Calculer environ 5 min de cuisson pour les petites et 8 min pour les grosses.

IL Y A PLUS D'UNE FAÇON DE MORDRE À L'APPÂT

Changez de compagnie

- Substituez à ceux-ci: ceux-là (ou vice-versa):
    - Saumon en conserve   Thon en conserve
    - Thon en conserve   Maquereau en conserve
    - Harengs (sardines)   Maquereau en conserve
    - Saumon   Truite
    - Sole** ou tout autre filet Plie ou tout autre filet
- Interchangez dans les recettes:
    - les poissons à chair ferme: saumon, flétan, truite, aiglefin, goberge, sébaste, flétan, morue, etc. Ils peuvent aussi remplacer tout filet. À vous de varier selon vos goûts et les prix;

---

* Ne pas faire bouillir trop longtemps ni trop cuire, car elles durcissent et perdent leur saveur.
** Les eaux canadiennes et américaines ne contiennent pas de sole. Ce que l'on appelle communément «sole», c'est sa sœur, la plie. La vraie sole nage dans la Manche, l'Atlantique Est, la Méditerranée et la mer du Nord.

- les moules, les myes, les huîtres, les pétoncles et autres mollusques, en respectant le temps de cuisson de chacun;
- le crabe, le homard, les crevettes et autres crustacés, en respectant le temps de cuisson de chacun;
- les variétés de saumon (voir «Guide d'achat du poisson», p. 71).

Ajoutez de la saveur et de la couleur

- À la cuisson: ail, basilic, ciboulette, sauge, sarriette, estragon, thym, persil, aneth, romarin, moutarde sèche ou forte, oignons, tomates, fenouil, gingembre frais (racine de gingembre), jus de citron, de lime ou d'orange.
- Au service: kiwis, fruits citrins, ananas, pommes, pêches, poires, carottes, tomates, brocoli, poivrons verts et rouges, pois mange-tout, betteraves, épinards, câpres, sauce blanche, sauce à base de jus de tomate, sauce à base de vin blanc (moitié vin moitié bouillon ou eau), sauce à base de bouillon de volaille ou de poisson. Pour des sauces rapides: réchauffer un peu de crème de champignon, de céleri ou de tomate (condensée en conserve); mélanger du yogourt nature avec du persil, de la ciboulette, de la moutarde forte ou du concombre.

Servez les crustacés...

En sauce: dans des crêpes farcies, sur vol-au-vent (faire griller des tranches de pain de blé entier dans des moules à muffins), sur riz ou sur rôtie. Sur la pizza, dans les salades et les sandwichs.

Servez les huîtres...

Crues: avec de la bière ou du vin blanc; arrosées de jus de citron. Cuites: sur des canapés; dans les soupes, les chaudrées, les vinaigrettes et les farces pour la volaille; en hors-d'œuvre (en brochettes avec des légumes, pour farcir des tomates cerises); avec un peu de fromage râpé et de chapelure, le tout gratiné quelques minutes.

Servez les moules et les palourdes...

Crues: avec de la bière ou du vin blanc; arrosées de jus de citron (attention à la saveur délicate des palourdes). Cuites: en salades; dans les vinaigrettes, les paellas (avec des crevettes), les sauces à spaghetti (les palourdes en particulier), les soupes et les chaudrées. Cuire à la vapeur dans du bouillon, de la bière ou du vin blanc jusqu'à ce qu'elles s'ouvrent et servir dans l'écaille; assaisonner au préalable le liquide de cuisson d'un peu de jus de citron, de carottes râpées, de céleri haché, de thym ou de persil, puis l'épaissir après la cuisson.

Servez les pétoncles...

Crus: marinés dans une vinaigrette. Cuits: dans une coquille Saint-Jacques, un feuilleté, un gratin de fruits de mer; en brochettes ou en sauce blanche sur rôtie.

Viandes et volailles

LA VIANDE, UNE VALEUR ASSURÉE

Des protéines en quantité et en qualité

La viande est l'une de nos meilleures sources alimentaires de protéines, en quantité et en qualité. Selon un rapport publié en 1989 par l'Institut national de la nutrition, l'ensemble des viandes rouges (bœuf, agneau, mouton, porc, veau, abats et viandes transformées de ces viandes) fournissait en 1986*

---

* Selon les données de l'Enquête sur les dépenses alimentaires des familles de 1986 d'Agriculture Canada.

26 % de l'apport en protéines des Canadiens. Le contenu en acides aminés essentiels des protéines de la viande est équilibré, ce qui les rend aptes à bien remplir leur rôle, qui est principalement de construire, de réparer et d'assurer la résistance de l'organisme aux invasions infectieuses (voir dans l'annexe 2 «Les protéines», p. 340).

Deux à trois portions par jour de viandes et substituts (volaille, poisson, légumineuses, tofu, œuf, etc.) suffisent pour répondre aux besoins en protéines. C'est le nombre que recommande le *Guide alimentaire canadien pour manger sainement* pour les personnes de quatre ans et plus. Les protéines des portions suggérées de produits laitiers et céréaliers complètent l'apport. Une portion de viande représente 50 à 100 g (2 à 3 oz) de viande cuite. La portion de steak de 180 g (6 oz) ou plus que servent certains restaurants fournit la ration de la journée! Vous doutez que 50 à 100 g contentent votre appétit? Allez-y avec plus de bons légumes et une tranche de pain de plus!

Du fer facilement assimilable

Les viandes, en particulier le bœuf, le veau et l'agneau, sont d'excellentes sources de fer. Elles en fournissent plus que le poisson et la volaille. Le foie en regorge. Une portion de foie de porc ou de veau satisfait les besoins en fer de la journée. Contrairement à ce que beaucoup croient, le foie de veau n'est pas le plus riche en fer. C'est le foie de porc qui remporte la palme pour la plus haute teneur en fer et le plus bas prix. Viennent ensuite le foie de veau, puis les foies de bœuf et de poulet, à égalité. Du foie, pourquoi ne pas en consommer une fois par semaine? Ma foi, ce n'est pas trop!

Le fer de la viande est assimilé plus facilement que le fer d'origine végétale que contiennent notamment les légumes, les légumineuses, les produits céréaliers, les noix et les graines.

Tableau III
Teneur en fer du foie et prix* au kilo
(teneur en fer par portion de 90 g [3 oz], cuit)

FOIE	FER (mg)	PRIX AU KILO (dollars)
Porc	16,1[a]	3,19
Veau	12,8[b]	15,45
Bœuf	7,9[b]	4,14
Poulet	7,6[a]	4,37

Source: Micheline Brault Dubuc et Liliane Caron Lahaie, *Valeur nutritive des aliments*, 1987.

Des vitamines et d'autres minéraux en abondance

Quoique l'ensemble des viandes rouges soit une bonne source de vitamines et de minéraux, le bœuf, le veau et l'agneau sont particulièrement riches en vitamine B_{12} et en zinc, alors que le porc contient plus de niacine, de riboflavine et surtout de thiamine. Les viandes rouges fournissent aussi du phosphore, de la vitamine B_6, de l'acide folique, du cuivre (le foie surtout) et du sélénium en quantité; en prime, les abats apportent de la vitamine A. La chair animale (viande, volaille, poisson) aide à l'absorption du fer des aliments.

---

* Prix en vigueur en août 1992, produits frais, supermarché.
(a) Braisé ou mijoté.
(b) Frit.

À noter toutefois que les viandes transformées, sauf quelques exceptions, sont plus riches en gras, en fer et en sel, et plus pauvres en protéines, en vitamines et autres minéraux que les viandes rouges fraîches maigres (bœuf, veau, porc, agneau, mouton). Les viandes transformées comme le jambon et les charcuteries contiennent des nitrites et des nitrates ajoutés pour améliorer la couleur et la conservation de ces produits.

ATTENTION AUX ABUS

Votre santé

Toujours selon l'Institut national de la nutrition, les viandes rouges constituaient ensemble en 1986* environ 20 % des apports en gras total et en cholestérol des Canadiens.

L'alimentation joue un rôle important dans la prévalence de nombreuses maladies et affections chroniques (voir l'annexe 2). L'alimentation des Nord-Américains est en relation avec l'incidence élevée de maladies cardiovasculaires, de certains types de cancer, d'obésité, d'ostéoporose, d'hypercholestérolémie (taux de cholestérol sanguin supérieur à la normale) et d'hypertension. Si vous êtes un gros mangeur de viande, il n'est pas prouvé que vous soyez plus à risque. Par contre, il est prouvé qu'un régime riche en gras total et en gras saturé, et trop faible en fibres et en glucides complexes est lié à ces problèmes.

Il y a plus d'une façon de réduire sa consommation de gras; d'abord, il ne faudrait pas croire que la viande est la seule source de gras. Le lait et les produits laitiers contribuaient ensemble, en 1986, respectivement à 19 et 17 % des graisses et des huiles s'élevait à 32 et 6 % des apports de ces

---

* Selon les données de l'Enquête sur les dépenses alimentaires des familles de 1986 d'Agriculture Canada.

mêmes substances. Couper dans le gras doit se faire partout où cela est possible.

Réduire sa consommation de gras provenant des viandes est un bon moyen de réduire sa consommation de gras total, de gras saturé et de cholestérol. Pour ce faire, une attention particulière à leur choix, à leur préparation et à leur cuisson est essentielle. Manger moins de viande et plus de poisson et de volaille est une autre façon d'y arriver. Manger plus de légumineuses, de produits céréaliers et de fruits et légumes non seulement réduit les apports de gras total, de gras saturé et de cholestérol, mais aussi augmente la ration de fibres et de glucides complexes. Des habitudes recommandées par Santé et Bien-être social Canada.

Vous souhaitez réduire votre consommation de viande, mais craignez de manquer de quelque chose? Savez-vous que la majorité des gens consomment deux fois plus de protéines que nécessaire? Des protéines qui deviennent bien coûteuses lorsque le surplus finit par être brûlé en énergie ou transformé en gras. Et puis, il n'y a pas que la viande qui fournisse des protéines. Les légumineuses, le tofu, les œufs, le fromage, les produits laitiers et céréaliers en renferment aussi.

Quant au fer et au zinc, une attention spéciale doit toujours être portée à ces nutriments, peu importe le mode d'alimentation. Cela est vrai particulièrement chez les adolescentes et les femmes avant la ménopause. Outre la viande, les légumineuses, les produits céréaliers de grains entiers et le groupe des fruits et légumes en fournissent en bonne quantité. Et puis, il y a le foie (un vrai supplément de fer), le poisson, les coquillages et la volaille…

Je ne crois pas qu'il faille nécessairement être végétarien pour être plus en santé; il s'agit plutôt d'être «un peu moins carnivore» et «un peu plus végétarien». Et, lorsque l'envie de «chair animale» se fait sentir, il suffit d'y aller de plus petites portions sagement apprêtées et, plus souvent, de poisson et de volaille.

La santé du porte-monnaie

Selon Statistique Canada, la viande et la volaille représentaient en 1990 le quart des dépenses alimentaires en magasin (supermarchés, boucheries, magasins spécialisés, etc.) des ménages canadiens. Il s'agit donc d'une part importante du dollar alimentaire. Varier ses sources de protéines en consommant plus souvent des protéines végétales (légumineuses, tofu) permet d'économiser. Constatez-le avec les exemples de prix par portion de différentes sources de protéines (voir le tableau VII, p. 136).

La santé de l'environnement

Outre son coût à l'achat pour le consommateur, le coût environnemental de la viande est également élevé. Ce coût, le consommateur le paie tôt ou tard. Tandis que la production de 1 kg de bœuf requiert 16 kg de matières végétales, les légumineuses, les produits céréaliers, les noix et les graines que nous consommons sont des sources de protéines directes. Selon Alan Durning, un chercheur environnemental américain, le porc est le produit animal le plus gourmand en matière de céréales et d'énergie, suivi du bœuf, puis de la volaille. Pour produire la quantité de grains qui les nourrit, on déboise, on sème, on fertilise, contribuant ainsi à l'érosion des sols et à la contamination des eaux souterraines. Près de 40 % de la production mondiale de céréales et plus de 70 % de la production américaine servirait à nourrir le bétail. Les œufs et les produits laitiers, même s'ils sont des produits animaux, sont moins énergivores que la viande.

LA VIANDE ET LE GRAS

Oui, la viande d'aujourd'hui est plus maigre que celle d'antan. Les animaux non plus n'ont pas échappé à la tendance à la légèreté et se sont mis au régime grâce aux nouvelles méthodes d'élevage adoptées par leurs maîtres. Fait intéressant, le bœuf et le porc canadiens sont un peu plus maigres que leurs voisins du Sud. Depuis 20 ans, de nouvelles normes de classification n'ont pas manqué d'encourager les producteurs canadiens en ce sens. Elles accordent plus d'importance à la minceur, permettant dès lors de mieux récompenser ceux qui élèvent des animaux plus maigres.

La minceur affecte toutefois principalement la couche extérieure de gras (le gras visible ou le gras de contour), celle que la majorité des gens ne consomment pas. Comme le souligne l'Institut national de la nutrition dans son rapport sur les viandes rouges, publié en 1989, les valeurs en gras de la partie maigre ont peu changé. Et puis, les normes de composition de la viande hachée (les pourcentages de gras maximaux permis) n'ont encore subi aucune modification. (Même s'il est actuellement question de les réduire.) Bref, la viande cuite dont le gras visible a été retiré après la cuisson est toujours aussi grasse (ou maigre) qu'auparavant.

Toujours selon l'Institut, la teneur en matières grasses après cuisson, gras et maigre ensemble, varie de 10 à 20 % pour le bœuf, alors que la teneur en gras après cuisson du bœuf paré (avant ou après cuisson) varie de 7 à 14 %. Le gras visible ajoute donc sensiblement à la teneur en gras. C'est déjà un bon (premier) pas que de ne pas le manger.

La teneur en gras du maigre de la viande varie selon les coupes. À la cuisson, les différences s'atténuent toutefois. Il en va de même de variétés de viandes différentes (bœuf, porc, veau, etc.) lorsqu'on considère que la partie maigre seulement est cuite, sans ajout de gras. D'une façon générale, le maigre de bœuf cuit sans ajout de gras a une teneur en gras comparable à celle du maigre d'autres viandes comme le veau, le porc, la dinde, le poulet, l'agneau et même de certains poissons. La majorité des coupes de viande, toujours parées et cuites sans gras, fournissent toutefois plus de gras que les légumineuses et la plupart des poissons.

Au désavantage des viandes rouges, le gras des poissons et des légumineuses en particulier, mais aussi des volailles, est plus polyinsaturé et moins saturé. Le gras des poissons contient des acides gras oméga-3 auxquels on attribue un lien avec la santé du cœur (voir dans l'annexe 2, «Les gras polyinsaturés oméga-3 du poisson», p. 334). Également, le poisson contient moins de cholestérol que les viandes et les volailles; les légumineuses n'en contiennent pas du tout.

Les abats sont plus riches en cholestérol, mais plus faibles en gras que les viandes fraîches.

Les données sur la teneur en gras

Selon la Loi et règlements sur les aliments et drogues de Santé et Bien-être social Canada, seules les coupes de viande qui renferment 10 % ou moins de gras (à l'exception de la viande hachée) peuvent être appelées «maigres» et porter cette mention sur l'étiquette. La teneur en gras de la coupe doit alors également être précisée.

Une coupe étiquetée «maigre» à votre supermarché indique que la portion telle qu'elle est vendue (viande crue comprenant partie maigre et gras visible) renferme au plus 10 % de gras. En pratique, lorsque le gras visible n'est pas entièrement retiré par le boucher, peu de coupes peuvent porter cette mention.

Le porc haché et le bœuf haché maigres ne doivent pas contenir plus de 17 % de gras. Le bœuf haché mi-maigre, pas plus de 23 % et le bœuf haché ordinaire, pas plus de 30 %. On trouve également sur le marché du bœuf haché extra-maigre. Sa teneur en gras n'est pas réglementée, mais il est recommandé aux marchands de s'assurer qu'il ne renferme pas plus des deux tiers de la quantité de gras du bœuf haché maigre vendu au même magasin. Sa teneur en gras devrait également être spécifiée.

Tableau IV
Teneur en gras et en cholestérol des viandes et volailles
(par portion de 120 g [4 oz], maigre seulement, cru, et par portion de 90 g [3 oz], maigre seulement, cuit sans gras à chaleur sèche [grillé ou rôti], sauf indication contraire)

COUPES	GRAS		CHOLESTÉROL	
	CRUES (g)	CUITES (g)	CRUES (mg)	CUITES (mg)
Agneau				
Côte	10,1		84	
Côtelette		9,5		90
Épaule	9,2	9,0	84	90
Gigot (cuisseau)	6,0	6,3	84	90
Longe	7,1		84	
Foie	4,7	11,2	360	349
Bœuf				
Aloyau gros filet, bifteck	8,5		59	
Aloyau, bifteck		6,6		82
Gros filet		6,4		82
Bout de côtes	12,2		58	
Contre-filet, bifteck	6,7		58	
Côte, bifteck	8,0		58	
Côte, rôti	9,0	10	62	61
Côte, 11e à 12e		9,2		82
Côte d'aloyau, bifteck	8,5		58	
Côte d'aloyau		8,6		82
Côtes croisées, rôti	8,0		59	
Croupe, rôti	5,2	7	63	67
Croupe		6,4		82
Épaule		4,7[a]		82[a]

(a) Cuisson à chaleur humide (braisé, mijoté ou ragoût).

Tableau IV
Teneur en gras et en cholestérol des viandes et volailles
(suite)

COUPES	GRAS		CHOLESTÉROL	
	CRUES (g)	CUITES (g)	CRUES (mg)	CUITES (mg)
Extérieur de ronde, bifteck et rôti	6,1		58	
Faux-filet, bifteck	8,0		58	
Filet	7,0		61	
Flanc, bifteck	8,9	5,9[a]	49	85[a]
Haché maigre	18,1	10,2	67	85
Haché mi-maigre	24,8		73	
Haut-de-côtes, 5e		9,2[a]		82[a]
Intérieur de ronde, bifteck	2,5		52	
Intérieur de ronde, rôti	6,2		56	
Intérieur de ronde		3		58
Jarret		4,3[a]		82[a]
Noix de ronde, bifteck	6,6		53	
Noix de ronde, rôti	5,8		53	
Palette, bifteck	8,6		63	
Palette, rôti	6,8	11[a]	64	79[a]
Pointe de poitrine	8,8		60	
Poitrine		6,9[a]		82[a]
Pointe de surlonge, rôti	6,2		59	
Ronde entière		5,5		82
Surlonge, bifteck	4,6	6	57	65
Surlonge, os double		5,5		82
Foie	4,7	9,5[b]	425	394[b]

(a) Cuisson à chaleur humide (braisé, mijoté ou ragoût).
(b) Frit.

Tableau IV
Teneur en gras et en cholestérol des viandes et volailles
(suite)

COUPES	GRAS		CHOLESTÉROL	
	CRUES (g)	CUITES (g)	CRUES (mg)	CUITES (mg)
Porc				
Croupe	3,5	9,6	60	86
Épaule entière	5,4		68	
Épaule picnic	6,4	11,3	64	86
		11,0[a]		103[a]
Épaule, soc	6,4		69	
Jambon désossé maigre		5,0		48
Jambonneau	3,5	9,5	67	83
Longe, bout de côtes	10,1		67	
Longe, bout du filet	4,7	11,9	64	81
Longe, côtes levées	9,0	13,4	57	85
de dos		13,0[a]		87[a]
Longe, filet	3,0	4,3	68	84
Longe, milieu	7,0		70	
Foie	4,4	4,0[a]	361	320[a]
Veau (maigre et gras)				
Côte	16,8	15,2	85	91
Épaule	12,0	11,5[a]	85	91[a]
Flanc	32,4	29,1[a]	85	91[a]
Jarret	9,6	9,4[a]	85	91[a]
Longe	13,2	12,1	85	91
Poitrine	20,4	19,1[a]	85	91[a]
Ronde				
avec croupe	10,8	10,0	85	91
Foie	5,6	11,9[b]	360	394[b]

(a) Cuisson à chaleur humide (braisé, mijoté ou ragoût).
(b) Frit.

Tableau IV
Teneur en gras et en cholestérol des viandes et volailles
(suite)

COUPES	GRAS		CHOLESTÉROL	
	CRUES (g)	CUITES (g)	CRUES (mg)	CUITES (mg)
Volaille				
Caille				
(chair et peau)	14,5		91	
(chair)	5,4		84	
Canard domestique				
(chair et peau)	47,2		91	
(chair)	7,2	10,1	92	80
Canard sauvage				
(chair et peau)	18,2		96	
(poitrine, chair)	5,2		92	
Canard sauvage, oie des neiges		2,2		
Dinde, toutes catégories				
(viande blanche et peau)	8,9		78	
(viande blanche)	1,9	2,9	72	62
(viande brune et peau)	10,6		86	
(viande brune)	5,3	6,5	83	77
Dinde, jeune				
(viande blanche)		3,3		61
(viande brune)		7,0		72
Dindon, jeune				
(viande blanche et peau)	8,4		80	
(viande blanche)	1,9		74	
(viande brune et peau)	9,5		92	
(viande brune)	4,9		90	
Faisan				
(chair et peau)	11,2		85	
(chair)	4,3		79	

Tableau IV
Teneur en gras et en cholestérol des viandes et volailles
(suite)

COUPES	GRAS		CHOLESTÉROL	
	CRUES (g)	CUITES (g)	CRUES (mg)	CUITES (mg)
Oie domestique				
(chair et peau)	40,3		96	
(chair)	8,5	11,4	101	86
Pintade				
(chair et peau)	7,8		89	
(chair)	3,0		76	
Poule				
(viande blanche)	5,0	7,2[a]	56	63[a]
(viande brune)	9,7	13,8[a]	92	86[a]
Poulet à griller, à frire				
(chair et peau)	18,1		90	
(chair)	3,7	6,7	84	80
Poulet à rôtir				
(chair et peau)	19,1		88	
(chair)	3,2		78	
Foie de poulet	4,7	5,0[a]	527	568[a]

Sources: Pour les valeurs crues: Santé et Bien-être social Canada, *Fichier canadien sur les éléments nutritifs*, 1988; pour les valeurs cuites: Micheline Brault Dubuc et Liliane Caron Lahaie, *Valeur nutritive des aliments*, 1987.

[a] Cuisson à chaleur humide (braisé, mijoté ou ragoût).

MIEUX CHOISIR LES COUPES DE VIANDE

Le jeu des associations

La provenance de la coupe sur l'animal en détermine la tendreté, la teneur en matières grasses, le prix, le rendement en viande et le mode de cuisson, d'où l'importance de la connaître.

Sauriez-vous associer la partie de l'animal avec les noms de coupes suivants?

AGNEAU

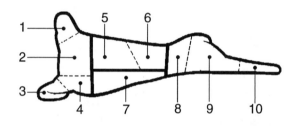

1. collet	5. côte	8. surlonge
2. épaule	6. longe	9. bas de gigot
3. jarret	7. flanc	10. jarret
4. poitrine		

BŒUF

QUARTIER AVANT   QUARTIER ARRIÈRE

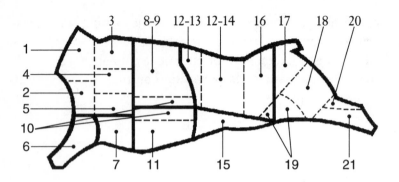

1. collier
2. épaule
3. palette
4. haut-de-côtes
5. côtes croisées
6. jarret
7. pointe de poitrine
8. faux-filet
9. côte
10. bout de côtes
11. poitrine

12. filet
13. côte d'aloyau
14. aloyau
15. flanc
16. surlonge
17. croupe
18. ronde
19. pointe de surlonge
20. talon de ronde
21. jarret

PORC

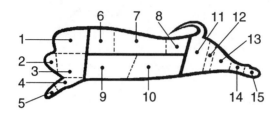

1. soc	6. longe (bout de côtes)	11. croupe
2. bajoue	7. longe (milieu)	12. milieu de cuisse
3. épaule picnic	8. longe (bout du filet)	13. jambonneau
4. jarret	9. côtes de flanc	14. jarret
5. pied	10. flanc	15. pied

VEAU

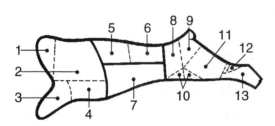

1. collet	6. longe	10. pointe de surlonge
2. épaule	7. flanc	11. ronde
3. jarret	8. surlonge	12. talon de ronde
4. poitrine	9. croupe	13. jarret
5. côte		

* Illustrations adaptées de *Le guide canadien des viandes*, Ottawa, Les Éditions de l'Homme avec Agriculture Canada et le Centre d'édition du gouvernement du Canada, Approvisionnements et Services Canada, 1983, 96 p.

SAVIEZ-VOUS QUE CHEZ LE BŒUF...

Le faux-filet provient de la côte désossée.

Le célèbre «smoked meat» (bœuf mariné) provient de la poitrine, une coupe peu tendre.

Le «corned-beef» provient de la pointe de poitrine.

Le pastrami à sandwich provient de la noix de ronde.

L'intérieur de ronde (l'intérieur de la cuisse) est plus tendre que l'extérieur de ronde (l'extérieur). C'est aussi la coupe de bœuf la plus maigre.

Le bifteck de contre-filet provient de la côte d'aloyau désossée.

Le bifteck Boston provient de la surlonge désossée.

Le bifteck d'aloyau (T-bone) provient de l'aloyau, une coupe située dans la longe du bœuf.

Les cubes à ragoût proviennent généralement de coupes peu tendres, plus économiques.

Le bœuf haché peut provenir de toutes les parties de l'animal. La plupart du temps, le boucher utilise des coupes peu tendres, donc plus économiques. Le hachage brise les fibres de tissu conjonctif et attendrit.

L'addition de colorants, d'agents de conservation ou d'autres additifs est interdite dans la viande fraîche. Il est défendu par exemple d'avoir recours à des produits chimiques pour produire une viande portant la mention «attendrie». Un appareil muni de nombreuses aiguilles qui perforent les fibres de la viande est utilisé.

Également, la belle couleur rouge vif des viandes n'a rien de chimique, même si elle nous apparaît souvent suspecte dans les comptoirs de viande fraîche. Au contact de l'oxygène de l'air, le pigment de couleur de la viande réagit. Il passe du rouge foncé au rouge vif. C'est pourquoi la viande fraîchement coupée présente une coloration foncée qui s'éclaircit en quelques minutes. Cette réaction est réversible et, lorsque la viande est coupée d'oxygène, la couleur rouge vif redevient foncée.

La bonne appellation pour:	est:
- Bas de ronde	extérieur de ronde
- Brisket	pointe de poitrine
- Corned beef	bœuf salé
- Club	côte d'aloyau
- Délicatisé	attendri (mécaniquement)
- Haut de ronde	intérieur de ronde
- Œil de ronde	noix de ronde
- Rib	côte
- Smoked meat	bœuf mariné
- Spencer	faux-filet
- T-bone	aloyau

LES COUPES FRANÇAISES «À LA CANADIENNE»

Ces pièces superbes font belle figure sur la table lors d'occasions spéciales. Par-dessus tout, elles sont tendres à souhait. Bien sûr, elles coûtent plus cher que les coupes traditionnelles. Par contre, leur prix au kilo ne comprend pas les os et le gras déjà enlevés par le boucher. De plus, elles sont prêtes à cuire et à découper et, par conséquent, faciles et rapides à préparer. Mais ce n'est pas si simple!

Vous croyez acheter du filet lorsque vous payez pour un tournedos ou un chateaubriand? Si oui, détrompez-vous! Vous payez probablement plus cher que vous ne pensez pour ces tendres coupes, car la plupart du temps, il s'agit de noix de ronde (une coupe mi-tendre) attendrie mécaniquement. Ces coupes dites françaises n'ont généralement rien de français. Elles proviennent souvent de coupes du quartier arrière, de la cuisse en particulier.

Lisez un peu plus attentivement l'étiquette (et si l'information vous semble obscure, questionnez le marchand). Consommation et Affaires commerciales Canada exige que chaque emballage porte le nom exact de la coupe.

L'emballage ne peut porter pour seule appellation «tournedos» ou «rôti du roi». Si elles sont présentes, ces appellations alléchantes doivent être accompagnées du nom de la coupe: «noix de ronde», «extérieur de ronde», «filet», etc. En connaissant la coupe exacte, vous êtes non seulement en mesure de savoir ce que vous achetez réellement, mais aussi de comparer les prix au kilo des coupes traditionnelles et françaises et d'évaluer le prix qu'on vous demande. Vous constaterez que vous pouvez facilement payer deux fois plus pour la même coupe, à la différence qu'une est attendrie mécaniquement. Braisée au four, cette même coupe non attendrie est tout aussi tendre, pour la moitié du prix!

Les coupes françaises «à la canadienne» peuvent être cuites comme des coupes tendres, étant donné qu'elles ont été attendries mécaniquement. Comparativement aux rôtis ordinaires, la cuisson de ces rôtis est accélérée par l'attendrissage. Le thermomètre s'avère donc utile pour évaluer avec précision le degré de cuisson. Par ailleurs, l'attendrissage accroît les risques de contamination bactérienne. Pour assurer la destruction totale des bactéries qui pourraient avoir pénétré la viande, les rôtis attendris exigent une cuisson complète. Le thermomètre doit indiquer (77 °C [170 °F]).

LES FACTEURS QUI AFFECTENT LA TENDRETÉ

- La provenance de la coupe sur l'animal: plus une région de l'animal travaille, moins les coupes de cette région seront tendres. Une plus grande quantité de tissu dur, appelé «tissu conjonctif», se forme dans le muscle. Les coupes tendres proviennent de la partie médiane de l'animal: régions des côtes et de la longe (dos). Les coupes mi-tendres proviennent des quartiers avant et arrière: régions de la cuisse et de l'épaule. Les coupes peu tendres proviennent des parties actives telles celles de l'épaule, des pattes (jarret), du cou, de la poitrine et du flanc.

Tableau V
Coupes de viande et tendreté

COUPES TENDRES	COUPES MI-TENDRES	COUPES PEU TENDRES
Agneau		
Côte	Épaule	
Filet	Jarret	
Gigot (cuisseau)	Poitrine	
Longe		
Surlonge		
Bœuf		
Aloyau	Côtes croisées	Bout de côtes
Bœuf haché	Croupe	Collier
Contre-filet	Extérieur de ronde	Épaule
Côte d'aloyau	Intérieur de ronde	Flanc
Côte	Noix de ronde	Haut-de-côtes
Faux-filet	Palette	Jarret
Filet	Pointe de surlonge	Poitrine
Surlonge	Ronde	Pointe de poitrine
	Talon de ronde	
Porc		
Longe	Cuisse (extérieur	
(bout de côtes)	de ronde)	
Longe	Cuisse (intérieur	
(milieu de longe)	de ronde)	
Longe	Cuisse (pointe	
(bout du filet)	de surlonge)	
Longe (filet)	Épaule (soc, picnic)	
Veau		
Longe	Cuisseau (haut	Bout de côtes
(bout de côtes)	de ronde)	

Tableau V
Coupes de viande et tendreté (suite)

COUPES TENDRES	COUPES MI-TENDRES	COUPES PEU TENDRES
Longe (bout du filet)	Cuisseau (œil de ronde)	Collet
Longe (filet)	Cuisseau (rond de croupe)	Épaule (palette)
Côte		Flanc
Surlonge (filet)		Jarret
Surlonge (haut de surlonge)		Poitrine
Surlonge (pointe de surlonge)		

- L'âge de l'animal: plus l'animal est jeune, plus il est tendre. Il n'aura simplement pas eu le temps de suffisamment gambader pour développer du tissu conjonctif. Le bœuf canadien de catégorie A et B provient d'animaux jeunes.
- Le vieillissement de la carcasse: le vieillissement auquel les carcasses sont soumises après l'abattage contribue à l'attendrissement de la viande et à sa saveur. Pour ce faire, on laisse maturer le bœuf suspendu au froid, idéalement de 10 à 21 jours.
- Le persillage: le persillage (petits filaments de gras parcourant le muscle de la viande), tel qu'on le trouve dans le bœuf canadien de catégorie A, améliore la tendreté et la saveur de la viande, qui sera aussi plus juteuse. Ce gras n'augmente pas sensiblement la teneur en gras de la viande cuite puisqu'il s'égoutte en grande partie à la cuisson. Le bœuf de catégorie AAA possède le plus haut degré de persillage.

RÉDUIRE SA CONSOMMATION DE GRAS

Choisissez des coupes de viande et des volailles maigres (voir tableau IV «Teneur en gras et en cholestérol des viandes et volailles», p. 94): intérieur de ronde, noix de ronde, croupe, surlonge, etc. La dinde est plus maigre et plus sèche que le poulet. Le blanc de la poitrine est plus maigre, plus sec et plus tendre que le brun de la cuisse. L'oie et le canard sont plus gras. La peau des volailles est très grasse.

Le bœuf haché ordinaire peut être économique, à condition qu'il soit possible d'égoutter le gras de cuisson avant d'ajouter les autres ingrédients de la recette. Dans le cas des recettes où l'égouttage du gras n'est pas possible avant l'ajout des autres ingrédients (par exemple, le pain de viande), il est préférable de choisir une viande hachée plus maigre. Même pour le bœuf haché maigre et extra-maigre, prenez le temps d'égoutter le gras.

Réduisez votre consommation de viandes transformées. Elles contiennent généralement plus de gras et de sel et moins de protéines, de vitamines et de minéraux que les viandes fraîches maigres. Des composés appelés «nitrosamines» se forment dans la viande à partir des nitrites et des nitrates souvent ajoutés dans les charcuteries et le jambon. Or, on soupçonne les nitrosamines des viandes transformées d'être cancérigènes, bien que cette action chez l'homme, au taux actuel de consommation de ces produits, ne soit pas prouvée. Mais n'est-il pas toujours plus sage de prévenir?

Réduisez la quantité d'huile des marinades et augmentez la quantité de jus, de cidre, de vin ou de vinaigre. On peut aussi omettre complètement l'huile.

Retirez le gras visible de la viande et la peau des volailles avant de cuire. Pour le rôtissage, ils peuvent cependant être laissés, puis enlevés après la cuisson. Ils empêchent la viande de se dessécher et remplacent le gras que vous auriez ajouté.

Dans la rôtissoire, déposez le rôti ou la volaille sur une grille de façon à permettre l'égouttement du gras lors de la cuisson.

Évitez les fritures. Faites griller ou rôtir les coupes tendres ou mi-tendres, de même que les coupes peu tendres marinées. Braisez les coupes moins tendres ou faites cuire en cocotte ou encore apprêtez en ragoût. Ajoutez le moins possible d'huile, de beurre ou de margarine lors de la cuisson à la poêle. La cuisson à la poêle antiadhésive ne requiert pas d'ajout de gras. Les fondues chinoises sont plus maigres que les fondues bourguignonnes.

Dégraissez les sauces, bouillons, soupes et ragoûts. Réfrigérez-les et retirez la couche de gras qui s'est formée à la surface.

Goûtez la vraie saveur des viandes en les savourant légèrement assaisonnées de fines herbes, d'épices ou de condiments ou essayez les coulis de légumes. Colorés, nourrissants et faibles en calories, ils font d'excellentes sauces.

Allégez les sauces à la mayonnaise ou à la crème sure en remplaçant ces ingrédients, en partie ou entièrement, par du yogourt nature. La soupe-crème condensée non reconstituée fait également une sauce savoureuse.

Réduisez les portions de viande pour faire plus de place dans l'assiette à de bons légumes.

Allongez la viande et économisez gras et dollars (voir «Tirer le meilleur parti de la viande» p. 109, et «Ses règles», p. 50).

Évitez les volailles préarrosées (arrosées ou imprégnées en profondeur). Vous vous attendez à du beurre? L'étiquette vous révélera que c'est la plupart du temps de la margarine (souvent faite d'huile de copra ou d'huile végétale hydrogénée, des gras saturés) qu'on injecte. Limitez gras, calories et dépenses en l'arrosant vous-même. Pour bien peu d'efforts supplémentaires, vous économiserez votre argent et préserverez une qualité naturelle de la dinde: sa faible teneur en gras. Vous n'êtes pas convaincu? Tranchez donc une de ces volailles crues pour juger de la quantité du gras ajouté...

TIRER LE MEILLEUR PARTI DE LA VIANDE

Vérifiez les rabais et évaluez le prix par portion des coupes plutôt que le prix par kilo. Le prix au kilo ne tient pas compte des pertes en os, en cartilages et en gras que vous payez. On obtient le prix par portion en divisant le prix au kilo par le nombre de portions de 90 g (3 oz) obtenu après parage et cuisson de la viande (voir «Guide d'achat, de conservation et de préparation», p. 113). Une coupe plus chère au kilo peut revenir meilleur marché par portion.

Tenez compte également du rendement au kilo pour prévoir les quantités à acheter.

Évaluez le prix réel du bœuf haché en calculant le prix/kg de maigre. C'est la partie qui reste lorsque le gras a été enlevé. Comparez ensuite les prix/kg de maigre du bœuf haché ordinaire, mi-maigre et maigre. Le bœuf haché ordinaire peut représenter un bon achat en termes de coût, à condition qu'on puisse égoutter le gras de cuisson avant d'ajouter les autres ingrédients de la recette (voir «Réduire sa consommation de gras», p. 107). On évalue le prix/kg de maigre de la façon suivante:

prix/kg de maigre = $\dfrac{\text{Prix/kg à l'achat} \times 100}{\text{\% de maigre (70, 77 ou 83)}}$	
bœuf haché ordinaire:	70 % de maigre
bœuf haché mi-maigre:	77 % de maigre
bœuf haché maigre:	83 % de maigre

Recherchez les coupes moins tendres, plus économiques. En général, plus la coupe de viande est tendre, plus son prix est élevé. Pour attendrir une coupe moins tendre:

- choisir un mode de cuisson approprié: braisage sur le feu ou au four, cuisson en cocotte ou en ragoût, rôtissage à basse température;

- mariner la coupe: il est possible de cuire une coupe moins tendre selon une méthode de cuisson à chaleur sèche (rôtissage, grillade, à la poêle), si elle a été marinée au préalable;
- tailler en lanières ou en tranches minces, toujours dans le sens contraire des fibres de la viande. La viande à fondue chinoise, très tendre, provient de la noix de ronde (une coupe mi-tendre); en plus de sa coupe très mince, sa cuisson dans un liquide contribue aussi à l'attendrir;
- marteler la viande légèrement farinée avec un maillet, le fond d'un verre, le rebord d'une soucoupe ou le manche d'un couteau.

Choisissez une coupe de viande dont la tendreté correspond au mode de cuisson recherché. Rien ne sert de payer plus cher pour un rôti de côte (tendre) si vous prévoyez en faire un pot-au-feu. À l'inverse, un rôti de pointe de surlonge cuit au four vous laissera sur votre appétit... Les coupes moins tendres sont savoureuses cuites à chaleur humide, et même à chaleur sèche, lorsqu'elles ont été marinées.

Achetez des volailles de la catégorie (Canada A, Canada B, Canada Utilité) correspondant à l'usage auquel elles sont destinées. Leur valeur nutritive est la même. Une volaille de catégorie «Canada Utilité» conviendra très bien lorsque l'apparence importe peu: servie coupée en morceaux ou dans une salade, incorporée à des casseroles ou des ragoûts. Réservez la volaille de catégorie «Canada A», plus chère mais de conformité parfaite, pour les occasions spéciales où vous souhaiterez la découper fièrement devant vos convives...

Évitez les volailles préarrosées (arrosées ou imprégnées en profondeur), plus chères que leurs versions nature (voir «Réduire sa consommation de gras», p. 107).

Recherchez les grosses volailles. Elles offrent un meilleur rendement en viande que les petites (par exemple, préférez le dindon au poulet).

Les volailles en morceaux peuvent être pratiques pour une ou deux personnes ou lorsque tous les membres de la famille s'arrachent les cuisses ou les poitrines. De plus, elles se préparent rapidement. Toutefois, les volailles en morceaux, désossées ou roulées, se vendent généralement plus cher que les volailles entières. Surveillez les réductions et comparez toujours le prix par portion.

Ne jetez pas les os, les parures et les abattis des volailles et des viandes. Utilisez-les pour les bouillons et les sauces. Les abattis sont savoureux dans les farces.

Si votre budget le permet, achetez une plus grande quantité de viande offerte à prix réduit. Congelez-la ou profitez-en pour cuisiner en quantité et congeler en portions suffisantes pour un repas.

Remplacez dans une recette une coupe plus chère par une coupe plus économique, de même tendreté ou moins tendre. Adaptez alors le mode de cuisson si la coupe est de tendreté différente.

Coupez vous-même vos cubes de viande dans un bifteck ou un rôti peu tendres offerts à un prix réduit. Taillez vous-même vos biftecks dans un rôti en réduction. Mais auparavant, comparez toujours leur prix par portion avec celui des cubes et biftecks déjà préparés.

Préparez vos propres brochettes au lieu de les acheter déjà faites.

Achetez plus souvent du foie. Le foie est économique à l'achat. Son rendement est également supérieur à la viande, car il ne présente pas de pertes en os, en gras et en cartilages. Sa valeur nutritive en fait un aliment qui offre un excellent rapport qualité/prix et qui devrait figurer toutes les semaines au menu. Pour le préparer, il suffit d'enlever ses vaisseaux et la fine membrane qui le recouvre. On peut le hacher et l'incorporer à une sauce à spaghetti ou à un pâté chinois. Coupez-le en petits morceaux et faites-en un ragoût ou un pâté. Faites sauter des lanières au wok avec des légumes, du gingembre frais, des oignons, du jus de citron et un peu de sauce soya. Il est délicieux grillé sur le barbecue, en tranches ou en cubes (pour des brochettes).

Découvrez les mille et une facette du bœuf haché: sauces à spaghetti, tacos, pâtés chinois, burgers, poivrons farcis, cigares au chou, boulettes servies en brochettes ou en sauce, pains de viande, chili con carne, casseroles avec riz (pommes de terre ou pâtes).

Allongez vos viandes (voir aussi «La cuisine raisonnée», p. 50).

- les hacher ou les couper en lanières ou en cubes, puis les apprêter avec des légumes, une sauce, du riz, des pâtes ou des pommes de terre (par exemple, riz aux légumes, ragoûts, casseroles, macaroni à la viande, nouilles chinoises, pâtés chinois, viandes et légumes au wok, etc.);
- ajouter plus de légumes, de riz, de pommes de terre ou de pâtes que ne le prévoit la recette;
- inclure du gruau, du riz, du couscous, du bulgur, du son, du tofu ou du germe de blé dans les mets à base de viande hachée;
- réduire ou omettre la quantité de viande demandée; la remplacer par des légumineuses (voir «Comment apprêter les légumineuses», p. 146).

Utilisez les restes de viandes et de volailles cuites (voir «L'art de recycler les restes», p. 53) dans les soupes, les sandwichs, les salades, les mets en casserole, les «hot chicken», marinés avec des légumes et servis froids pour une entrée ou un repas léger, etc.

GUIDE D'ACHAT, DE CONSERVATION ET DE PRÉPARATION

Recherchez une viande hachée bien fraîche à l'achat, car elle se détériore rapidement. Évitez les viandes hachées brunâtres. Il est cependant normal que le centre de la viande soit rouge foncé et que la surface soit rouge vif (voir «Saviez-vous que chez le bœuf...», p. 102).

Posez des questions. Vous êtes en droit de savoir ce que vous achetez. Le boucher n'est pas obligé d'indiquer sur l'étiquette la catégorie de classement de la viande (Canada A1, etc.) ni son origine. Vous pouvez toujours le lui demander. Sur l'emballage, le nom de la partie d'où provient la coupe (sauf pour le bœuf à ragoût et le bœuf haché) doit apparaître, même lorsque figurent des appellations comme «tournedos» ou «rôti français».

Vérifiez la date d'emballage. Elle est obligatoire sur les coupes de viande fraîches emballées en magasin. La durée de conservation de la viande doit aussi être indiquée sur l'étiquette, à moins (ce qui est souvent le cas) qu'elle ne soit affichée à proximité.

À moins que la viande réfrigérée ne porte la mention «Produit décongelé», la Loi et règlements sur les aliments et drogues stipule qu'elle doit être fraîche, c'est-à-dire ne jamais avoir été congelée.

Achetez le foie bien frais, car il est très périssable. Il doit présenter une coloration vive et une surface brillante.

La peau des volailles fraîches doit être humide et souple; celle des volailles surgelées ne doit pas présenter de signes de brûlure par le froid (dessèchement) et l'emballage doit être exempt de givre et de glace.

Réfrigérez rapidement et le moins longtemps possible:

- la viande crue ou cuite;
- la volaille crue: la retirer de son emballage et l'essuyer avec un linge humide; retirer les abattis de la cavité et les réfrigérer dans un contenant séparé; envelopper la volaille

de papier d'aluminium ou de papier ciré sans serrer, de façon à permettre une circulation d'air; réfrigérer;
- la volaille cuite: placer les morceaux dans un contenant hermétique, un sac de plastique ou du papier d'aluminium; réfrigérer.

Durée de réfrigération

des viandes		des volailles	
Biftecks crus:	2 à 3 jours	Volaille crue:	2 à 3 jours
Rôtis crus:	3 à 4 jours	Abattis crus:	1 à 2 jours
Viande hachée,		Volaille cuite	
en cubes, attendrie,		(entière):	1 semaine
abats, crus:	1 à 2 jours	(en morceaux):	3 à 4 jours
Viande cuite:	3 à 4 jours	Farce cuite:	2 à 3 jours
Mets en casserole,			
pâtés et ragoûts:	2 à 3 jours		

Tableau VI
Nombre de portions par kilo et grosseur de la portion crue de différentes coupes de viande et de volaille
(portions de 90 g [3 oz] de viande cuite par kilo [2 lb]
de viande telle qu'elle est vendue)

COUPES	NOMBRE DE PORTIONS (ET GROSSEUR DE LA PORTION CRUE)
Toute viande	
Avec os	5 à 6 (175 à 200 g [6 à 7 oz])
Désossée	7 à 8 (120 à 150 g [4 à 5 oz])
Viande hachée	7 à 8 (120 à 150 g [4 à 5 oz])
Foie, rognons, cœur	7 à 8 (120 à 150 g [4 à 5 oz])
Bœuf	
Aloyau	6 (175 g [6 oz])
Bifteck de ronde (désossé)	8 (120 g [4 oz])
Bœuf en cubes	8 (120 g [4 oz])
Bœuf haché maigre	8 (120 g [4 oz])
Bœuf haché ordinaire	7 (150 g [5 oz])
Contre-filet	8 (120 g [4 oz])
Côte (avec os)	6 (175 g [6 oz])
Côtes croisées	7 (150 g [5 oz])
Croupe (désossée)	8 (120 g [4 oz])
Extérieur de ronde (désossé)	8 (120 g [4 oz])
Faux-filet	8 (120 g [4 oz])
Flanc	8 (120 g [4 oz])
Intérieur de ronde (désossé)	8 (120 g [4 oz])
Noix de ronde	8 (120 g [4 oz])
Palette (avec os)	6 (175 g [6 oz])
Palette (sans os)	7 (150 g [5 oz])
Pointe de surlonge (désossée)	8 (120 g [4 oz])
Surlonge (avec os)	7 (150 g [5 oz])
Foie	8 (120 g [4 oz])
Volaille	
Ailes (dinde, poulet)	3 (320 g [11 oz])
Cuisses (dinde, poulet)	4 (220 g [8 oz])
Entière (dinde, poulet)	
(moins de 5 1/2 kg [12 lb])	3 (350 g [3/4 lb])
(plus de 5 1/2 kg [12 lb])	3 à 4 (220 à 350 g [1/2 à 3/4 lb])
Pilons (dinde, poulet)	4 (220 g [8 oz])
Poitrines (dinde)	6 (175 g [6 oz])
(poulet)	5 (200 g [7 oz])
Roulé de dinde	
(cru)	8 (120 g [4 oz])
(cuit)	11 (90 g [3 oz])
Foie	8 (120 g [4 oz])
Canard	1 1/2 (675 g [1 1/2 lb])
Oie	1 1/2 à 2 (450 à 675 g [1 à 11/2 lb])

Placez rapidement au congélateur les viandes et volailles achetées congelées. Si vous ne prévoyez pas faire cuire les viandes et volailles fraîches à l'intérieur de la durée de réfrigération recommandée, congelez-les.

Congelez selon des méthodes sûres:

- la viande fraîche: réemballer dans des sacs à congélation hermétiques, sans air. La congélation dans l'emballage original convient si l'utilisation est prévue à l'intérieur des deux prochaines semaines.
- la volaille:
  - achetée fraîche: la retirer de son emballage et l'essuyer avec un linge humide. Retirer les abats de la volaille entière (les congeler à part), la huiler et la bourrer d'une boule de papier d'aluminium. Réemballer hermétiquement la volaille entière ou en morceaux dans des sacs à congélation ou une

DURÉE DE CONGÉLATION*

des viandes		des volailles	
Bœuf frais:	10 à 12 mois	Dinde, poulet,	
Porc frais:	8 à 10 mois	achetés frais	
Veau frais:	4 à 5 mois	(entiers):	6 mois
Viande hachée,		Dinde, poulet,	
en cubes,		achetés congelés	
attendrie, fraîche:	2 à 3 mois	(entiers):	12 mois
Abats frais:	3 à 4 mois	(découpés):	6 mois
Mets en		Dinde, poulet, cuits	
casserole, pâtés,		(sans sauce ni bouillon):	1 mois
viande cuite:	2 à 3 mois	(avec sauce ou bouillon):	3 mois
Ragoûts:	6 mois	Plats cuisinés	
		(sans sauce ni bouillon):	1 mois
		(avec sauce ou bouillon):	6 mois
		Farce cuite:	3 à 4 semaines

* Réduire la durée de moitié lorsque le congélateur du réfrigérateur est utilisé.

116

double épaisseur de papier d'alumimium, sans air. Ne jamais congeler une volaille avec une farce; congeler séparément;
- achetée congelée: laisser dans l'emballage original.

Décongelez selon des méthodes sûres:

- la viande: dégeler de préférence au réfrigérateur en prévoyant environ 18 h/kg (8 h/lb). Pour une cuisson uniforme, il est préférable de dégeler complètement la viande avant de la cuire;
- la volaille: dégeler de préférence au réfrigérateur ou à tout le moins dans l'eau froide ou au micro-ondes. Si vous devez effectuer la décongélation à la température de la pièce, assurez-vous que la volaille est enveloppée soit dans un sac de papier brun épais, soit dans plusieurs épaisseurs de papier journal ou de serviettes. La température à la surface de la volaille est ainsi maintenue fraîche. Les méthodes à l'eau froide, au micro-ondes et à la température ambiante occasionnent un plus grand dessèchement de la chair:
  - la décongélation lente au réfrigérateur (premier choix): prévoir 11 h/kg (5 h/lb); percer l'emballage deux ou trois fois près du croupion; déposer sur une assiette pour éviter l'écoulement des jus de volaille crue et la contamination des autres aliments du frigo. Cette méthode limite la reproduction des bactéries à leur «réveil» ainsi que les pertes de jus de la chair;
  - dans l'eau froide ou au micro-ondes (deuxième choix): prévoir 3 h/kg (1 1/2h/lb); laisser dans l'emballage; renouveler l'eau à l'occasion pour la maintenir bien froide. Au micro-ondes: calculer de 15 à 20 min/kg (7 à 9 min/lb) au cycle de dégel ou selon les directives du fabricant;
  - à température ambiante (troisième choix): prévoir 3 h/kg (1 1/2h/lb); laisser dans l'emballage; envelopper dans un sac de papier brun épais, dans plusieurs épaisseurs de papier journal ou dans des serviettes.

Ne recongelez jamais une volaille ou une viande décongelées avant de les avoir fait cuire au préalable.

Faites cuire la volaille dégelée dans les 24 à 48 h suivant sa décongélation.

MIEUX CUIRE LES COUPES DE VIANDE ET LA VOLAILLE

La température appropriée

Contrairement au poisson qui gagne à être cuit rapidement à haute température, la viande se cuit lentement de façon à attendrir le tissu conjonctif présent en plus grande quantité. Cette règle est d'autant plus importante quand la coupe est peu tendre, puisque la quantité de tissu conjonctif est alors plus importante. À la chaleur, et particulièrement en milieu liquide, le collagène se transforme en gélatine. La viande devient alors juteuse, tendre et savoureuse. Une température basse permet aussi une cuisson uniforme et empêche le rétrécissement et le dessèchement de la viande.

D'une façon générale, une température de 160 °C (325 °F) représente un juste milieu, tant pour la viande que pour la volaille. Plus élevée, les pertes en volume et en jus sont plus importantes; plus basse, la chair met trop de temps à atteindre la température requise pour une destruction complète des bactéries. Les rôtis de viande mi-tendres ou peu tendres peuvent toutefois être cuits à 140 °C (275 °F); ils sont alors plus savoureux.

Les viandes attendries mécaniquement, la volaille et le porc exigent une attention spéciale (voir «Bœuf haché, bœuf attendri, volaille, porc, des cas particuliers», p. 125).

Avec ou sans liquide?

Les coupes de viande et de volaille tendres sont plus savoureuses cuites à chaleur sèche, c'est-à-dire sans ajout de
liquide. Les coupes mi-tendres et peu tendres contiennent
davantage de tissu conjonctif. Les modes de cuisson à chaleur humide leur sont plus profitables. La cuisson lente
avec un peu de liquide permet d'attendrir la chair en trans-
formant le collagène du tissu conjonctif (blanc) en gélatine.
Le processus est accéléré en présence d'un ingrédient acide
comme du vin ou du jus de tomate. L'élastine (jaune), également constituant du tissu conjonctif, ne peut toutefois
pas être attendrie à la cuisson.

Les marinades

Les marinades rehaussent la saveur des viandes, des volailles
et des poissons. Elles aident à préserver les jus de l'aliment et
à maintenir sa fermeté. Leurs condiments assaisonnent. Leur
huile empêche la chair de coller sur le gril et de se dessécher.
Leur ingrédient acide attendrit en favorisant la transformation du collagène du tissu conjonctif.

Les coupes de viande tendres, la volaille, le poisson et les
fruits de mer sont excellents marinés. Mais comme ils ont
peu de tissu conjonctif, le rôle de la marinade est moins
d'attendrir que de rehausser la saveur. On peut alors ne pas
inclure d'ingrédient acide ou réduire le temps de marinage.

Les coupes de viande mi-tendres et peu tendres renferment
une plus grande quantité de tissu conjonctif. Pour cette raison, la
cuisson lente à chaleur humide leur est bénéfique puisqu'elle
attendrit ce tissu dur. L'ingrédient acide joue aussi ce rôle. On
peut donc ajouter un peu de vin, de bière, de cidre, de vinaigre,
de yogourt ou de jus de fruits ou de tomate au liquide de cuisson,
ou faire mariner la coupe dans un de ces ingrédients. Lorsqu'une
coupe mi-tendre ou peu tendre est marinée, elle peut ensuite être
cuite à chaleur sèche, de la même façon qu'une coupe tendre.

La papaye, le kiwi et l'ananas ont aussi des propriétés attendrissantes grâce à leurs enzymes. On peut en étendre des tranches quelques heures sur les biftecks ou laisser mariner biftecks et rôtis dans leur jus.

Marinez au réfrigérateur. Même dans une marinade, la viande demeure un aliment périssable.

Évitez de mariner dans un plat métallique. Utilisez un plat de verre ou de plastique.

Piquez la viande pour faciliter la pénétration de la marinade.

Composez-vous une marinade «personnalisée» en combinant:

- un ingrédient acide (au moins la moitié): jus d'orange, de pamplemousse, de lime, de citron ou d'ananas, vin blanc ou rouge, bière, yogourt, cidre, vinaigre de cidre, vinaigre de vin, vinaigre blanc ou vinaigre aromatisé;
- de l'huile (la moitié ou moins);
- des condiments, des épices et des fines herbes: sauce HP, sauce Worcestershire, sauce chili, sauce soya, consommé non dilué, moutarde forte ou sèche, pâte de tomate, ketchup, gingembre frais ou moulu, cari, ail, oignon sec, oignon vert, ciboulette, piments forts broyés, zeste d'agrumes, poivre moulu, toute-épice en poudre, feuille de laurier en poudre, thym, persil, basilic, aneth (poisson), sarriette, estragon, romarin, paprika. Bref, tout ce que vous aimez!

DURÉE* DE MARINAGE:	
Cubes et languettes:	4 à 6 h
Biftecks:	12 à 24 h
Rôtis:	24 à 48 h

* Plus longtemps, le goût de la marinade sera trop fort. Deux à trois heures suffisent pour la volaille, le poisson et les fruits de mer. (L'action attendrissante est moins importante et leur saveur douce ne doit pas être masquée.)

Le thermomètre, votre guide par excellence

La durée de cuisson d'une pièce de viande varie selon sa grosseur, sa température initiale, sa proportion d'os et de gras, le fait qu'elle soit attendrie (par exemple, les coupes françaises) ou non et la température exacte du four. Toute règle portant sur le temps de cuisson en fonction du poids n'est qu'approximative.

Pour une cuisson précise des rôtis, le thermomètre à viande est un «œil interne» bien pratique. Peu importent les variables affectant la durée de cuisson, votre seul souci est de patienter jusqu'à ce qu'il vous indique que le degré de cuisson souhaité est atteint (saignant, à point ou bien cuit).

Dans le cas d'un rôti de bœuf attendri, d'un rôti de porc ou d'une volaille, vous êtes également assuré que les bactéries ou parasites possibles seront totalement détruits jusqu'au centre de la viande, et non seulement en surface.

Le thermomètre doit être inséré bien au centre du morceau de viande, au début ou en cours de cuisson. Faites attention de ne pas le mettre trop près des os et du gras qui faussent la température. (Le thermomètre marquera plus haut, car la viande cuit plus vite près des os et du gras.)

Il est préférable de terminer la cuisson des rôtis de viande deux ou trois degrés avant la température interne désirée car la cuisson se poursuit quelques minutes. Sortez le rôti du four, enveloppez-le de papier d'aluminium (côté luisant vers l'intérieur) et laissez-le reposer environ 15 min. La température montera de quelques degrés. Les jus de la viande se redistribueront dans le rôti et sa chair se «détendra», ce qui réduira les pertes de jus au moment de le couper et assurera une viande plus tendre et plus juteuse.

LES CONSEILS DU BOUCHER

Salez la viande après ou en fin de cuisson plutôt qu'avant, pour éviter les pertes de jus à la cuisson et, par conséquent, un plus grand dessèchement de la viande. Lors d'une cuisson à chaleur humide, on peut toutefois saler au début pour une sauce ou un bouillon savoureux. (On peut aussi favoriser les pertes de jus dans le liquide en ne faisant pas brunir la viande.)

Farinez (cubes, biftecks) et faites brunir (rôtis, cubes, biftecks) avant de cuire à chaleur humide (braisage sur le feu, cuisson en cocotte ou en ragoût). Cette pratique aide à sceller les jus de la viande à l'intérieur, ce qui rend la viande plus savoureuse.

Par contre, pour une sauce ou un bouillon savoureux, on ajoute le liquide de cuisson froid, sans fariner ni brunir au préalable.

Utilisez des pinces au lieu d'une fourchette pour retourner la viande ou la volaille. Cela permet de limiter les pertes de jus à la cuisson.

Sortez la viande du réfrigérateur environ 1 h avant de la cuire pour un temps de cuisson plus précis (à moins bien sûr d'utiliser un thermomètre).

Au lieu d'une huile, de beurre ou de margarine, badigeonnez la viande avec une marinade ou une sauce durant le rôtissage, la cuisson à la poêle ou sur le gril. On peut aussi barder les rôtis de tranches de bacon. Pour la cuisson sur le barbecue, utilisez les sauces sucrées ou tomatées seulement vers la fin de la cuisson, car elles pourraient brûler.

Le poulet

Avant la cuisson, farcir la cavité d'un peu de beurre ou de margarine et de morceaux d'oignon ou de gousses d'ail pelées. Ajouter des épices et des fines herbes, au goût: moutarde sèche, persil, sarriette, marjolaine, thym, estragon, menthe, sarriette, sauge, cerfeuil. Après avoir badigeonné la peau d'un peu d'huile, de beurre ou de margarine, saupoudrer de sel, de poivre, de paprika ou de fines herbes. Durant les 30 dernières minutes de cuisson, découvrir la volaille pour la faire dorer. Badigeonner de sauce ou de moutarde forte. Servir le poulet, la dinde, l'oie et le canard avec des tranches de fruits frais ou en conserve: pêches, poires, raisins, pommes, prunes, ananas, oranges, citrons. Si désiré, les faire dorer à la poêle au préalable. Incorporer ces fruits aux farces.

Le foie

Éviter de trop cuire le foie puisqu'il devient alors dur et caoutchouteux. Il est à point lorsque sa coloration est rosée en son centre. Le foie de porc doit toutefois perdre sa coloration rosée. Avant de cuire, faire tremper les foies de porc et de bœuf 2 h au réfrigérateur, dans du lait. Bien les assécher et les cuire de préférence braisés dans une sauce tomate, une sauce brune ou un bouillon. Les foies de veau et de poulet, plus tendres et de saveur plus douce, peuvent directement être poêlés ou grillés.

Le porc

Toutes les coupes de porc se cuisent à chaleur sèche. Les coupes de l'épaule (soc, picnic) et de la cuisse (intérieur ou extérieur de ronde, pointe de surlonge), moins tendres, sont toutefois plus savoureuses cuites à chaleur humide. Attention de trop le cuire et s'assurer que sa chair est protégée par un peu de gras; elle s'assèche et durcit facilement. Le porc se consomme bien cuit (température interne de 77 °C [170 °F]); sa chair est alors légèrement rosée et se laisse transpercer facilement à la fourchette; ses jus sont clairs. Essayer des fruits séchés avec le porc (pruneaux, raisins, abricots).

123

Le jambon

Le porc salé et fumé (jambon) est vendu cuit, à cuire ou prêt à manger (prêt à servir). Il provient de l'épaule de porc (picnic, soc) ou, traditionnellement, de la cuisse. Malgré son appellation, il est préférable de poursuivre la cuisson du jambon prêt à manger afin de la parfaire. Le jambon cuit ne requiert pas de cuisson. Les jambons à cuire ou prêts à manger peuvent être rôtis ou mieux, braisés au four ou sur le feu. Le braisage assèche moins et dessale plus. Ajouter environ 1 cm (1/2 po) de bière, de bouillon, de lait, d'eau, de jus de fruits (tomate, orange, ananas, pomme). Si désiré, la cuisson peut être terminée au four, sans liquide. Le jambon est prêt lorsque l'os se détache facilement de la chair et que celle-ci se laisse transpercer facilement à la fourchette.

L'agneau et le veau

Rehausser leur saveur avec un jus (orange, citron ou ananas), de la menthe, de la sauge, de la marjolaine, du romarin, du gingembre, de la cannelle, de la muscade, du clou de girofle, de l'ail, de la moutarde forte ou sèche, du miel, des fruits (oranges, pêches, pommes, raisins, poires, ananas).

- L'agneau: toutes les coupes peuvent se cuire à chaleur sèche; les coupes de l'épaule, de la poitrine et du jarret doivent cependant être marinées au préalable. La viande d'agneau est à son meilleur lorsqu'elle est légèrement rosée (à point).
- Le veau: quoique moins tendres, les coupes de l'épaule de veau peuvent autant se cuire à chaleur sèche qu'à chaleur humide. Attention de ne pas trop cuire le veau et s'assurer que sa chair est protégée par un peu de gras, car sa chair maigre s'assèche et durcit facilement. Il se consomme toutefois bien cuit (température interne de 77 °C [170 °F]). Sa chair est alors légèrement rosée, elle se laisse transpercer facilement à la fourchette et les jus sont clairs.

BŒUF HACHÉ, BŒUF ATTENDRI, VOLAILLE, PORC, DES CAS PARTICULIERS

- Le bœuf haché et le bœuf attendri: ils présentent des risques de contamination bactérienne plus grands, comme toute viande hachée ou attendrie mécaniquement. Il est donc préférable de ne pas conserver ces viandes plus d'un jour ou deux au frigo. Afin d'assurer la destruction rapide et complète des bactéries pouvant être présentes à l'intérieur de la viande, il est recommandé de cuire les rôtis de bœuf attendris à 160 °C (325 °F) jusqu'à une température interne de 77 °C (170 °F). Le bœuf haché doit être consommé sans teinte rosée.
- Le porc: il doit également être cuit complètement. Il peut être porteur de trichine, un parasite qui vit dans sa chair, mais qu'une bonne cuisson détruit. Le cuire à 160 °C (325 °F) jusqu'à une température interne de 77 °C (170 °F). Sa chair est alors légèrement rosée, ferme mais non dure. Ses jus sont clairs et non rosés.
- La volaille: lorsqu'elle est vivante, elle cohabite fréquemment avec une bactérie appelée «salmonelle». Celle-ci est logée dans ses intestins. Lorsque l'animal est abattu, les bactéries peuvent alors se répandre sur sa surface. Au Canada, les volailles décongelées ou préparées sans précaution, mal entreposées ou insuffisamment cuites sont responsables chaque année d'un nombre impressionnant de toxi-infections alimentaires. Nombreux sont aussi ceux qui ne rapportent pas l'incident, par négligence ou croyant à de simples «maux qui courent», sans rapport avec un aliment particulier. Il faut être aux petits soins avec elles (voir «Guide d'achat, de conservation et de préparation», p. 113 et «Le rôtissage de la volaille», p. 132). Parmi les règles à suivre:
  - ne jamais congeler une volaille farcie (sauf si elle a été achetée congelée farcie);

- le choix d'une bonne méthode de décongélation peut être déterminant sur la qualité de votre repas. La volaille dégèle de l'extérieur vers le centre. Laissée à température ambiante, sa surface prend rapidement la température de la pièce. Les bactéries se multiplient alors à cœur joie. Une bonne méthode de décongélation permet de maintenir la surface de la volaille bien froide, jusqu'à ce que son centre soit complètement dégelé;
- elle ne doit jamais être recongelée (comme toute viande dégelée d'ailleurs) avant d'avoir été cuite au préalable;
- elle doit être cuite dans les 24 à 48 h suivant son dégel;
- pour assurer la destruction complète des bactéries, elle doit être cuite à 160 °C (325 °F) jusqu'à ce que la température interne prise dans le plus fort de la cuisse ou de la poitrine soit de 85 °C (185 °F). Le thermomètre est tout indiqué pour les volailles entières. Il convient aussi aux cuisses et poitrines de bonne grosseur. Il assure une cuisson parfaite et sûre;
- farcir juste avant de cuire, jamais le jour précédent. On cuit la volaille farcie en prenant le soin d'insérer le thermomètre dans la partie charnue de la cuisse, de la poitrine ou mieux, dans la farce elle-même;
- pour une volaille pesant plus de 9 kg (20 lb), toujours cuire la farce à part: ajouter 30 ml (2 c. à soupe) de liquide par 250 ml (1 tasse) de farce; cuire dans une cocotte couverte à côté de la volaille;
- toujours cuire la volaille achetée congelée farcie sans la dégeler au préalable; insérer le thermomètre dans la farce en cours de cuisson;
- après le service, retirer la farce de la volaille rapidement, sans laisser la volaille refroidir complètement; réfrigérer dans un contenant séparé et fermé, deux à trois jours au plus. S'il n'est pas prévu de manger le reste de farce à l'intérieur de ce délai, le congeler (jusqu'à trois ou quatre semaines);

- la température interne de la volaille cuite doit atteindre à nouveau 85 °C (185 °F) lors du réchauffage, ce qui prend de 20 à 25 min/kg (10 à 12 min/lb) au four préchauffé à 160 °C (325 °F). Cette méthode est nécessaire, car une recontamination de la volaille après sa cuisson peut toujours avoir eu lieu. Pour éviter que la chair ne s'assèche trop, couvrir les morceaux de sauce et de papier d'aluminium.

LA CUISSON DE LA VIANDE À CHALEUR SÈCHE
(pour toutes les coupes tendres ou les coupes mi-tendres et peu tendres marinées ou attendries au préalable)

Rôtissage
(pour les rôtis; au four ou au barbecue)

- Au four: parer le gras visible et badigeonner le rôti d'un peu d'huile, de beurre ou de margarine (laisser si désiré le gras visible pour le retirer après cuisson). Déposer le rôti sur la grille d'une rôtissoire ou sur la grille du four au-dessous de laquelle sera placé un plateau. Pour la préparation d'un fond de sauce, placer directement le rôti à cuire sur des os et des parures de viande, dans une rôtissoire. Si la viande n'est pas parée, le côté gras doit être sur le dessus. Assaisonner. Insérer le thermomètre dans le centre du rôti, loin des os et du gras. Ne pas ajouter de liquide. Ne pas couvrir. Préchauffer le four à 160 °C (325 °F). Enfourner.
- Au barbecue: bien parer et désosser le rôti (pour une cuisson plus uniforme). L'embrocher. Badigeonner la viande d'un peu d'huile, de beurre ou de margarine. Insérer le thermomètre bien au centre du rôti. Placer un plateau-égouttoir métallique au fond du barbecue et disposer les braises tout autour. Préchauffer le barbecue à 160 °C (325 °F). Installer le rôti dans le four. Refermer le couvercle.

- Au four et au barbecue: cuire en calculant environ:

  - pour l'agneau:
saignant:	55 à 64 min/kg (25 à 29 min/lb)
à point:	65 à 74 min/kg (30 à 34 min/lb)
bien cuit:	75 à 92 min/kg (35 à 42 min/lb)

  - pour le bœuf:
saignant:	45 min/kg (20 min/lb)
à point:	55 min/kg (25 min/lb)
bien cuit:	65 min/kg (30 à 35 min/lb)

  - pour le veau:
bien cuit:	60 à 70 min/kg (30 à 35 min/lb)

Pour un degré de cuisson plus précis (agneau, bœuf, porc, veau): utiliser le thermomètre et terminer la cuisson lorsque la température interne marque deux ou trois degrés sous le degré à atteindre:

saignant:	60 °C (140 °F)
à point:	71 °C (160 °F)
bien cuit*:	77 °C (170 °F)

Envelopper le rôti de papier d'aluminium, côté brillant vers l'intérieur (sur la viande). Laisser reposer environ 15 min avant de servir. Saler vers la fin de la cuisson, si désiré.

---

* Le porc et le veau se servent bien cuits.

Cuisson à la poêle
(pour les biftecks, le bœuf haché)

Entailler le gras visible pour empêcher que le bifteck gondole en cuisant. Faire chauffer un peu d'huile, de beurre ou de margarine dans une poêle (pas trop, pour ne pas que la viande cuise en friture). La cuisson à la poêle antiadhésive peut se faire sans ajout de gras. Assaisonner et faire brunir quelques minutes de chaque côté à feu moyen, jusqu'au degré de cuisson désiré. Retourner lorsque des gouttelettes se forment sur la surface de la viande, et ce afin que les jus demeurent dans la viande (mais pas plus d'une ou deux fois). Saler vers la fin de la cuisson, si désiré.

Grillage
(pour les biftecks, le bœuf haché; sous l'élément du haut du four ou sur le barbecue)

Entailler le gras visible pour empêcher que le bifteck gondole en cuisant ou parer le gras et entailler les bords de la viande. Puis:

- au four: préchauffer le four à «griller» («broil»). Assaisonner. Placer la viande sur le gril froid huilé et placer celui-ci au four à 10 à 12 cm (4 à 5 po) de l'élément du haut du four. Laisser la porte entrouverte;
- au barbecue: huiler la grille froide et la placer à 10 à 12 cm (4 à 5 po) des braises. Préchauffer le four à température élevée. Assaisonner. Déposer la viande sur le gril chaud. Cuire les biftecks de moins de 5 cm (2 po) avec le couvercle ouvert et ceux de 5 cm (2 po) avec le couvercle fermé;
- au four et au barbecue: cuire quelques minutes de chaque côté selon le degré de cuisson désiré. Retourner lorsque des gouttelettes se forment sur la surface de la viande, et ce afin que les jus demeurent dans la viande (mais pas plus d'une ou deux fois). Saler vers la fin de la cuisson, si désiré.

LA CUISSON DE LA VIANDE À CHALEUR HUMIDE

Braisage sur le feu ou au four
(pour les biftecks mi-tendres et peu tendres)

Quadriller ou marteler la viande pour briser le tissu conjonctif. Faire chauffer un peu d'huile, de beurre ou de margarine dans une poêle épaisse munie d'un couvercle. La cuisson à la poêle antiadhésive peut se faire sans ajout de gras. Assaisonner ou fariner la viande et faire brunir à feu moyen des deux côtés. Ajouter un peu d'eau, de bouillon, de vin, de bière, de jus de pomme, de cidre, de jus de tomate ou d'un autre liquide, au goût. Couvrir et laisser mijoter à feu doux jusqu'à ce que la viande soit tendre en ajoutant du liquide au besoin. Ou encore, cuire au four préchauffé à 160 °C (325 °F). Saler en début ou en fin de cuisson, si désiré. Épaissir la sauce, si désiré.

Braisage au four
(pour les rôtis mi-tendres et peu tendres)

Déposer le rôti dans une rôtissoire ou un chaudron épais muni d'un couvercle, côté gras sur le dessus; on peut aussi parer et badigeonner la viande d'un peu d'huile, de beurre ou de margarine. Assaisonner. Préchauffer le four à 160 °C (325 °F). Insérer le thermomètre dans le centre du rôti, loin des os et du gras. Ajouter un peu d'eau, de bouillon, de vin, de bière, de jus de pomme, de cidre, de jus de tomate ou d'un autre liquide, au goût (environ 1 cm [1/2 po]). Couvrir et cuire en calculant environ le même temps qu'il est recommandé pour le rôtissage.

- Pour le jambon* cuit à 160 °C (325 °F) ou sur un feu moyen:

prêt à servir
(prêt à manger):   35 à 45 min/kg (15 à 20 min/lb)
à cuire
(plus de 4 kg [9 lb]):   50 à 70 min/kg (23 à 32 min/lb)
(moins de 4 kg [9 lb]):   60 à 100 min/kg (27 à 45 min/lb)

Pour un degré de cuisson plus précis (agneau, bœuf, porc, veau): utiliser le thermomètre et terminer la cuisson lorsque la température interne marque deux ou trois degrés en dessous du degré à atteindre:

saignant:	60 °C (140 °F)
à point:	71 °C (160 °F)
bien cuit**:	77 °C (170 °F)

Ajouter du liquide au besoin. Découvrir la viande environ 45 min avant la fin de la cuisson.

Envelopper le rôti de papier d'aluminium, côté brillant vers l'intérieur (sur la viande). Laisser reposer environ 15 min avant de servir. Saler en début ou en fin de cuisson, si désiré. Épaissir la sauce, si désiré.

Cuisson en cocotte
(pot-au-feu ou bouilli; pour les rôtis peu tendres)

Faire chauffer un peu d'huile, de beurre ou de margarine dans une cocotte ou un chaudron épais muni d'un couvercle. Faire brunir le rôti sur tous les côtés. Ajouter environ 250 ml (1 tasse) d'eau, de bouillon, de vin, de bière, de jus de pomme, de cidre,

---

* Le jambon est prêt lorsque l'os se détache aisément de la chair ou que celle-ci se laisse transpercer facilement à la fourchette.
** Le porc et le veau se servent bien cuits.

de jus de tomate ou d'un autre liquide, au goût. Assaisonner. Couvrir et laisser mijoter sur feu doux jusqu'à ce que la viande soit tendre. Ou encore, cuire au four préchauffé à 160°C (325 °F). Ajouter du liquide au besoin. Ajouter des légumes environ 1/2 h avant la fin de la cuisson. Saler en début ou en fin de cuisson, si désiré. Épaissir la sauce, si désiré.

Cuisson en ragoût
(pour les cubes de viande peu tendres)

La cuisson en ragoût est semblable à la cuisson en cocotte à cette différence que la viande est découpée en cubes qu'on assaisonne ou farine avant de faire brunir de tous les côtés.

LE RÔTISSAGE DE LA VOLAILLE

Volailles entières

Retirer le cou et les abattis de la cavité et, en particulier pour le canard et l'oie, l'excès de gras qui s'y trouve. Bien nettoyer l'intérieur et l'extérieur de la volaille sous l'eau froide courante, puis assécher avec un papier absorbant. Assaisonner la cavité ou la farcir. Attacher le bout des pattes ensemble avec une ficelle ou les rentrer sous les replis de la peau. Tirer la peau du cou sur l'ouverture de la cavité et la fixer au dos avec des agrafes ou des brochettes métalliques. Fixer également les ailes au dos à l'aide d'une ficelle, d'agrafes ou de brochettes métalliques. Badigeonner d'un peu d'huile, de beurre ou de margarine; pour le canard et l'oie, piquer la peau à plusieurs endroits sans ajouter de gras. Assaisonner. Insérer le thermomètre dans la partie la plus charnue de la poitrine ou de la cuisse (loin des os) ou dans la farce.

- Au four ou au barbecue (dans une rôtissoire): préchauffer le four à 160 °C (325 °F). Placer la volaille sur la grille d'une rôtissoire, poitrine vers le haut. Ne pas ajouter de liquide (sauf pour l'oie et le canard, ce qui empêche le gras qui s'accumule au fond de la rôtissoire de brûler). Recouvrir (sauf pour l'oie et le canard) la rôtissoire de papier d'aluminium, sans serrer, côté brillant vers l'intérieur (sur la peau); plisser deux côtés sous les rebords de la rôtissoire et laisser les deux autres côtés ouverts. Enfourner. Refermer le couvercle (pour le barbecue).

- Au barbecue (à la broche) (pour les volailles de moins de 5 1/2 kg [12 lb]): placer un plateau-égouttoir métallique au fond du four en disposant les briquettes tout autour. Ne pas ajouter de liquide (sauf pour l'oie et le canard, ce qui empêche le gras qui s'accumule au fond du plateau-égouttoir de brûler). Préchauffer le four à 160 °C (325 °F). Embrocher la volaille et resserrer les attaches de chaque côté. Installer la volaille dans le four. Insérer le thermomètre dans la partie la plus charnue de la poitrine ou de la cuisse (loin des os). Refermer le couvercle.

- Au four et au barbecue: cuire en une seule étape en calculant environ:

  - pour le poulet et la dinde:

moins de 4 1/2 kg (10 lb):	65 min/kg (30 min/lb)
de 4 1/2 à 8 kg (10 à 18 lb):	55 min/kg (25 min/lb)
plus de 8 kg (18 lb):	45 min/kg (20 min/lb)

  - pour le canard et l'oie: 45 min/kg (20 min/lb)

Pour un degré de cuisson plus précis (poulet, dinde, canard, oie): utiliser le thermomètre à viande et terminer la cuisson lorsque celui-ci indique:

thermomètre inséré dans la farce:	74 °C (165 °F)
thermomètre inséré dans la poitrine ou la cuisse:	85 °C (185 °F)

Arroser à l'occasion la peau avec le jus de cuisson, sauf pour l'oie et le canard; pour ceux-ci, enlever la graisse qui s'accumule au fond de la rôtissoire ou du plateau métallique. Retirer le papier d'aluminium (sur les volailles cuites dans la rôtissoire) durant la dernière demi-heure afin de faire dorer; badigeonner de sauce si désiré.

Test de cuisson: jus limpides et non rosés; chair sans coloration rosée, qui se défait facilement à la fourchette et se détache des os; cuisse qui se désarticule facilement lorsqu'on la tourne.

Roulés, brochettes, cuisses, poitrines, pilons, demies et quarts

Fixer l'aile et le pilon à l'aide d'agrafes ou de brochettes métalliques; fixer également la peau le long des os. Badigeonner d'un peu d'huile, de beurre ou de margarine; pour le canard et l'oie, piquer la peau à plusieurs endroits sans ajouter de gras. Assaisonner.

- Au four: préchauffer le four à 160 °C (325 °F). Placer la volaille sur la grille d'une rôtissoire, côté peau vers le haut. Insérer (si possible) le thermomètre dans la partie la plus charnue de la poitrine ou de la cuisse (loin des os). Sauf pour l'oie et le canard, recouvrir la rôtissoire de papier d'aluminium sans serrer, côté brillant vers l'intérieur (sur la peau); plisser deux côtés sous les rebords de la rôtissoire et laisser les deux autres côtés ouverts. Enfourner.

- Au barbecue: huiler la grille froide et la placer à 10 à 12 cm (4 à 5 po) des braises. Préchauffer le four à 160 °C (325 °F). Placer la volaille sur la grille, côté peau vers le bas. Insérer (si possible) le thermomètre dans la partie la plus charnue de la poitrine ou de la cuisse (loin des os). Fermer le couvercle. Retourner plusieurs fois les morceaux durant la cuisson.
- Au four et au barbecue: retirer le papier d'aluminium (au four) durant la dernière demi-heure afin de faire dorer; badigeonner de sauce si désiré.

Pour un degré de cuisson plus précis: utiliser le thermomètre à viande et terminer la cuisson lorsque celui-ci indique:

thermomètre inséré dans	
la poitrine ou la cuisse:	85 °C (185 °F)

Test de cuisson: jus limpides et non rosés; chair sans coloration rosée, qui se défait facilement à la fourchette et se détache des os; cuisse qui se désarticule facilement lorsqu'on la tourne.

Tableau VII
Prix* par portion de différentes sources de protéines

PRODUITS	PRIX PAR PORTION (DOLLARS)
Poissons (filets) (par portion de 150 g [5 oz], crus)	
Aiglefin frais	1,87
Aiglefin surgelé (marque privée)	2,24
(marque nationale)	2,02
Morue fraîche	1,27
Morue surgelée (marque privée)	0,66
(marque nationale)	1,68
Sole** fraîche	1,80
Sole** surgelée (marque privée)	1,74
(marque nationale)	2,02
Légumineuses (par portion de 250 ml [1 tasse], cuites)	
Haricots de soya (vrac)	0,10
Haricots blancs (vrac)	0,20
(préemballés)	0,11
(conserve)	0,60
Haricots rouges (vrac)	0,28
(préemballés)	0,16
(conserve)	0,48
Lentilles brunes (vrac)	0,24
(préemballées)	0,21
(conserve)	0,60
Pois chiches (vrac)	0,14
(préemballés)	0,14
(conserve)	0,60

* Prix en vigueur en août 1992, formats et marques économiques, supermarchés.
** Vendue sous cette appellation, bien qu'il s'agisse probablement de plie canadienne.

Tableau VII
Prix* par portion de différentes sources de protéines
(suite)

Produits	Prix par portion (dollars)
Tofu (par portion de 100 g [3 1/2 oz], format de 454 g [1 lb], nature)	0,39
Œufs (par portion de 2 œufs, grosseur «Gros»)	0,28
Beurre d'arachide (par portion de 30 ml [2 c. à soupe])	0,14
Bœuf haché (par portion de 90 g [3 oz], frais, cuit)	
Maigre	0,68
Ordinaire	0,43
Foie (par portion de 90 g [3 oz], frais, cuit)	
Bœuf	0,52
Porc	0,40
Poulet	0,55
Veau	1,93
Dindon surgelé (marque nationale)	1,06

* Prix en vigueur en août 1992, formats et marques économiques, supermarchés.

Tableau VII
Prix* par portion de différentes sources de protéines
(suite)

PRODUITS	PRIX PAR PORTION (DOLLARS)
Volaille (par portion de 90 g [3 oz], Canada A, cuite)	
Poulet frais	1,91
Poulet surgelé (marque nationale)	1,73
Dindon frais	1,57
Dindon surgelé (marque nationale)	1,06

* Prix en vigueur en août 1992, formats et marques économiques, supermarchés.

Chapitre 4

Légumineuses et tofu

Légumineuses

On dirait de petites pépites. Leurs couleurs et leurs formes sont multiples: roses, noires, blanches, brunes, rouges, jaunes, rondes et aplaties comme des soucoupes volantes, en forme de rognons, rondes comme des petites billes... Certaines présentent des taches ou des rayures. Elles sont tendres et leur saveur est douce. Les multiples façons de les apprêter ajoutent à la variété du menu. Leur valeur nutritive est exceptionnelle. Et puis, elles travaillent avec nous à protéger l'environnement. Leur prix? Oh la la...

Malgré les nombreuses qualités des légumineuses et le fait que le Canada en soit un important producteur, on les connaît bien peu, à part bien sûr l'usage qu'on en fait pour la soupe aux pois et les fèves au lard. Pas étonnant que 80 % de la production canadienne soit exportée. En tout cas, même si on en consomme peu, elles ne manquent pas de susciter la curiosité...

D'OÙ VIENNENT-ELLES?

Les légumineuses sont des plantes à gousses à l'intérieur desquelles se cachent des graines comestibles. Lorsqu'on laisse les gousses de la plante se dessécher et se décolorer, les graines se déshydratent et leur valeur nutritive se concentre. Couramment, ce sont ces petites graines et non la plante que l'on appelle «légumineuses». Elles portent aussi l'appellation «légumes secs».

Il existe trois grandes familles de légumineuses qui regroupent plus de 13 000 espèces:

- les pois: entiers, verts ou jaunes (de la bonne soupe aux pois); cassés, verts ou jaunes (pois entiers décortiqués et séparés en deux); pois chiches;
- les haricots ou fèves: blancs (ceux de nos bonnes «binnes» et bien d'autres variétés comme les lingots et les cocos), de soya, rouges (du célèbre chili con carne), roses, bruns, noirs, pintos (signifiant «peints» en espagnol), adukis, mungos (verts, ils sont entiers; jaunes, ils sont décortiqués et cassés en deux; germés, ils entrent dans la préparation du chop suey), lupins, de Lima, doliques à œil noir (cornilles), romains, flageolets;
- les lentilles: vertes, brunes, rouges (décortiquées et cassées en deux).

QUE CONTIENNENT-ELLES?

Les légumineuses renferment tant de bonnes choses que c'est à se demander comment elles peuvent être si petites...

Des protéines

La teneur en protéines des légumineuses se compare à celle de la viande. Une portion de 250 ml (1 tasse), cuites, contient entre 15 et 30 g de protéines, ce qui équivaut à 60 à 90 g (2 à 3 oz) de viande, de volaille ou de poisson cuits. La composition des protéines des légumineuses présente cependant une petite faiblesse qui les rend moins efficaces pour la construction et la réparation des tissus (voir l'annexe 2, «Les protéines» p. 340). Une faiblesse que mère Nature elle-même se charge de réparer, toutefois.

En effet, lorsque les légumineuses sont accompagnées, de préférence au même repas, d'une source de protéines animales (un peu de lait, de fromage, d'œuf, de viande, de volaille ou de poisson), la qualité de leurs protéines redevient comparable à celle des protéines de la viande, du fromage ou des œufs. Également, en mangeant un produit céréalier (riz, pâtes ou pain), des noix ou des graines avec des légumineuses, les protéines qui résultent de la combinaison sont complètes. C'est simple, un repas équilibré n'inclut-il pas toujours un produit laitier et un produit céréalier? Habituellement, ces aliments figurent déjà au menu:

- la tranche de pain;
- le riz ou les pâtes: en accompagnement, dans la salade de riz et de pois chiches, sous la sauce aux tomates et aux haricots rouges, dans la casserole de lentilles;
- le verre de lait;
- le cube de fromage ou le gratin du pain de lentilles;
- le yogourt, le lait glacé ou la crème aux œufs au dessert;
- la viande hachée du chili con carne ou de la sauce à spaghetti «améliorée» de lentilles rouges, etc.

Du fer

Vous croyez qu'il n'y a rien de mieux que de la bonne viande rouge pour avoir du bon sang? Les légumineuses sont plus riches en fer que la viande (à l'exception des abats). Une portion de 250 ml (1 tasse) de légumineuses cuites contient généralement entre 4 à 8 mg de fer, soit deux à trois fois plus que 90 g (3 oz) de bœuf cuit. Cette richesse compense l'absorption plus faible du fer des légumineuses. De plus, une bonne source de vitamine C ou un peu de chair animale (viande, volaille ou poisson) au repas améliore l'absorption du fer (voir «Trois fois absorbera...», p. 237).

Peu de gras et «sans cholestérol»

La plupart des légumineuses ont une teneur en gras inférieure à celle du maigre de viande cuit. Ce gras est également plus polyinsaturé et moins saturé que celui de la viande. De plus, comme elles sont d'origine végétale, elles ne contiennent pas de cholestérol.

Beaucoup de fibres et de glucides complexes

Les légumineuses sont riches en fibres et en glucides complexes. On sait qu'une consommation élevée de ces éléments est associée à une incidence réduite de maladies chroniques comme les maladies cardio-vasculaires et le cancer (voir l'annexe 2). La teneur en fibres d'une portion de 250 ml (1 tasse) de légumineuses cuites varie entre 6 et 14 g, ce qui équivaut facilement à six tranches de pain de blé entier (8,4 g) ou trois pommes (10,5 g). La viande, elle, ne génère pas de fibres, car elle est d'origine animale.

Des vitamines et minéraux en quantité

Les légumineuses sont d'excellentes sources de magnésium. Elles en fournissent plus que la viande. Elles apportent aussi des quantités appréciables de vitamines du complexe B (acide folique, vitamine B_6, thiamine, niacine), de vitamine E, de cuivre et de zinc. Leur contenu en calcium aide aussi à combler les besoins de ce minéral souvent déficient dans l'alimentation.

COMMENT CHOISIR ET CONSERVER LES LÉGUMINEUSES

Légumineuses sèches

- Achat: elles sont vendues en vrac ou préemballées. Les choisir bien colorées, brillantes et à l'écorce lisse. Éviter celles qui sont ridées, fendues, fissurées ou ternes.
- Conservation: dans un bocal ou tout autre contenant hermétique. Les entreposer dans un endroit frais et sec. Conserver séparément les légumineuses achetées à des dates ou à des endroits différents. Utiliser de préférence dans l'année; au-delà d'un an, elles seront plus longues à cuire et pourront alors se briser au lieu de bien gonfler.

Légumineuses en conserve

- Achat: elles sont déjà lavées, trempées et cuites; prêtes à manger, chaudes ou froides, ou à utiliser dans les recettes.
- Conservation: comme toutes les conserves, dans un endroit frais et sec; utiliser de préférence dans l'année.

Légumineuses cuites ou en conserve, égouttées

- Conservation: dans un contenant hermétique. Les entreposer au réfrigérateur jusqu'à environ cinq jours; au congélateur jusqu'à trois mois (décongeler au bain-marie ou à la vapeur, dans une passoire).

COMMENT PRÉPARER ET CUIRE LES LÉGUMINEUSES

- Nettoyage: placer les légumineuses sèches dans une passoire; les laver sous l'eau froide courante; éliminer celles qui sont brisées ou tachées, les petits cailloux et autres impuretés.
- Trempage: calculer 1 volume de légumineuses sèches pour 4 volumes d'eau. Laisser tremper de 10 à 12 h au réfrigérateur

pour les réhydrater. Pour une méthode rapide, porter à ébullition, maintenir l'ébullition 2 min, éteindre le feu et laisser tremper 1 h dans l'eau chaude. Les lentilles, les pois cassés et les haricots mungos et adukis ne requièrent pas de trempage. Jeter l'eau de trempage et rincer.

- Cuisson: ajouter à nouveau 4 volumes d'eau fraîche par volume de légumineuses. Cuire selon les directives du tableau VIII. Ajouter 5 ml (1 c. à café) d'huile à l'eau de cuisson pour empêcher les débordements. Cuire à couvert et laisser frémir sans remuer afin d'éviter de les briser. Ajouter le sel et les ingrédients acides (tomates, vinaigre, vin, jus de citron) vers la fin de la cuisson afin de faciliter l'attendrissement des légumineuses à la cuisson. Ne pas ajouter de bicarbonate de soude (soda à pâte) pour accélérer la cuisson; il altère la thiamine.

- Test de cuisson: les légumineuses sont cuites lorsqu'elles s'écrasent facilement à la fourchette. Attention de ne pas trop cuire les pois cassés, les lentilles rouges ou les haricots mungos décortiqués: vous risqueriez de les retrouver en purée!

Tableau VIII
Durée de cuisson des légumineuses

ESPÈCES	DURÉE
Haricots	
Adukis	1 1/2 à 2 h
Blancs, petits	1 1/2 à 2 h
Cocos	1 h
Flageolets	1 1/2 à 2 h
De Lima	1 1/2 h
Lupins*	2 h
Mungos	45 à 60 min
Noirs	1 h
Pintos	1 h
Romains	1 1/2 à 2 h
Rouges	1 1/2 à 2 h
Rouges, petits	40 min
De soya	3 1/2 h
Pois	
Entiers, verts ou jaunes	1 1/2 h
Cassés, verts ou jaunes	50 à 60 min
Chiches	2 1/2 à 3 h
Lentilles	
Rouges	10 min
Vertes	55 min

Sources: Agriculture Canada, *Communiqué en alimentation*, 1985; Agriculture Canada, *Haricots, pois et lentilles*, Publication 1555/F, 1984; Solange Monette, *Dictionnaire encyclopédique des aliments*, 1989.

---

* Après trempage et cuisson, laisser refroidir dans l'eau froide. Changer l'eau à nouveau, saler (30 ml [2 c. à soupe] de sel) et laisser reposer de 6 à 7 jours dans un endroit frais (pas au réfrigérateur) en changeant l'eau salée 2 fois par jour. Réfrigérer ensuite dans de l'eau salée et dans un contenant hermétique. Cette pratique est destinée à en neutraliser l'amertume. (On les retrouve aussi en conserve.)

Rendement

- 250 ml (1 tasse) de légumineuses sèches pèsent environ 185 g (2/5 lb).
- 450 g (1 lb) de légumineuses sèches (600 ml) donnent environ 1 1/2 L (6 tasses) de légumineuses cuites.
- 250 ml (1 tasse) de légumineuses sèches donnent de 500 à 750 ml (2 à 3 tasses) de légumineuses cuites.
- Une boîte de 540 ml (19 oz liq.) de légumineuses en conserve donne environ 500 ml (2 tasses) de légumineuses cuites.

Tableau IX
Prix* comparé de légumineuses achetées en vrac, préemballées et en conserve
(par portion de 250 ml [1 tasse], cuites)

ESPÈCES	VRAC (cents)	PRÉEMBALLÉES (cents)	EN CONSERVE (cents)
Haricots de soya	10		
Haricots blancs	20	11	60
Haricots rouges	28	16	48
Lentilles brunes	24	21	60
Pois chiches	14	14	60

COMMENT APPRÊTER LES LÉGUMINEUSES

Substituez les légumineuses à la viande hachée dans les recettes. Sauces à spaghetti: les lentilles rouges passent quasi incognito sur les papilles des non-avisés; pâtés chinois et pains de viande: essayer les lentilles brunes; poivrons farcis: les haricots rouges contrasteront avec les poivrons verts, et les haricots noirs, avec les poivrons rouges; feuilles de chou farcies, pâtés à la viande, etc.

---

* Prix en vigueur en août 1992, formats et marques économiques, supermarchés.

Pour que chacun s'habitue à la substitution, ne remplacez pas toute la viande hachée par les légumineuses. Allez-y graduellement: 1/4 légumineuses-3/4 viande, puis 1/2-1/2, 3/4-1/4...

Remplacez une certaine quantité de viande des ragoûts par des légumineuses: haricots de Lima, haricots mungos, haricots noirs, blancs, etc.

Ajoutez à une soupe ou à un potage pour un repas: incorporez des haricots de Lima, des haricots mungos, des haricots blancs, des pois entiers ou cassés à une soupe aux légumes et au riz (ou orge, bulgur, pâtes ou pommes de terre); passez le tout au mélangeur pour un potage.

Composez une casserole avec du riz ou des cubes de pommes de terre, des légumes, de la sauce tomate (ou des tomates en conserve, de la crème de tomate condensée), de l'ail, de l'oignon, du poivron vert et des fines herbes; gratinez si désiré.

Composez une salade-repas: combinez des pois chiches, des haricots de Lima, des lentilles brunes ou des haricots rouges à des verdures ou à un reste de riz, de bulgur ou de pâtes; ajoutez des légumes crus ou cuits; laissez mariner si désiré.

Incorporez dans une sauce tomate ou une béchamel et servez sur du riz, des pâtes ou en lasagne.

Préparez des croquettes et des burgers: écrasez des haricots rouges ou des lentilles brunes au pilon, ajoutez un œuf, assaisonnez et faites cuire sur le barbecue, au four ou à la poêle.

Préparez un pain: écrasez les légumineuses; combinez avec du bulgur ou du riz, de l'oignon, de l'ail et du céleri cuits; liez avec un œuf battu; assaisonnez; ajoutez si désiré des graines de tournesol ou des noix hachées; gratinez ou incorporez du fromage râpé.

Préparez une trempette genre «hoummos»: réduisez en purée au mélangeur des pois chiches cuits et assaisonnez d'ail, de jus de citron et d'un peu de tabasco.

Ajoutez des lentilles brunes à la salade de pommes de terre.

Préparez une entrée ou un accompagnement: faites mariner des lentilles brunes dans une vinaigrette et assaisonnez de persil frais et de cubes de tomate; mélangez des légumineuses à des légumes cuits ou crus et servez tel quel ou mariné (haricots rouges et haricots verts ou jaunes, haricots blancs avec tomates et oignons, lentilles brunes avec champignons et oignons); incorporez à du riz des haricots rouges, des haricots mungos décortiqués, des lentilles rouges ou des haricots noirs; servez les lentilles brunes, les haricots mungos, les flageolets, les pois entiers verts, les pois chiches et les haricots noirs nature ou en purée. (La purée peut servir de garniture à sandwichs.)

Rehaussez leur saveur avec différents assaisonnements: ail, oignon, moutarde, laurier, sarriette, thym, sauge, cumin, gingembre, céleri, carottes, tomates. (Les ajouter au liquide de cuisson et aux recettes.)

Laissez aller votre imagination et variez les formes et les couleurs. Quelle que soit la recette, vous pouvez remplacer une variété par une autre; il suffit de respecter le temps de cuisson et le rendement. Vous pouvez aussi combiner les variétés; il est alors préférable de les cuire séparément.

LEURS EFFETS...

On associe souvent légumineuses et problèmes de flatulence. Ceux-ci sont causés par la fermentation de sucres, d'amidon et de fibres sous l'influence de bactéries du gros intestin. Des gaz comme le méthane, le bioxyde de carbone (gaz carbonique) et l'hydrogène sont alors produits.

D'autres aliments que les légumineuses peuvent entraîner le même effet, notamment ceux de la famille des choux, les haricots, les raisins, les jus de pomme et de pruneau, et même les boissons gazeuses et la bière! De plus, le sucre ajouté à la recette (par exemple, la mélasse, la cassonade ou le sirop d'érable des bonnes fèves au lard) ou le dessert sucré pris après un repas de légumineuses (un gros morceau de pouding du chômeur ou de tarte au sucre) accroît la fermentation.

Évidemment, chacun possède son seuil de tolérance. Et heureusement, les effets diminuent avec l'usage. Des mesures simples lors de la préparation et de la cuisson des légumineuses aident aussi à atténuer ces effets désagréables.

Pour réduire les problèmes de flatulence causés par les légumineuses: les faire tremper au réfrigérateur. Jeter l'eau de trempage (certains sucres s'y sont dissous); utiliser de l'eau fraîche pour la cuisson. Cuire jusqu'à ce qu'elles s'écrasent à la fourchette.

Attention aux desserts très sucrés et aux autres aliments ou boissons à risque consommés lors d'un même repas. Pour les sensibles, le cocktail risque d'être incommodant.

Pour les «résistants», un produit appelé Beano leur vient en aide. Beano se présente sous forme de gouttes que le fabricant suggère d'ingérer avec la première bouchée de l'aliment incriminé, que ce soit une légumineuse, un légume ou un produit céréalier. Il digère en quelque sorte les sucres fermentescibles avant que les bactéries de l'intestin n'agissent sur eux.

Tofu

NI FROMAGE NI VIANDE

On l'appelle la «viande sans os» parce qu'il peut remplacer la viande. On lui donne également le nom de «fromage végétal» ou «fromage de soya», à cause de sa ressemblance avec le fromage et de la similitude de leur mode de fabrication. Mais qu'est-ce que le tofu, au juste?

Le tofu provient d'une légumineuse. C'est un dérivé du soya. Pour le fabriquer, on fait tremper les graines de soya, qui sont ensuite chauffées, broyées et essorées. On obtient alors le lait de soya. Ce dernier est coagulé pour produire un caillé, le tofu, que l'on presse pour en extraire le liquide résiduel.

La texture et la saveur du tofu varient selon la durée de l'égouttage et selon l'agent coagulant employé: nigari (un extrait de sel de mer), chlorure de magnésium (lui-même extrait du nigari) ou de calcium, sulfate de magnésium ou de calcium, etc. L'usage des agents coagulants renfermant du magnésium est beaucoup plus répandu que celui des agents contenant du calcium.

Le tofu est vendu nature ou assaisonné, ferme ou mou, en vrac ou emballé sous vide. Il entre aussi dans la confection commerciale d'une variété de mets populaires: sauces à spaghetti, burgers, saucisses à hot-dog, saucissons et pepperonis «végétariens», fromages de tofu, desserts glacés, etc. Reste à savoir si les végétariens (qui ne prisent pas nécessairement le goût du saucisson et du pepperoni) se réjouiront de ces nouveautés. Les amateurs de viande et de charcuteries et les sceptiques y trouveront peut-être leur compte, histoire de faire connaissance avec le tofu et de l'apprivoiser. Ces produits sont vendus plus chers que le produit imité, mais ils contiennent plus de protéines et moins de gras, de sel et d'additifs. Et comme il est difficile de les faire soi-même, ils peuvent être avantageux, si vous jugez que leur goût en vaut le coût.

LE TOFU, UN ALIMENT MIRACLE?

Peut-être pas autant que certains le prétendent. N'empêche qu'avec sa valeur nutritive, les diverses façons de l'apprêter et son coût, le tofu se défend très bien et mérite de figurer au menu.

Comme le tofu n'est pas fait de lait de vache (de chèvre ou d'autres mammifères), sa valeur nutritive n'a rien de comparable avec le fromage. Ce n'est pas un produit laitier. Son héritage nutritionnel, le tofu le tient de la graine de soya mère, avec ses qualités, mais aussi ses défauts.

Des protéines

Pour 39 ¢ (selon le prix en format de 454 g [1 lb], nature), 100 g (3 1/2 oz) de tofu équivalent, selon le *Guide alimentaire canadien pour manger sainement*, à une portion de viande ou substitut. Cette portion correspond à la quantité normalement ingérée, bien qu'en fait elle renferme environ la moitié moins de protéines que 60 g (2 oz) de viande cuite: 8 g, soit l'équivalent de 1 œuf ou de 30 g (1 oz) de fromage ferme, de viande, de volaille ou de poisson cuits.

Comme l'alimentation, en grande partie carnée, de la plupart des Nord-Américains fournit en moyenne deux fois plus de protéines que nécessaire, cette question ne pose généralement pas de problème. Les autres sources de protéines de la journée suffisent amplement. Lorsque le plat comporte un peu de viande, un œuf ou du fromage, la quantité de protéines augmente. Les végétariens comblent leur besoin quotidien en protéines par un ensemble d'aliments incluant le tofu, les légumineuses, les noix et les graines, les produits céréaliers; certains y ajoutent les œufs, le poisson, le lait et le fromage.

Tout comme on le fait pour les légumineuses, on accompagne le tofu d'un produit céréalier (riz, pâtes ou pain) ou d'un aliment d'origine animale (un produit laitier ou un peu de viande, de volaille, de poisson ou d'œuf), de préférence au même repas. Ainsi secondées, les protéines du tofu sont alors en mesure d'accomplir leur mission.

Une économie de gras, de cholestérol, de sel...

Le tofu a une faible teneur en calories, en gras, en cholestérol et en sel. Une portion de 100 g (3 1/2 oz) ne fournit que 72 calories (autant que 1 pomme ou 1 œuf) et seulement 4 g de gras, celui-ci étant principalement polyinsaturé. Le tofu ne contient pas plus de cholestérol que la graine de soya dont il provient, soit zéro! Il contient également peu de sel.

Pour préserver ces qualités, utilisons peu de gras à la cuisson, évitons les fritures et l'inondation dans la sauce soya.

... mais aussi de fibres

Si les légumineuses sont particulièrement riches en fibres, le tofu ne les a pas reçues en héritage de la graine de soya. Il n'en contient pas. Il les a perdues au cours du processus de fabrication.

Une source de minéraux

Une portion de tofu fournit 2 mg de fer, environ autant qu'une portion de bœuf cuit. Une bonne source de vitamine C favorisera l'absorption moindre de son fer (voir «Trois fois absorbera...», p. 237).

Le tofu et les légumineuses figurent parmi les meilleures sources de magnésium du groupe des viandes et substituts. Le tofu constitue aussi un complément de calcium intéressant à l'apport quotidien par le lait et les produits laitiers; une portion de tofu fournit 128 mg de calcium, soit un peu moins que 125 ml (1/2 tasse) de lait.

De digestion et de mastication faciles

Facile à mastiquer et plus digestible que les légumineuses, le tofu compte des adeptes de tout âge, des bébés aux personnes âgées. Il convient bien à ceux dont l'estomac ou les intestins sont particulièrement sensibles, à ceux qui digèrent mal les produits laitiers (il n'a toutefois pas la prétention de les remplacer), à ceux qui souhaitent perdre du poids ou simplement acquérir de meilleures habitudes alimentaires.

DE L'ENTRÉE AU DESSERT

Quiconque goûte du tofu pour la première fois et s'attend à un goût de fromage risque d'être pour le moins surpris! Son goût est fade. Cet inconvénient en fait toutefois sa plus grande qualité: il s'adapte à un grand nombre de préparations. On l'appelle à juste titre «l'aliment-caméléon». De l'entrée au dessert, chaud ou froid, il se combine à merveille à une multitude d'aliments, de sauces et d'assaisonnements dont il absorbe les saveurs. En fait, plus on le presse pour le débarrasser de son eau, plus il absorbera en contrepartie les saveurs.

Le tofu se sert froid ou chaud, en tranches, en cubes, émietté ou en purée, sauté, mijoté, étuvé, braisé, frit, grillé, vous avez le choix! Essayez-le:

- dans une soupe-repas: en cubes avec des légumes et du riz, des pommes de terre, du bulgur ou un reste de pâtes;
- dans les potages, les soupes-crèmes et les laits fouettés: en purée, pour enrichir et épaissir;
- comme substitut aux œufs dans les œufs brouillés, les salades ou les guedilles;
- dans les vinaigrettes et les mayonnaises;
- dans une salade-repas: en cubes ou émietté avec des légumes cuits ou crus, du riz, du bulgur ou des pâtes; le tout assaisonné d'une vinaigrette, de yogourt nature aromatisé à la moutarde forte ou de soupe-crème condensée;
- dans une salade d'accompagnement ou une entrée: en cubes avec des tranches de tomates, du basilic frais, des rondelles d'oignon espagnol, du jus de citron et un filet d'huile d'olive;
- pour allonger la viande hachée dans certaines préparations: sauces à spaghetti ou à lasagne (on peut aussi substituer entièrement le tofu à la viande), pains de viande, boulettes de viande, croquettes, ragoûts, poivrons ou feuilles de chou farcis;

- dans les gratins, les casseroles, les sauces pour pâtes et légumes, les omelettes et les quiches, les pâtés chinois, les riz aux légumes, les légumes cuits au wok; sur la pizza;
- comme dessert: réduire en purée avec des fruits (bananes, ananas, pêches, petits fruits, etc.) et un peu de jus de fruits, puis saupoudrer de germe de blé ou de pollen (vendu dans les magasins d'aliments naturels et certains supermarchés); ajouter du yogourt nature si désiré;
- comme trempette pour des légumes ou tartinade pour des sandwichs, des canapés ou des hors-d'œuvre: réduire en purée avec du yogourt nature ou du fromage à la crème et assaisonner de fines herbes, de jus de citron, d'ail, d'oignon, de légumes râpés, d'olives ou de cornichons hachés;
- comme substitut au yogourt, au cottage ou à la ricotta dans les desserts;
- comme plat principal: faire revenir des lamelles de tofu à la poêle avec de l'ail, du gingembre frais et un peu de sauce soya.

Les sauces Tabasco, Worcestershire et soya lui conviennent bien, de même que l'ail, la moutarde forte, la poudre de cari, la poudre de chili, le gingembre frais ou en poudre et les fines herbes.

Tableau X
Valeur nutritive des légumineuses et du tofu

(par portion de 250 ml [1 tasse] de légumineuses sèches cuites et de 100 g [3 1/2 oz] de tofu)

ESPÈCES	PROTÉINES (g)	GRAS (g)	FIBRES (g)	FER (mg)	CALCIUM (mg)	MAGNÉSIUM (mg)	THIAMINE (mg)	NIACINE (ÉN*)	RIBOFLAVINE (mg)	ACIDE FOLIQUE (µg)
Haricots										
Blancs	15,7	1,2	14,9	5,4	100	90	0,28	4,3	0,14	91
De Lima	16,5	1,2	10,2	6,2	58	ND	0,26	4,4	0,12	91
De soya	20,9	10,8	13,5	5,1	139	ND	0,40	5,0	0,17	117
Doliques à œil noir	13,5	0,8	ND	3,4	45	ND	0,42	3,5	0,11	19
Rouges	15,2	1,0	17,0	4,7	74	88	0,22	4,2	0,12	91
Pois										
Cassés	16,9	0,6	ND	3,6	23	ND	0,32	5,0	0,19	23
Chiches**	15	4	6,1	5,0	85	ND	0,20	3,4	0,11	298
Lentilles										
Entières	16,5	0	7,8	4,4	53	36	0,15	4,3	0,13	71
Tofu	7,8	4,2	ND	1,9	128	ND	0,06	1,5	0,03	ND

Source: Micheline Brault Dubuc et Liliane Caron Lahaie, *Valeur nutritive des aliments*, 1987.

ND: donnée non disponible.
* ÉN: équivalent de niacine.
** Pois chiches, bouillis, égouttés: données tirées de Santé et Bien-être social Canada, *Valeur nutritive de quelques aliments usuels*, 1988.

GUIDE D'ACHAT ET DE CONSERVATION DU TOFU

Achat

Ce que vous achetez, c'est ce que vous mangez. Avec le tofu, pas de pertes d'os et de gras à la préparation ni de «rétrécissement» à la cuisson. Au supermarché, le tofu se vend habituellement emballé sous vide dans un peu d'eau, en formats de 225, 300 et 450 g (1/2, 2/3 et 1 lb). On le retrouve le plus souvent au comptoir des fruits et légumes, des fromages ou des charcuteries. Dans les marchés asiatiques ou les magasins d'aliments naturels, on peut aussi le retrouver en vrac, dans l'eau, pour un peu moins cher. Prévoir 100 g par portion.

Le tofu ferme se tranche et se coupe facilement en cubes pour les soupes, les riz aux légumes, les salades ou les casseroles. Si on veut le réduire en purée ou l'émietter, par exemple pour les desserts ou les soupes-crèmes, il vaut mieux opter pour du tofu mou.

Le tofu est la plupart du temps vendu nature et, pour quelques cents de plus, aux légumes, aux herbes et aux algues.

Puisqu'il se conserve moins de 90 jours, l'emballage doit obligatoirement porter une date «meilleur avant». Vérifiez-la avant d'acheter. Le taux de roulement du tofu peut être bas dans certains magasins. Le tofu ne doit pas dégager d'odeur sure. Sa texture doit être lisse, spongieuse, non visqueuse, ferme mais élastique. Sa couleur blanchâtre doit être uniforme.

Conservation

- Au réfrigérateur: la date «meilleur avant» est valable aussi longtemps que l'emballage n'a pas été ouvert. Réfrigérer le tofu dans son emballage original. S'il est acheté en vrac, le réfrigérer comme le tofu dont l'emballage a été ouvert. Une fois l'emballage ouvert, le tofu se conserve environ une semaine. Le placer dans un contenant de plastique, le recouvrir d'eau fraîche et fermer le couvercle. Réfrigérer en renouvelant l'eau au moins tous les deux jours. Vous avez oublié de changer l'eau? Le tofu a suri? Il se rafraîchira si vous le faites tremper entre 5 et 20 min dans de l'eau bouillante (plus ou moins longtemps selon la grosseur des morceaux). Il serait temps de penser l'utiliser. Plus il vieillit, plus sa saveur s'accentue et sa texture s'affermit.

- Au congélateur: on peut congeler le tofu égoutté directement dans son emballage sous vide, ou sans emballage, dans un sac à congélation sans eau ni air; le laisser décongeler au réfrigérateur. Ne soyez pas surpris, il aura jauni et sa texture sera plus caoutchouteuse et spongieuse. Il absorbera encore plus les saveurs et les sauces.

Chapitre 5

Céréales, pains et pâtes

Le pain et les pâtes font engraisser? La moindre croûte vous laisse un arrière-goût de remords? Savez-vous qu'une tranche de pain (peu importe qu'il soit frais, cuit ou séché), 175 ml (3/4 tasse) de céréales non sucrées prêtes à servir ou cuites, ou 125 ml (1/2 tasse) de riz ou de pâtes cuits fournissent généralement entre 60 et 125 calories, soit autant qu'une pomme ou un œuf?

On semble souvent ignorer que les deux «petites» cuillerées à café de beurre ou de margarine sur le pain ajoutent à elles seules autant de calories que la pauvre tranche au banc des accusés! On oublie également d'additionner 100 calories pour la cuillerée à soupe de beurre à l'ail mélangée discrètement à l'assiette de pâtes. Et si on commençait par couper dans le gras, en gardant à l'esprit que les croissants, les beignes, les chocolatines et les muffins commerciaux (certains de ceux-ci fournissent jusqu'à 800 calories...) contiennent aussi leur ration de gras caché?

Les produits céréaliers sont très économiques et leur rendement nutritionnel est élevé. Ce sont de bonnes sources alimentaires d'énergie sous forme d'amidon, de fibres, de protéines et de nombreux nutriments essentiels: fer, thiamine, niacine, riboflavine, vitamine B_6, acide folique, vitamine E, zinc, cuivre, magnésium. Plein de bonnes choses! À tel point que dans sa récente parution du *Guide alimentaire canadien pour manger sainement*, Santé et Bien-être social Canada en a augmenté sa recommandation quotidienne à 5 à 12 portions. Et pour un rendement maximal en vitamines, minéraux et fibres à prix équivalent, recherchons davantage les produits céréaliers de grains entiers.

Choisir une céréale à déjeuner

Quelle appellation restrictive! Elle pourrait très bien s'appeler «céréale à collation» puisqu'elle peut aussi bien assouvir le petit creux de fin de soirée que se glisser dans la boîte à lunch, le porte-documents ou le sac à main pour une fringale dans la journée. Sa valeur nutritive en fait un substitut intéressant aux chips ou au maïs éclaté à «saveur» de beurre.

Vous la voulez de blé, d'avoine, de maïs, de riz ou, pourquoi pas, d'un peu de tout? Avec ou sans sucre ajouté et/ou huile ajoutée et/ou sel ajouté et/ou BHA ou BHT ajoutés et/ou surprise «gratuite» ajoutée? Sous forme de flocons, de biscuits, de bouchées, de lettres de l'alphabet ou de tortues Ninja? Le choix d'une céréale prête à servir parmi la variété offerte au supermarché peut se terminer en un vrai mal de tête! Une bien mauvaise façon de commencer la journée...

La liste des ingrédients indique quelles composantes sont présentes dans la céréale dans l'ordre décroissant de leur proportion en poids. Cette information est obligatoire sur les emballages des céréales. Le fabricant peut aussi fournir, sous la rubrique «Information nutritionnelle», des renseignements supplémentaires sur la valeur nutritive par portion (généralement 30 g [1 oz]). Ces données sont utiles pour bien connaître ce que l'on achète. Mais encore faut-il savoir comment les utiliser! Quelles sont les composantes auxquelles on devrait porter attention? Dans quelles proportions est-il souhaitable que ces ingrédients convoités ou à éviter s'y retrouvent?

EXERÇONS-NOUS DONC À QUELQUES RÈGLES... DE POLITESSE

Des grains entiers, s.v.p.!

Les céréales de grains entiers apportent à la fois plus de fibres, de vitamines et de minéraux que leurs consœurs raffinées. Lorsque la céréale est composée principalement de grains entiers, le mot «entier» (par exemple, blé entier, farine de blé entier, flocons de blé entier) doit apparaître au tout début de la liste d'ingrédients. Les termes «farine enrichie» ou «farine de blé» désignent de la farine blanche. Également, du son ajouté à de la farine enrichie n'en fait pas pour autant de la farine de blé entier.

Des fibres? Avec plaisir!

Lorsque l'étiquette comporte un tableau d'information nutritionnelle, vérifiez si l'apport en fibres alimentaires par portion (sous la rubrique «Glucides») est indiqué. Un minimum de 2,5 à 3 g de fibres par portion constitue un bon choix.

Une céréale peut être une source très élevée de fibres, sans nécessairement être faite de grains entiers. Eh oui! Les céréales comme All-Bran, 100% Bran, Bran Buds et Fibre 1 sont faites de son, soit la partie du grain la plus concentrée en fibres. C'est pourquoi ces céréales comptent parmi les plus riches en fibres. Elles sont aussi très denses: une portion de 30 g (1 oz) équivaut à 80 ou 125 ml (1/3 ou 1/2 tasse). La plupart des gens (une fois leurs intestins habitués) mangent facilement le double de cette quantité, ce qui leur fournit plus de 20 g de fibres (de nombreux experts recommandent de 25 à 35 g de fibres par jour). Le son de blé et le son de maïs sont de bonnes sources de fibres insolubles; le son d'avoine, et particulièrement le son de psyllium, de fibres solubles. Certaines céréales de son contiennent à la fois des fibres de l'une et de l'autre catégorie.

Du sucre? Non merci!

D'une façon générale, les céréales présucrées, dont la publicité est la plupart du temps destinée aux enfants, et celles qui parlent d'enrobage sucré, de givrage, de miel ou de cassonade fournissent plus de 25 % de sucre et plusieurs, près de 50 %! Cela veut dire qu'entre le quart et la moitié de la céréale que l'on mange (et que l'on paie) est constitué de sucre! On pourrait davantage les classer avec les friandises, d'autant plus que ces céréales-bonbons figurent généralement parmi les plus faibles en fibres et les plus chères...

Un matin que vous vous ennuierez, seul, au déjeuner, mesurez le pourcentage de sucre de votre céréale. C'est simple. Toujours sous la rubrique «Glucides» du tableau d'information nutritionnelle, notez le chiffre vis-à-vis du mot «sucres». Divisez-le ensuite par 30 ou 40 selon le poids en grammes de la portion, puis multipliez par 100. Si le résultat est de moins de 20 % (et que vous ne saupoudrez pas trop généreusement vos céréales de sucre), bravo! Ce maximum de 20 % de sucres équivaut à 6 g de sucres (environ 5 ml [1 c. à café]). Toutefois, lorsque des fruits sont incorporés à la céréale, le poids des sucres comprend également les sucres contenus naturellement dans ces fruits. Il est alors impossible de les départager en lisant l'étiquette. Pour se sentir davantage «en contrôle» (et économiser), on peut privilégier une céréale riche en fibres renfermant au plus 5 à 6 g de sucres et ajouter soi-même ses fruits frais, en conserve ou séchés selon la sélection du matin et la quantité désirée. Ces bons fruits fournissent tout le sucre nécessaire. Pourquoi alors en rajouter?

Du gras non plus!

Par nature, les céréales renferment peu de gras. Mais à toute règle ses exceptions! Certaines céréales, notamment celles de type muesli et surtout granola, peuvent fournir plus de 6 g de gras par portion, soit 20 % du poids. Cette quantité équivaut à une bonne cuillerée à café de beurre ou de margarine. Choisissez de préférence celles qui ne contiennent pas plus de 2 à 2,5 g de gras par portion. Le choix ne manque pas.

Du sel? N'insistez pas!

Certaines céréales fournissent aussi peu que 1 milligramme (mg) de sodium par portion. Par contre, d'autres peuvent fournir plus de 600 mg de sodium par portion! Entre 250 à 275 mg de sodium par portion semble un maximum convenable.

BHA et BHT, c'est vraiment trop!

Les BHA et BHT sont des agents de conservation ajoutés afin de prévenir le rancissement des céréales. Les produits de grains entiers, parce qu'ils contiennent le germe du grain riche en huile, y sont plus sensibles. L'usage de ces additifs est cependant controversé à cause des risques présumés de cancer qui leur sont associés (en particulier le BHA).

Des céréales enrichies? J'ai déjà tout ce qu'il me faut!

Les céréales dites enrichies de certains éléments nutritifs sont habituellement des céréales sèches raffinées ou des céréales à cuire prêtes à servir. Pourquoi donc vous priver des fibres et des autres vitamines et minéraux que contiennent les céréales de grains entiers et que les céréales enrichies ont perdu? Si vos besoins en fer sont importants, une céréale fortifiée en fer, comme la crème de blé, pourra toutefois s'ajouter à votre variété. Même si la crème de blé apporte peu de fibres, une portion fournit presque la quantité de fer requise dans une journée. Les céréales dont une mention spécifie qu'elles sont enrichies sont toutefois à rechercher si, pour une raison ou une autre, on ne choisit pas les céréales de grains entiers.

Gruau instantané, un instant!

Contrairement à ce qu'on peut penser, le gruau à l'ancienne, ordinaire ou à gros flocons (10 à 25 min de cuisson), le gruau rapide (2 1/2 à 5 min) ou le gruau minute (1 min) ont une valeur nutritive comparable. Tous sont faits uniquement de grains d'avoine comprenant le son et le germe. De façon à réduire leur temps de cuisson, les grains d'avoine des gruaux à cuisson rapide et 1 minute sont coupés et roulés plus mince que ceux du gruau à gros flocons. Aucun additif ni sel ni sucre ne leur a été ajouté. On peut facilement interchanger ces types de gruau dans les recettes, sans modifier le temps de cuisson indiqué. Tous se vendent au même prix.

Le gruau prêt à servir (ou instantané) aromatisé renferme du sucre, du gras et du sel ajoutés. Surveillez les étiquettes. Il fournit jusqu'à 18 g de sucres par portion, soit l'équivalent de 20 ml (4 c. à café) de sucre! Son prix est également beaucoup plus élevé (cinq fois), notamment parce qu'il est vendu en sachets individuels. Le gruau instantané ordinaire et aromatisé, contrairement au gruau à cuire, est enrichi de fer et de vitamines du complexe B.

Faites votre propre farine d'avoine en passant du gruau 60 secondes au mélangeur. Une quantité de 375 ml (1 1/2 tasse) de gruau donne 250 ml (1 tasse) de farine. On peut remplacer par de la farine d'avoine jusqu'à un tiers de la quantité de farine de blé requise par une recette. Parce que la farine d'avoine est moins riche en gluten que la farine de blé, les produits de boulangerie ne lèveront pas s'ils en contiennent une proportion plus élevée.

Son et germe, un peu partout!

Son de blé et son d'avoine se vendent préemballés ou en vrac. Utilisés par-ci, par-là dans l'alimentation, ils sont de vrais suppléments de fibres! Ils apportent en prime un complément intéressant de protéines, de vitamines B et de minéraux comme le fer, le magnésium et le cuivre.

Le germe est l'embryon du grain, sa partie la plus riche en éléments nutritifs. En raison de sa teneur élevée en huile, il faut, une fois que l'emballage est ouvert, le conserver au réfrigérateur, dans un contenant hermétique, pour prévenir le rancissement. On peut aussi le congeler et utiliser au besoin la quantité nécessaire. Il garde ainsi mieux sa valeur nutritive. Ces petites mines de protéines, de vitamines B et E, de fer, de magnésium et de zinc s'incorporent, tout comme le son, de l'entrée au dessert...

Gardez un bocal de son dans une armoire à portée de la main et un pot de germe au réfrigérateur. Saupoudrez-en un peu sur vos céréales à déjeuner, salades, soupes, yogourts, purées de fruits et de légumes. Incorporez-en à vos recettes de muffins et autres produits de boulangerie, à vos pains ou boulettes de viande. Ou encore, utilisez-les comme chapelure. Ajouter 125 ml (1/2 tasse) de germe de blé par 375 ml (1 1/2 tasse) de farine de blé entier pour votre croûte de tarte. Pour chaque 250 ml (1 tasse) de farine blanche, remplacer 60 ml (1/4 tasse) de farine par la même quantité de germe de blé. Vous récupérerez ainsi une partie du précieux chargement perdu lors du raffinage de la farine.

Vous pouvez aussi faire votre propre farine de blé entier. Vous obtiendrez 1 kg (2,2 lb) de farine de blé entier en combinant 800 g (28 oz) de farine blanche, 140g (5 oz) de son et 60 g (2 oz) de germe de blé.

Tableau XI
Valeur nutritive* des céréales sèches
(par portion de 30 g [1 oz], sauf indication contraire)

CÉRÉALES	FIBRES (g)	SUCRES (g)	GRAS (g)	SODIUM (mg)
All-Bran (Kellogg's)	10	5,3	0,6	275
Alpen	2,0	10,2	1,6	ND
Alpha Bits (Post)	1,0	12	1,1	158
Balance MultiBran (Nabisco)				
Avec raisins secs et flocons d'avoine**	5,0	11	1,3	170
Régulier**	4,2	4,9	1,5	225
Bouchées d'avoine				
Au miel (Post)	1,5	6,5	1,6	190
Bran Buds (Kellogg's)				
(avec psyllium)	11	8	0,8	210
100 % Bran (Nabisco)	10,1	6,4	0,5	255
Bran Flakes (Kellogg's)	4,4	3,3	0,4	265
Bran Flakes (Post)	5,3	5,1	0,8	190
Cherrios (General Mills)				
MultiGrain	2,5	6,3	1,2	240
Régulier	2,2	0,9	2,3	320
Pommes et cannelle	1,7	10,6	2,4	190
Au miel et aux noix	1,7	10,7	1,4	260
Common Sense (Post)				
Avec raisins et pommes**	4,2	8,4	1,1	260
Son d'avoine et blé entier**	3,4	4,3	0,9	225
Corn Flakes (Kellogg's)	0,8	2,3	0,1	290

ND: donnée non disponible.
* Selon les données fournies sur l'emballage.
** Par portion de 40 g.

Tableau XI
Valeur nutritive* des céréales sèches (suite)
(par portion de 30 g [1 oz], sauf indication contraire)

CÉRÉALES	FIBRES (g)	SUCRES (g)	GRAS (g)	SODIUM (mg)
Croque-avoine				
(Quaker)	2,5	5,7	1,3	190
Croque Nature				
(Quaker)				
Originale	1,8	7,7	6,6	20
Raisins et amandes	1,7	9,4	6,2	17
Recette légère	1,9	10	2,8	37
Cruncheroos (Kellogg's)				
Miel et amandes	1,8	11	1,8	200
Pommes et cannelle	1,8	12	1,0	200
Fibre 1 (General Mills)				
(avec aspartame)	12,7	0,1	1,2	150
Froot Loops (Kellogg's)	0,5	14	0,6	125
Frosted Flakes				
(Kellogg's)	0,5	12	0,1	215
Fruit & Fibre (Post)				
Noix, dattes, raisins**	5,9	10	1,6	215
Pommes et cannelle**	6	10	1,5	197
Honey Comb (Post)	0,2	12	0,6	150
Just Right (Kellogg's)	1,4	6,6	0,8	185
Life (Quaker)	2,8	6,5	1,8	162
Mini Wheats (Kellogg's)				
Givrage ordinaire	3,1	7,7	0,3	5
Müslix (Kellogg's)				
Amandes et pommes**	3,8	6,7	3,3	195

* Selon les données fournies sur l'emballage.
** Par portion de 40 g.

Tableau XI
Valeur nutritive* des céréales sèches (suite)
(par portion de 30 g [1 oz], sauf indication contraire)

CÉRÉALES	FIBRES (g)	SUCRES (g)	GRAS (g)	SODIUM (mg)
Au son avec amandes, Müslix (Kellogg's) dattes, raisins secs, pêches, pommes**	3,9	8,5	1,8	165
Pep (Kellogg's)	3,1	3,6	0,3	205
Raisin Bran** (Kellogg's)	4,6	11	0,4	235
Raisin Bran** (Post)	5,7	12	0,8	180
Raisin Wheats (Nabisco)	2,9	5,7	0,2	11
Rice Krispies (Kellogg's)	0,3	2,9	0,1	310
Riz soufflé*** (Quaker)	0,2	0	0,1	1
Shredded Wheat**** (Nabisco)	3,0	0,2	0,5	3,9
Shreddies (Nabisco)	2,7	4,7	0,2	181
Son d'avoine (Quaker)	3,7	4,2	1,7	111
Son de maïs (Quaker)	5,2	6,5	1,4	261
Special K (Kellogg's)	0,4	2,5	0,2	270
Sugar Crisp (Post)	1,2	13	0,4	35
Triplex (General Mills)	0,6	3,3	0,5	215
Weetabix*****	4,6	1,7	0,7	135

* Selon les données fournies sur l'emballage.
** Par portion de 40 g.
*** Par portion de 15 g.
**** Par portion de 1 biscuit, 25 g.
***** Par portion de 2 biscuits, 35 g.

Tableau XII
Valeur nutritive des céréales à cuire
(par portion de 175 ml [3/4 tasse], cuites)

CÉRÉALES	ÉNERGIE (Cal)	GLUCIDES (g)	FIBRES* (g)	FER (mg)	THIAMINE (mg)	NIACINE (ÉN**)	RIBOFLAVINE (mg)
Crème de blé rapide, enrichie (3 à 4 min)	95	20,1	0,6	11,2	ND	ND	ND
Crème de blé prête à servir, enrichie (1 sachet)	102	21,4	ND	8,1	ND	ND	ND
Gruau «régulier» (10 à 25 min), rapide (2 1/2 à 5min), minute (1 min)	107	18,7	1,5	1,2	0,19	1,3	0,04
Gruau prêt à servir (nature; 1 sachet)	120	20,7	1,5	4,3	0,67	2,3	0,03
Gruau prêt à servir (aromatisé, pomme et cannelle; 1 sachet)	137	26,4	1,5	4,8	0,72	2,4	0,05
Son d'avoine***(1 à 2 min)	62	17,6	ND	1,4	0,25	ND	0,05

Source: Micheline Brault Dubuc et Liliane Caron Lahaie, *Valeur nutritive des aliments*, 1987.

ND: donnée non disponible.

* Les données pour les fibres représentent la portion de fibres insolubles.

** ÉN: équivalent de niacine.

*** Donnée tirée de United States Department of Agriculture, *Composition of Foods: Cereals Grains and Pasta*, Handbook Number 8-20, 1989.

PRIX* DES CÉRÉALES

Les céréales sèches reviennent plus chères que les céréales à cuire. Leur prix varie entre 16 et 36 ¢ par portion suggérée sur l'emballage. Entre le coût réel de la portion consommée et le coût de la portion indiquée sur l'étiquette, il peut cependant y avoir une bonne différence. Calculez le prix de la portion que vous consommez effectivement. La plupart des gens mangent facilement 60 g (1/2 à 2/3 tasse) de céréales denses comme All-Bran, 100 % Bran, Bran Buds et Fibre 1. Le coût de la portion s'élève alors, selon la céréale, entre 35 et 54 ¢. Un seul bol de ces céréales fournit plus de 20 g de fibres.

D'autre part, la portion consommée de céréales plus légères, des flocons par exemple, équivaut davantage à 30 g (3/4 tasse). Le prix par portion est alors de 16 à 28 ¢ pour des céréales peu sucrées comme Bran Flakes, Special K, Corn Flakes ou Rice Krispies. Fait intéressant, les flocons plus riches en fibres comme les Bran Flakes sont moins chers que les Rice Krispies ou les Special K, plus raffinés...

Quant aux céréales sucrées raffinées, le prix de la portion de 30 g (1 oz) varie de 24 à 32 ¢. Elles comptent généralement parmi les choix les plus coûteux, en même temps que parmi les plus riches en sucres et les plus faibles en fibres. Entre le tiers et la moitié du poids de la plupart de ces céréales est constitué de sucre ajouté. Presque toutes fournissent également moins de fibres que le minimum suggéré par portion.

À cause des fruits et des noix ajoutés, les céréales comme Müslix et Fruit & Fibre coûtent plus cher, 34 à 35 ¢ par portion de 40 g suggérée sur l'emballage. Pourquoi ne pas ajouter vous-même des fruits séchés, des noix, des graines ou même de la cassonade, du miel ou du sucre? C'est économique et vous avez un meilleur contrôle sur la quantité ajoutée. Un article publié récemment dans la revue américaine *Nutrition Action*

---

* Prix en vigueur en août 1992, formats et marques économiques, produits préemballés, supermarchés.

affirmait qu'une certaine céréale contenait respectivement plus de sucre et de sel que de miel et de noix, alors que la publicité portait principalement sur ces derniers ingrédients!

Les céréales vendues en formats individuels (10 boîtes) sont encore moins bon marché. Elles reviennent à 46 ¢ par portion. Leur usage devrait être réservé pour le petit déjeuner à l'école, au travail ou en camping.

Le gruau à cuire coûte entre 5 et 6 ¢ par portion de 28 g, cru (175 ml ou 3/4 tasse, cuit). Les gruaux prêts à servir, ordinaire et aromatisé, sont respectivement quatre et cinq fois plus chers, soit 23 ¢ (ordinaire) et 28 ¢ (aromatisé) par portion. Le gruau aromatisé contient aussi beaucoup de sucre (entre 11 et 18 g, soit l'équivalent de 10 à 20 ml [2 à 4 c. à café] par portion) ainsi que du gras et du sel.

Le son d'avoine revient deux fois plus cher que le gruau ordinaire, soit environ 12 ¢ par portion. Il faut dire que seule l'enveloppe du grain est conservée, ce qui contribue à en augmenter le coût.

La crème de blé rapide (3 à 4 min de cuisson) se vend environ 9 ¢ par portion. Par contre, sa version prête à servir, vendue en sachets, coûte 2 1/2 fois plus cher, environ 24 ¢ par portion. Une portion de crème de blé est une excellente source de fer à inclure régulièrement au menu, si vous devez porter une attention particulière à ce nutriment.

Comparez les prix des céréales vendues en vrac avec leur équivalent préemballé. Ils ne sont pas toujours plus bas. En outre, les informations sur le produit et son mode de cuisson sont souvent minces! N'hésitez pas à demander les renseignements souhaités au préposé de ce rayon.

CONSERVATION DES CÉRÉALES

Entreposez les céréales dans un endroit frais et sec (attention aux armoires à proximité de la chaleur et de l'humidité de la cuisinière). Refermez bien l'emballage, ou mieux, transvidez le contenu dans un contenant hermétique. Afin de prévenir le rancissement, il est préférable de conserver les céréales de grains entiers au frigo, si on n'en fait pas une consommation courante.

Découvrir (ou redécouvrir) les grains à cuire

Au cours des dernières décennies, l'arrivée sur le marché d'aliments en provenance de pays étrangers, l'intégration de communautés culturelles diverses et le retour vers une alimentation plus naturelle ont contribué à faire découvrir ou redécouvrir de nouvelles saveurs et possibilités culinaires. Tranquillement, riz, couscous, bulgur, millet et compagnie se sont taillé une place dans l'assiette des Canadiens.

LA PETITE HISTOIRE DU GRAIN DE RIZ...

Riz brun

Au moment de sa récolte, le grain de riz ne possède pas une, mais deux enveloppes. Lorsqu'on enlève au grain sa première couche non comestible, la balle, on obtient le riz brun. Cette variété de riz, de longueurs différentes, comporte donc encore une enveloppe riche en fibres (le son) ainsi que le germe, ce qui en fait la version grain entier du riz. Le son forme une gaine brunâtre autour de la partie blanche du riz (l'amande). Cette gaine confère au riz brun sa texture croquante et son goût de noix, et exige un temps de cuisson plus long comparativement au riz blanc. La présence du germe, riche en huiles polyinsaturées, oblige à conserver le riz brun au frigo, afin de prévenir le rancissement. Le son et le germe qu'il contient en fait un aliment riche en fibres, en vitamines B et E, et en minéraux comme le fer, le magnésium, le cuivre et le zinc. Il est une bonne source de glucides complexes et de protéines.

Riz blanc

C'est en retirant le son et le germe du riz brun qu'apparaît le riz blanc, mais que disparaît une bonne partie des fibres, des vitamines et des minéraux du grain entier. L'endosperme (l'amande du grain) étant à nu, le riz blanc est cependant plus rapide à cuire. Tout comme le riz brun dont il est dérivé, le riz blanc existe en différentes longueurs. On le polit, généralement, pour le débarrasser de sa farine de surface.

Riz glacé

C'est du riz blanc poli et enrobé de silicate de magnésium et de glucose qui lui donnent une apparence lustrée.

QUELQUES VARIANTES DE L'INDUSTRIE...

Riz blanc converti (étuvé)

... celui qui ne colle pas!

À ses débuts, la transformation du riz en riz converti (*converted*) ou étuvé (*parboiled*) avait pour but d'empêcher les grains de riz cuit de coller. Puis, on s'est rendu compte que le traitement augmentait la valeur nutritive du riz étuvé par rapport au riz blanc.

Le procédé est le suivant: les grains de riz non décortiqués sont trempés dans l'eau chaude. On les soumet ensuite à la vapeur pendant quelques minutes (l'étuvage). On les fait sécher, puis on leur enlève les deux enveloppes et le germe. Les grains ainsi traités sont d'apparence légèrement translucide, mais ils blanchissent à la cuisson.

Le riz converti s'est appauvri de ses fibres en perdant le son. Il a heureusement retenu une partie des vitamines et minéraux du son et du germe avant que ces derniers ne soient retirés. Miracle? Pas tout à fait. L'étuvage permettrait à l'amande d'absorber une certaine quantité d'éléments nutritifs du son et du germe. La couche de surface formée viendrait ensuite sceller le tout et limiterait ainsi la fuite des précieux nutriments dans l'eau de cuisson. Le riz blanc étuvé ne contient pas plus de fibres que le riz blanc ordinaire, mais renferme davantage de vitamines et de minéraux. Bien qu'il ne remplace pas le riz brun, il constitue, pour quelques sous de plus par portion, un choix plus avantageux que le riz blanc ordinaire.

Riz blanc instantané

On l'appelle aussi riz blanc précuit, minute ou à cuisson rapide. Essentiellement, il s'agit de riz blanc préalablement cuit à l'eau ou à la vapeur, puis déshydraté de façon que son temps de cuisson soit réduit. Parce qu'il a subi plus de transformations, il coûte plus cher que les riz brun ou blanc ordinaires, et même que le riz blanc étuvé.

Le riz instantané est souvent enrichi de fer et de vitamines du complexe B pour compenser en partie les pertes subies lors de sa fabrication. Malgré cela, à moins d'en être à quelques minutes près, sa valeur nutritive et son prix n'en font pas le meilleur choix. Les amateurs de riz lui reprochent aussi son apparence sèche et sa saveur (ou plutôt, son manque de saveur). Bref, pensez-y «au moins 5 minutes» avant de l'acheter!

Riz brun converti (prêt en 25 minutes)

Le riz brun converti ou prêt en 25 minutes est obtenu selon le même procédé que le riz blanc converti, à cette différence qu'on ne le débarrasse pas du son ni du germe après l'étuvage et le séchage des grains. Ce traitement permet de réduire son temps de cuisson à 25 min.

Selon le fabricant, la valeur nutritive du riz brun converti se comparerait à celle du riz brun ordinaire, mais sa teneur en fibres serait légèrement inférieure. Outre de réduire le temps de cuisson, l'étuvage aurait également l'avantage d'accroître le temps de conservation du riz brun en inactivant (par la chaleur du traitement) les substances qui provoquent le rancissement des huiles du germe. Son prix est évidemment plus élevé à cause du traitement subi chez le fabricant.

Riz brun instantané

Pour les gens pressés, mais soucieux de leur alimentation, les fabricants ne sont pas à bout de ressources! Ils proposent une troisième version de riz brun qui bat tous les records de vitesse de cuisson pour ce type de riz: le riz brun instantané. Comme le riz blanc instantané, il est précuit puis séché pour réduire son temps de cuisson. Au lieu des 45 min requises pour cuire le riz brun ordinaire, il ne nécessite que 5 min de cuisson suivies de 5 min de repos. Tout comme le riz blanc instantané, il coûte plus cher par portion que sa version ordinaire ou convertie. (Plus le fabricant en fait pour vous, plus il en va ainsi.) Comparativement aux riz blancs, le riz brun instantané demeure encore un meilleur choix sur le plan nutritif. Mais si vous êtes déjà adepte du riz brun, le riz brun ordinaire (et même encore le riz brun converti) est de loin le choix le moins cher et le plus avantageux... sauf si le facteur temps est «vraiment» incontournable.

Riz instantané assaisonné

Les préparations de riz instantané assaisonné sont pour la plupart faites de riz blanc converti ou instantané. Quant aux grains de riz sauvage ou aux morceaux de légumes, on peut presque les compter! La plupart contiennent entre 400 et 800 mg de sodium par portion de 125 ml (1/2 tasse) (à multiplier par le nombre de portions de cette taille que vous consommez). Certaines d'entre elles en contiennent plus de 1200 mg, l'équivalent de 2 ml (1/2 c. à café) de sel par portion. À la limite, n'utilisez chaque fois que la moitié du sachet d'assaisonnements, ce qui réduira de moitié la quantité de sel ajouté et le prix. (La prochaine fois, ajoutez l'autre moitié à du riz que vous aurez fait cuire vous-même.)

Le riz a l'avantage de ne contenir naturellement que peu de gras. En plus des quantités souvent déjà incorporées au mélange, le mode d'emploi indique la plupart du temps d'ajouter du beurre, de la margarine ou de l'huile, des ajouts qui peuvent représenter plus de 12 ml (2 1/2 c. à café) de gras par portion. (Vous pouvez très bien ne pas en ajouter.) Tout ça pour 30 à 44 ¢ par portion de 125 ml (1/2 tasse).

QUELQUES VARIANTES DE LA NATURE...

Riz sauvage

Du point de vue de la botanique, on ne peut pas dire que le riz sauvage soit un riz. Il est la graine d'une longue herbe aquatique originaire d'Amérique du Nord. Ses grains brun foncé, longs (1 à 2 cm [1/2 à 1 po]) et fins ajoutent un peu d'exotisme et de croquant aux plats. Son goût de noisette accompagne à merveille le gibier et la volaille. C'est un riz très riche en fibres et qui possède une grande valeur nutritive.

Si vous n'avez pas l'habitude d'utiliser le riz sauvage, commencez par l'incorporer au riz blanc ou brun dans une proportion de 1/5 pour 4/5. Selon votre goût, vous pourrez augmenter éventuellement à 1/2-1/2. Des amandes effilées, des raisins secs, des champignons et de l'oignon sautés, et vous serez conquis!

Riz basmati

Il est originaire du nord de l'Inde. C'est un riz blanc parfumé, à la texture plus floconneuse.

Riz à grains longs, moyens ou courts?

Le riz à grains longs est le plus consommé en Amérique du Nord. Ses grains se détachent plus facilement les uns des autres. On l'utilise également dans les préparations qui nécessitent un riz peu collant, notamment le pilaf.

Le riz à grains courts est collant. Son contenu plus élevé en glutine (une substance féculente) en est responsable. Si vous avez déjà essayé de manger avec des baguettes, vous comprendrez pourquoi il est le favori des Orientaux. On l'emploie dans les plats où cette qualité est un atout: le risotto, les poudings au riz, les farces, les croquettes, les mets orientaux, etc.

Tableau XIII
Valeur nutritive du riz
(par portion de 125 ml [1/2 tasse], cuit)

RIZ	ÉNERGIE (Cal)	FIBRES (g)	FER (mg)	THIAMINE (mg)	NIACINE (ÉN*)	RIBOFLAVINE (mg)
Riz blanc (grains courts)	101	0,3	0,2	0,02	0,7	0,01
Riz blanc converti (grains longs)	90	0,3	0,2	0,02	0,7	0,01
Riz blanc instantané**	128	0,01	0,1	0,01	0,5	0,01
Riz brun	107	1,1	0,5	0,08	1,7	0,02
Riz sauvage***	83	ND	0,5	0,04	ND	0,07

Source: Santé et Bien-être social Canada. *Valeur nutritive de quelques aliments usuels.* 1988.

ND: donnée non disponible.

* ÉN: équivalent de niacine.

** Cuit avec beurre et sel.

*** Donnée tirée de United States Department of Agriculture,
Composition of Foods: Cereals Grains and Pasta, Handbook Number 8-20, 1989.

PRIX* DU RIZ

Le riz sauvage et le riz basmati coûtent plus cher que les riz brun et blanc ordinaires, respectivement 34 ¢ et 15 ¢ par portion de 125 ml (1/2 tasse), cuits. Le coût du riz sauvage est en réalité moindre par portion puisqu'on le mélange à du riz blanc ou brun et qu'on y incorpore souvent des légumes.

Les prix des riz blanc et brun ordinaires sont comparables (5 ¢ et 6 ¢ par portion respectivement), mais il va de soi que la valeur nutritive supérieure du riz brun en fait un meilleur investissement. Le riz brun converti (13 ¢ par portion) et, plus encore, le riz brun instantané (25 ¢ par portion) sont nettement plus chers que le riz brun ordinaire. Mais, lorsque l'économie de temps n'a pas de prix...

Les procédés de fabrication plus complexes des riz étuvé (8 ¢ par portion) et instantané (10 ¢ par portion) expliquent leur coût plus élevé par rapport au riz blanc (5 ¢ par portion). La concentration supérieure en vitamines et minéraux du riz étuvé en fait néanmoins, pour les inconditionnels du riz blanc, l'option la plus intéressante. Quant au riz instantané assaisonné, son prix varie entre 30 et 44 ¢ par portion. Associé à un apport non nécessaire en sel et en gras, son coût élevé devrait servir d'incitatif pour inventer ses propres combinaisons aromatiques, ajouter soi-même légumes ou riz sauvage et, bien sûr, omettre sel et gras de la recette.

---

* Prix en vigueur en août 1992, formats et marques économiques, produits préemballés, supermarchés.

Tableau XIV
Cuisson du riz

Riz	VOLUME DE LIQUIDE PAR VOLUME DE RIZ	RENDEMENT	DURÉE
Riz brun	2 1/2 volumes	3 fois	45 min
Riz brun converti	3 volumes	2 1/2 fois	25 min
Riz brun instantané	1 volume	1 1/5 fois	5 min + 5 min repos
Riz blanc	2 volumes	3 fois	15 min + 2 min repos
Riz blanc converti	2 volumes	3 fois	20 min
Riz blanc instantané	1 volume	1 1/2 fois	5 min repos
Riz sauvage*	3 volumes	4 fois	30 à 40 min

* Pour attendrir ses grains, on peut faire tremper le riz sauvage toute une nuit ou 1 h après l'avoir fait bouillir 5 min.

Mettre les grains de riz brun dans une passoire et les rincer sous l'eau froide courante. Les autres riz sont nettoyés au cours de leur transformation; leur nettoyage devient moins nécessaire et peut éliminer une partie des éléments nutritifs.

Pour tous les riz, n'employer que la quantité d'eau qui sera absorbée. Faire bouillir et y ajouter les grains. Couvrir et laisser frémir (une forte ébullition fait éclater les grains) jusqu'à absorption du liquide. Éviter de brasser (à moins d'aimer le riz collant). Découvrir un peu avant la fin de la cuisson s'il reste un surplus d'eau. Ne pas rincer après cuisson pour limiter les pertes de nutriments.

Pour varier, on peut remplacer l'eau par un bouillon de légumes, de viande, de volaille ou de poisson, un jus de légumes ou un jus d'orange. On peut aussi ajouter des fines herbes de son choix, une feuille de laurier ou une gousse d'ail.

LES NÉGLIGÉS

Bulgur

Le bulgur (ou boulgur, boulghour et autres variantes orthographiques) prend la forme de petits grains brunâtres de grosseur variable. Il est produit de grains de blé entier préalablement trempés, cuits à la vapeur (étuvés) ou sous pression, séchés, puis concassés. Le procédé élimine une partie du son, mais l'étuvage permet d'en conserver des éléments nutritifs. Le bulgur est particulièrement riche en fer et en niacine.

On confond souvent le blé concassé et le bulgur, alors que celui-ci a subi une précuisson qui raccourcit son temps de cuisson de moitié. On peut toutefois les interchanger dans les recettes. Par exemple, le taboulé, un mets libanais, est une salade à base de bulgur, de tomate, d'oignon vert, de persil et de menthe.

Le bulgur peut être consommé comme le riz: en accompagnement au plat principal, dans les plats en casserole, les soupes, les salades, les croquettes et les desserts. On peut aussi s'en servir pour allonger les viandes hachées dans les pains de viande ou les boulettes.

Couscous

Le couscous est proche parent du bulgur. Ses granules jaunâtres proviennent de grains de blé dur précuits et concassés. Cependant, les grains ont été débarrassés du son et du germe, ce qui en fait une céréale raffinée. Le couscous ressemble à la semoule, à la différence que sa mouture est plus grosse. On appelle aussi couscous le plat traditionnel d'Afrique du Nord fait de cette céréale, de viandes, de légumes et de pois chiches.

On le consomme comme le riz et le bulgur.

Millet

Ses petits grains ronds et dorés ont un emploi bien connu dans la célèbre tourtière au millet. Le millet compte parmi les céréales les plus nutritives. Sa saveur douce en fait un excellent substitut au riz dans les desserts. Sa valeur nutritive élevée permet également de le substituer avantageusement au couscous dans le plat du même nom.

On l'emploie également dans les soupes, les salades, les croquettes, les farces, les tourtières et les ragoûts.

Orge

On distingue l'orge mondé et l'orge perlé. L'orge mondé correspond à la version grain entier de la céréale. Sa teneur en fibres et en niacine est particulièrement élevée. Ses grains sont plutôt ovales et blanchâtres. L'orge perlé a perdu le son et le germe et, par conséquent, une bonne partie de ses fibres et de sa valeur nutritive.

On les utilise comme le riz et le bulgur.

Sarrasin

Souvent appelé «blé noir», on considère le sarrasin comme une céréale, alors qu'il est en fait le fruit d'une plante de la même famille que la rhubarbe. Ses grains lustrés en forme de pyramide sont brun foncé. Il est très riche en fibres et en thiamine.

On trouve sur le marché le sarrasin rôti appelé «kasha» et le sarrasin non rôti. Le premier possède une saveur de noisette et une couleur foncée. Il accompagne bien les viandes, les abats et le gibier, et s'incorpore dans les ragoûts et les farces. La saveur du sarrasin non rôti est plus douce. De ce fait, on l'utilise davantage avec la volaille, le poisson et le veau, dans les desserts et les soupes. Cuit avec du riz blanc, le sarrasin donne à ce dernier une saveur particulière.

La couleur de la farine est un bon indice de sa valeur nutritive. La farine de sarrasin foncée (de couleur grise) est plus nutritive et de saveur plus prononcée que la farine pâle, plus raffinée. On utilise la farine de sarrasin dans la préparation des crêpes. On doit cependant la mélanger avec de la farine de blé dans les produits de boulangerie puisque, ne contenant pas de gluten, elle ne permet pas à la pâte de lever.

Seigle

Le seigle ressemble au blé, à la différence que ses grains sont plus longs, plus foncés et de saveur plus prononcée. Sa farine entre dans la fabrication du pain allemand pumpernickel, foncé, lourd et au goût accentué.

Comme la farine de seigle est faible en gluten, on la mélange généralement avec de la farine de blé (environ un volume de farine de seigle pour deux de farine de blé) pour permettre aux produits de boulangerie de lever.

Tableau XV
Valeur nutritive des grains à cuire
(par portion de 125 ml [1/2 tasse], cuits)

GRAINS	ÉNERGIE (Cal)	PROTÉINES (g)	FIBRES* (g)	FER (mg)	THIAMINE (mg)	NIACINE (mg)	RIBOFLAVINE (mg)
Bulgur	76	2,8	0,32	0,9	0,05	0,91	0,03
Couscous	101	3,4	0,12	0,4	0,06	0,89	0,02
Millet	143	4,2	0,44	0,8	0,13	1,60	0,10
Orge perlé	97	1,8	0,18	1,1	0,07	1,63	0,05
Sarrasin rôti	91	3,4	0,52	0,8	0,04	0,93	0,04

Source: United States Department of Agriculture, *Composition of Foods: Cereals Grains and Pasta*, Handbook Number 8-20, 1989.

* Les données pour les fibres sont exprimées en fibres brutes.

Tableau XVI
Cuisson des grains à cuire
(Pour le riz, voir le tableau XIV en page 180)

GRAINS	VOLUME DE LIQUIDE PAR VOLUME DE GRAINS	RENDEMENT	DURÉE
Bulgur*	2 volumes	3 fois	10 à 15 min
Couscous*	2 volumes	3 fois	5 min
Millet**	2 volumes	4 fois	20 à 25 min
Orge mondé	4 volumes	4 1/2 fois	90 min
Sarrasin***	2 volumes	4 fois	5 à 15 min
Seigle****	2 1/2 volumes	2 1/2 fois	45 min

* On peut aussi cuire les grains à la vapeur ou les laisser tremper dans l'eau bouillante qu'on aura versée sur les grains.

** Avant la cuisson à l'eau, on peut rôtir les grains à feu modéré dans un peu d'huile (5 ml [1 c. à café] par 250 ml [1 tasse] de millet) jusqu'à ce qu'ils soient dorés. Ils prennent ainsi une agréable saveur de noisette.

*** Avant la cuisson à l'eau, mélanger les grains avec de l'œuf battu (1 œuf par 250 ml [1 tasse] de sarrasin). Faire sauter ensuite sur un feu modéré pendant 2 à 3 min. Ajouter le liquide bouillant et cuire. L'albumine de l'œuf empêche les grains de coller en formant autour d'eux une couche.

**** Tremper au préalable toute la nuit dans deux fois son volume d'eau, puis jeter l'eau de trempage.

Tout comme la farine de sarrasin, la farine de seigle foncée a une plus grande valeur nutritive que la farine pâle parce qu'elle contient plus de germe et de son. On peut l'utiliser dans les pâtés, les muffins et les pains d'épices.

CUISSON DES GRAINS À CUIRE

Mettre les grains dans une passoire et rincer à l'eau froide. Ajouter à l'eau bouillante, couvrir et laisser mijoter à feu doux jusqu'à l'absorption du liquide. Éviter de brasser (voir Tableau XVI, p. 185).

CONSERVATION DES GRAINS À CUIRE

Les grains crus se conservent bien plusieurs mois dans un contenant de verre ou de plastique hermétique placé dans un endroit frais et sec. À cause du germe, le riz brun, le bulgur, le blé concassé, les grains entiers et leur farine se conservent plus longtemps au réfrigérateur. Le froid limite également la destruction de la vitamine E.

Les grains cuits se conservent sans eau quelques jours au réfrigérateur. Ils se congèlent bien de six à huit mois dans des sacs à congélation ou à cuisson au micro-ondes.

Le riz et le bulgur (les pâtes alimentaires également) cuits se congèlent bien en portions individuelles. Vous êtes pressé? Percez ou entrouvrez le sac et réchauffez au micro-ondes à puissance maximale sans décongeler au préalable. On peut aussi dégeler le riz à feu doux dans un chaudron couvert en ajoutant environ 30 ml (2 c. à soupe) d'eau par 250 ml (1 tasse) de riz.

Farines et pains d'énergie

BLÉ DUR, BLÉ MOU, À CHACUN SON USAGE

Les grains de blé dur sont longs et pointus, alors que ceux de blé mou (blé tendre) sont courts, gros et parcourus d'une dépression sur la longueur. Le blé dur contient une plus forte proportion de protéines que le blé mou.

La plupart des protéines du blé forment en présence d'eau une masse élastique appelée gluten. C'est le gluten qui permet à la pâte de lever. Les filets de gluten s'étirent, puis se solidifient en cuisant, formant ainsi la structure du produit fini. Là où cette structure est requise, dans le pain par exemple, on utilise des farines de blé dur. Lorsque la tendreté est souhaitée, comme en pâtisserie, les farines de blé mou conviennent mieux parce qu'elles renferment moins de protéines.

Plus on bat ou pétrit la pâte, plus le gluten se développe et rend la structure plus forte. Le produit fini est alors plus ferme. Cette action est essentielle au pain, mais elle est moins souhaitable pour les muffins et les gâteaux. C'est pourquoi on évite de trop mélanger la pâte.

QUELQUES FARINES SUR LE MARCHÉ...

Farine tout usage

La farine tout usage est une farine blanche faite de diverses variétés de blé dur ou de blé mou, ou d'un mélange des deux. Alors que la farine de blé entier renferme 14 % de protéines (au moins 12 %), la farine tout usage en contient 11 %.

Comme son nom l'indique, elle convient à tout. À ce titre, la farine de blé entier pourrait aussi porter la même appellation! La farine tout usage renferme suffisamment de protéines pour convenir à la fabrication du pain, mais pas trop pour nuire à la confection des gâteaux et des muffins.

On évite toutefois de trop mélanger la pâte de ces derniers pour en préserver la tendreté.

Lorsqu'on suggère de la farine à pâtisserie dans une recette et que vous n'avez sous la main que de la farine tout usage, soustrayez 15 ml (1 c. à soupe) par 250 ml (1 tasse) de farine, puis tamiser. Le produit obtenu est ainsi plus léger.

Farine à pain

La forte teneur en protéines de la farine à pain en fait la préférée des boulangers. Comme spécialistes, ceux-ci possèdent l'équipement et la technique qui permettent d'en faire un pain de qualité. C'est une farine granuleuse, faite d'un mélange de farines de blé dur.

Farine graham

La farine graham est une farine blanche additionnée de son et d'autres constituants du grain de blé. Elle contient toutefois rarement le germe. Dans le commerce, on l'utilise souvent avec de la farine blanche dans la fabrication du pain. La couleur du produit fini peut alors être bise. Ne vous y fiez donc pas pour en déduire qu'il s'agit d'un pain fait à 100 % de farine de blé entier. Lisez plutôt l'étiquette (voir «Pain brun égale pain de blé entier?», p. 191).

Farine à pâtisserie

La farine à pâtisserie est obtenue le plus souvent du blé mou. Elle renferme entre 7 et 10 % de protéines. Cette farine à la granulation fine convient à merveille à la fabrication des gâteaux, des tartes, des biscuits et autres pâtisseries.

Tableau XVII
Valeur nutritive des farines, du son et du germe
(par 250 ml [1 tasse] de farine et par 15 ml [1 c. à soupe] de germe ou de son)

PRODUITS	ÉNERGIE (Cal)	PROTÉINES (g)	FIBRES (g)	FER (mg)	THIAMINE (mg)	NIACINE (ÉN*)	RIBOFLAVINE (mg)
Farine de blé entier	423	17	11,3	4,2	0,70	8,6	0,15
Farine tout usage	484	14	3,9	5,2	0,63	8,4	0,40
Farine à gâteau	415	9	3,3	4,4	0,54	6,6	0,34
Germe de blé	25	2	ND	0,7	0,14	0,6	0,05
Son de blé	6	trace	1,2	0,4	0,02	0,7	0,01

Source: Santé et Bien-être social Canada, *Valeur nutritive de quelques aliments usuels*, 1988.

ND: donnée non disponible.

* ÉN: équivalent de niacine.

Farine à gâteau

La farine à gâteau présente une texture encore plus fine que la farine à pâtisserie, presque satinée. Elle est obtenue du blé mou. Sa teneur en protéines est faible. Lorsqu'elle remplace la farine tout usage dans une recette, en ajouter 25 ml (2 c. à soupe) de plus par 250 ml (1 tasse) de farine tout usage demandés.

Farine préparée

La farine préparée est une farine blanche dans laquelle on a déjà incorporé (histoire de vous faire gagner du temps!) le sel et l'agent levant, généralement de la poudre à pâte (bicarbonate de sodium et phosphate monocalcique). Elle contient l'équivalent de 7 ml (1 1/2 c. à café) de poudre à pâte et 2 ml (1/2 c. à café) de sel par 250 ml (1 tasse) de farine.

Farine «enrichie», pain blanc «enrichi», pour en avoir plus encore?

Les termes «farine» et «farine enrichie» sur l'étiquette signifient que la farine a été débarrassée du son et du germe (raffinée), puis enrichie de fer, de thiamine, de niacine et de riboflavine dans des proportions prescrites par la loi. Au Canada, toute la farine blanche est enrichie, aussi bien celle qu'on achète à l'épicerie que celle qui entre dans la fabrication des pains et des produits de boulangerie commerciaux.

Ces quatre éléments nutritifs doivent être ajoutés à la farine pour compenser les pertes en vitamines et minéraux occasionnées par l'extraction du son et du germe. Une compensation toutefois partielle puisque d'autres nutriments d'intérêt, comme le zinc et le cuivre, sont également contenus dans le son et le germe et, par conséquent, éliminés lorsque ces composantes sont retirées. Rien ne remplace donc les bons grains entiers que mère Nature nous a concoctés!

Le pain blanc enrichi (comme le pain blanc tout court) est fait uniquement de farine blanche enrichie, toute la farine blanche au Canada étant forcément enrichie. Le pain blanc enrichi a de plus été additionné de poudre de lait ou de petit-lait.

Farine de blé «entier» et farine de blé, un petit mot qui en dit long!

Vous recherchez un produit de blé «entier»? Rien de tel que de vous assurer que ce mot apparaît bien dans la liste d'ingrédients (et surtout, parmi les premiers ingrédients). Farine de «blé» ne signifie pas nécessairement farine de «blé entier». Même débarrassée du son et du germe, la farine demeure toujours faite de blé! De même, du son ajouté à la farine enrichie n'en fait pas pour autant une farine de blé entier.

Il est préférable de conserver la farine de blé entier au réfrigérateur pour empêcher le rancissement de l'huile du germe et la destruction de la vitamine E qu'il renferme. On peut également la congeler dans un sac de papier.

Dans les recettes de produits de boulangerie, une bonne habitude à prendre est de remplacer la moitié de la quantité de farine blanche par de la farine de blé entier. On enlève toutefois 15 ml (1 c. à soupe) de farine de blé entier par 250 ml (1 tasse). On peut généralement augmenter la proportion de farine de blé entier, mais il est conseillé, après chaque expérience, d'observer la texture du produit. Comme le son réduit la résistance du gluten, il est normal que la consistance d'un produit de boulangerie à 100 % de farine de blé entier soit un peu plus lourde et que le volume soit légèrement inférieur.

PAIN BRUN ÉGALE PAIN DE BLÉ ENTIER?

Pas nécessairement. Le pain brun ou pain bis est, comme son nom l'indique, coloré brun, soit par de la farine de blé entier, ou par de la farine graham, du son, de la mélasse et/ou du caramel. La loi exige que soit indiqué de façon visible, sur la face principale de l'emballage, l'agent colorant. À vous de vérifier ce qui se cache sous la couleur...

DU PAIN DE BLÉ ENTIER,
OUI, MAIS DANS QUELLE PROPORTION?

Lorsque le fabricant mentionne sur l'emballage que son pain est «de blé entier», la proportion de farine de blé entier qu'il contient peut varier entre 60 et 100 %, le reste étant constitué de farine blanche. Le pourcentage en question doit être clairement indiqué (par exemple, pain à 60 % de blé entier, à 80 % ou à 100 %). Un indice à rechercher.

LES PAINS SANS AGENT DE CONSERVATION ET SANS ADDITIF,
MYTHE OU RÉALITÉ?

Les agents de conservation ne sont qu'une des nombreuses classes d'additifs. Un pain portant la mention «sans agent de conservation» n'est donc pas forcément «sans additif». Dans la même veine, un pain «sans additif» pourrait bien en contenir si le boulanger emploie de la farine, du shortening ou du sel dans lesquels ses fournisseurs en ont peut-être, eux, ajoutés. Qui sait?

PARCE QUE VOUS N'ÊTES PAS NÉ POUR UN P'TIT PAIN...

Le pain pumpernickel est un pain allemand à base de farine de seigle. Il est foncé, lourd et à saveur prononcée.

Le pain pita est originaire du Moyen-Orient. C'est un pain non levé, fabriqué de farine de blé. On en trouve sur le marché à base de farine blanche, de farine blanche à laquelle du son d'avoine a été ajouté, et à 100 % de farine de blé entier. Coupez-les en pointes et substituez-les aux chips pour les trempettes ou aux craquelins pour les canapés. Servez-vous-en comme pâte à pizza. Pour une variante, étendez-y de la sauce à la viande épicée, puis roulez.

Le pain à six, sept, neuf (qui dit mieux?) grains permet, pour les indécis, de varier dans un même pain les propriétés nutritives et les saveurs de chacune des céréales.

Le pain de blé concassé ajoute un peu de croquant sous la dent.

Le pain blanc enrichi en fibres permet aux mordus du pain blanc d'en retrouver le goût, la texture et la couleur en augmentant leur consommation de fibres. Parce qu'il est additionné d'écales de pois ou de haricots secs pulvérisés, il fournit autant de fibres que le pain à 100 % de blé entier. La source des fibres n'est toutefois par la même. Dans le cas du pain de blé entier, c'est le son qui apporte la presque totalité des fibres. La valeur nutritive du pain enrichi en fibres demeure avant tout celle d'un pain blanc.

Le pain léger blanc ou à 60 % de blé entier fournit environ le tiers moins de calories qu'une tranche de pain ordinaire de même poids, soit 40 calories par tranche de 22 g. Tout comme le pain blanc enrichi en fibres, il est additionné de fibres de légumineuses, ce qui augmente sa densité et sa teneur en fibres sans contribuer significativement à l'apport en calories.

Le pain à 100 % de blé entier enrichi en fibres est conçu pour les amateurs de fibres. Il en fournit deux fois plus que le pain à 100 % de blé entier. Des fibres de légumineuses s'ajoutent à celles de la farine de blé entier et doublent l'apport total en fibres du pain.

Le pain au muesli, aux fruits, aux raisins ou aux noix, est pour ceux qui veulent plus d'un pain.

Tableau XVIII
Valeur nutritive du pain

PAINS	ÉNERGIE (Cal)	FIBRES (g)	FER (mg)	THIAMINE (mg)	NIACINE (ÉN*)	RIBOFLAVINE (mg)
Bagel (9 cm diam.) (1/2) (34 g)	100	0,4	0,8	0,10	1,7	0,08
Blanc (1 tr. 28 g)	76	0,4	0,7	0,08	1,2	0,05
Blé concassé (1 tr. 25 g)	66	1,0	0,6	0,06	1,1	0,05
Blé entier (60 %) (1 tr. 25 g)	63	ND	0,8	0,07	1,1	0,05
Blé entier (100 %) (1 tr. 25 g)	61	1,4	0,8	0,06	1,2	0,03
Croissant (1 de 57 g)	235	ND	1,9	0,13	2,0	0,10
Muffin anglais (1/2) (28 g)	70	ND	0,8	0,10	1,4	0,07
Pita blanc (16,5 cm diam.) (1/2) (30 g)	83	0,3	0,7	0,10	1,5	0,05
Pumpernickel (seigle foncé; 1 tr. 32 g)	79	1,0	0,8	0,07	1,0	0,05
Aux céréales (1 tr. 25 g)	65	0,9	0,7	0,07	1,2	0,07
Aux raisins (1 tr. 25 g)	66	0,6	0,7	0,07	0,8	0,05

Source: Santé et Bien-être social Canada, *Valeur nutritive de quelques aliments usuels*, 1988.

ND: donnée non disponible.

* ÉN: équivalent de niacine.

PRIX* DU PAIN

Les prix du pain devraient être comparés en fonction du poids plutôt que du nombre de tranches. L'épaisseur des tranches est un phénomène fluctuant d'une marque à une autre, et fait varier le poids de la tranche entre 22 et 32 g. Un pain tranché plus mince (offrant un plus grand nombre de tranches pour le même poids) peut vous donner l'impression d'en avoir plus pour votre argent, alors que la valeur nutritive de la tranche s'en trouve en même temps... amincie.

Le prix du pain blanc et celui du pain à 100 % de blé entier sont comparables, soit habituellement environ 6 ¢ la tranche de 25 g. Pourquoi alors se priver de la valeur nutritive et du bon goût du pain de blé entier?

CONSERVATION DU PAIN

La date suivant la mention «meilleur avant» indique que jusqu'à ce jour le pain aura conservé toute sa fraîcheur. Le pain gardé au frigo devient rassis plus rapidement qu'à température ambiante.

Le pain se conserve bien deux mois au congélateur s'il est enveloppé dans un second emballage de plastique. Profitez des aubaines et faites provision d'une variété de pains. Et dégelez une à une les tranches selon l'humeur du matin...

---

* Prix en vigueur en août 1992, formats et marques économiques, pains tranchés, supermarchés.

Les pâtes alimentaires

De toutes les formes et de toutes les couleurs, les pâtes permettent de varier les présentations à l'infini. Leur saveur neutre est un atout puisqu'on peut avec autant de succès les combiner avec des sauces tomate, béchamel ou au fromage, de la viande, du poisson, des fruits de mer, des légumineuses, du tofu ou des légumes. Elles sont délicieuses chaudes ou froides, en entrée, dans une soupe, en accompagnement, comme plat principal, et même comme dessert. Elles sont de plus économiques, très digestibles, faciles à mastiquer et généralement prisées par toute la famille. *Mamma mia...*

COMPOSITION ET VARIÉTÉS DE PÂTES

Les pâtes de meilleure qualité sont fabriquées de semoule (fines particules obtenues par mouture du grain de blé) ou de farine d'une variété de blé dur (blé à haute teneur en protéines), très vitreux, appelé «blé durum». L'emploi de blé durum permet à la pâte de mieux résister à la cuisson. Elle reste plus ferme et devient moins collante que la pâte de blé mou.

Au blé, on ajoute de l'eau et souvent, des œufs, des fines herbes ou des légumes (tomates, épinards, betteraves, carottes, etc.). Attention aux pâtes dont la couleur est obtenue par un colorant plutôt qu'un légume. Certaines épiceries (les épiceries asiatiques en regorgent) proposent des variantes à base de farine de riz ou de haricots mungos. Les pâtes sont la plupart du temps enrichies de vitamines B (thiamine, niacine et riboflavine) et parfois de fer. L'étiquette renseigne sur leur composition exacte.

On trouve maintenant au supermarché des pâtes de blé entier et, pourquoi pas, des pâtes blanches enrichies en fibres ou en protéines. Les pâtes aux fibres sont fabriquées selon le même principe que le pain blanc enrichi en fibres. On ajoute aux pâtes enrichies en protéines un concentré protéique de petit-lait et du blanc d'œuf en poudre. Leurs protéines améliorent la qualité des protéines végétales du blé et, selon le fabricant, empêchent les pâtes d'être collantes. Ces versions enrichies se vendent un peu plus cher que les pâtes ordinaires.

Malgré l'ajout de purée de légumes ou l'utilisation de farine de blé entier, le goût de la pâte varie peu. Choisir une pâte de blé entier au lieu de la traditionnelle pâte blanche est donc un investissement facile, à moins que la couleur demeure un obstacle!

Les pâtes à employer sans précuisson ont été taillées plus mince, de façon à réduire leur temps de cuisson. On ajoute à la recette un peu plus de liquide que la pâte absorbera en cuisant.

Les pâtes fraîches n'ont pas été déshydratées. Pour cette raison, leur temps de cuisson et aussi leur durée de conservation sont réduits. On les trouve au comptoir des produits réfrigérés.

VALEUR NUTRITIVE DES PÂTES

La valeur nutritive des pâtes varie évidemment en fonction de leur composition (aux œufs, de blé entier, etc.), mais elles sont de bonnes sources d'énergie (provenant principalement des glucides sous forme d'amidon), de protéines, de fer et de vitamines B (surtout lorsqu'elles sont enrichies de ces éléments).

Une portion de 175 ml (3/4 tasse) de pâtes cuites fournit environ 125 calories (l'accompagnement de 15 ml [1 c. à soupe] de beurre à l'ail en ajoute 100).

Tableau XIX
Valeur nutritive des pâtes
(par portion de 250 ml [1 tasse] de pâtes cuites)

PÂTES	ÉNERGIE (Cal)	PROTÉINES (g)	FER (mg)	THIAMINE (mg)	NIACINE (ÉN*)	RIBOFLAVINE (mg)
Macaroni non enrichis	164	5,0	0,6	0,01	1,4	0,01
Macaroni enrichis	164	5,0	1,3	0,21	2,5	0,12
Macaroni de blé entier**	174	7,5	1,5	0,15	ND	0,06
Nouilles aux œufs non enrichies	211	6,9	1,0	0,05	1,9	0,03
Nouilles aux œufs enrichies	211	6,9	1,5	0,24	3,3	0,14
Spaghetti non enrichis	164	5,0	0,6	0,01	1,4	0,01
Spaghetti enrichis	164	5,0	1,3	0,21	2,5	0,12
Spaghetti de blé entier**	174	7,5	1,5	0,15	ND	0,06

Source: Micheline Brault Dubuc et Liliane Caron Lahaie, *Valeur nutritive des aliments*, 1987.

ND: donnée non disponible.
* ÉN: équivalent de niacine.
** Donnée tirée de United States Department of Agriculture,
Composition of Foods: Cereals Grains and Pasta, Handbook Number 8-20, 1989.

CUISSON DES PÂTES

On calcule environ 1 L (4 tasses) d'eau pour quelque 100 g de pâtes sèches (un peu moins de 1/4 lb), soit environ une poignée de spaghetti du diamètre d'une pièce de 25 cents.

Jeter les pâtes dans l'eau bouillante additionnée d'une pincée de sel et de 10 ml (2 c. à café) d'huile pour les empêcher de coller et éviter les débordements. Pour varier, employer un bouillon ou ajouter à l'eau de cuisson un bouquet garni. Laisser les pâtes cuire à découvert, en remuant souvent, 8 à 12 min ou jusqu'à ce qu'elles soient *al dente*, c'est-à-dire tendres mais encore un peu fermes. Prévoir qu'elles continuent à cuire un peu lorsqu'on les retire du feu. La durée de cuisson varie selon la composition (les pâtes à base de blé mou cuisent plus vite), la forme de la pâte et sa teneur en eau (les pâtes fraîches cuisent en 3 à 5 min et remontent à la surface lorsqu'elles sont prêtes). Suivre les indications sur l'emballage en vérifiant le degré de cuisson quelques minutes avant la fin de la durée indiquée. Bien égoutter et rincer à l'eau chaude.

Si le service est retardé, il est préférable de rincer les pâtes cuites à l'eau froide afin d'arrêter la cuisson. Les réchauffer en les plaçant dans une passoire et en les plongeant dans l'eau bouillante de 2 à 3 min. Ou encore, les passer quelques minutes au micro-ondes, à la puissance 80, couvertes et sans eau.

Si les pâtes cuites doivent être congelées (une lasagne, par exemple), prévoir de réduire le temps de cuisson du quart ou du tiers.

RENDEMENT DES PÂTES

Un paquet de 500 g (1 lb) de pâtes sèches donne 2 1/2 L (10 1/2 tasses) de macaroni coupés, 2 1/5 L (9 tasses) de spaghetti et 2 2/5 L (10 tasses) de spaghettini.

ACHAT DES PÂTES

Recherchez la date «meilleur avant» sur l'emballage des pâtes fraîches. N'achetez pas celles dont l'odeur indique qu'elles ont suri. Les pâtes sèches ne doivent pas présenter de taches noires ou blanches. Leur couleur doit être uniforme.

CONSERVATION DES PÂTES

Les pâtes sèches se conservent facilement un an dans un contenant hermétique placé dans un endroit frais et sec. Les pâtes fraîches ne se gardent que quelques jours au réfrigérateur (surveillez la date «meilleur avant»). On peut aussi les congeler.

Cuites, on peut les entreposer quelques jours (3 à 5 jours) sans eau au réfrigérateur (conserver la sauce à part) ou les congeler environ trois mois.

Tableau XX
Prix* par portion des céréales, pains et pâtes

PRODUITS	PRIX PAR PORTION (cents)

Céréales
(par portion de 175 ml [3/4 de tasse], cuites)
(par portion de 30 ou 40 g [1 ou 1,4 oz], sèches,
selon la portion indiquée sur l'emballage)

Céréales sèches	16 à 36
Céréales sèches en format individuel	46
Crème de blé rapide	9
Crème de blé prête à servir	24
Gruaux à cuire	5 à 6
Gruaux prêts à servir	23 à 28
Son d'avoine	12

Riz
(par portion de 125 ml [1/2 tasse], cuit)

Riz basmati	15
Riz blanc	5
Riz blanc converti	8
Riz blanc instantané	10
Riz blanc instantané assaisonné	30 à 44
Riz brun	6
Riz brun converti	13
Riz brun instantané	25
Riz sauvage	34

Grains à cuire
(par portion de 125 ml [1/2 tasse], cuits)

Bulgur	6
Couscous	8

* Prix en vigueur en août 1992, formats et marques économiques, produits préemballés, supermarchés.

Tableau XX
Prix* par portion des céréales, pains et pâtes (suite)

PRODUITS	PRIX PAR PORTION (cents)
Millet	5
Orge mondé	3
Sarrasin	15
Pains (par portion de 1 tranche de 25 g)	
Pain 100 % blé entier	6
Pain blanc	6
Pâtes (par portion de 125 ml [1/2 tasse], cuites)	
Linguine aux fines herbes	11
Macaroni coupés	4
Spaghettini blancs	6
Spaghetti blancs	7
Spaghetti enrichis en fibres, enrichis en protéines, de blé entier	9 à 10

* Prix en vigueur en août 1992, formats et marques économiques, produits préemballés, supermarchés.

Chapitre 6

Produits laitiers

Si vous n'aimez pas les produits laitiers, lisez ceci...

Seriez-vous du genre pour qui:
• le lait, c'est juste bon pour les enfants?
• le lait, c'est mauvais au goût?
• le lait, c'est difficile à digérer?

Si oui et qu'en plus, l'activité physique régulière n'a jamais fait partie de vos habitudes de vie, vos chances sont bonnes de figurer parmi les personnes qui seront atteintes, après 65 ans, d'ostéoporose. Cette maladie insidieuse frappe 1 homme sur 8 ou 1 femme sur 4 en Amérique du Nord.

L'ostéoporose se caractérise par une augmentation de la porosité des os par suite de la perte de tissu osseux, un peu comme un fromage gruyère dont les trous augmenteraient en grosseur et en nombre, laissant ainsi moins de fromage! Non seulement elle vole plusieurs centimètres de taille (jusqu'à près de 9 cm [3,5 po]) aux gens qu'elle atteint, mais aussi l'ostéoporose est responsable en Amérique du Nord de plus de 70 % des fractures (fractures des vertèbres, du poignet, de la hanche), ce qui représente un coût considérable pour la société, en argent et en incapacité.

Les produits laitiers représentent environ 75 % du calcium ingéré. On sait qu'une consommation réduite de produits laitiers serait l'une des principales habitudes alimentaires en rapport avec l'apparition de la maladie. Le calcium et la vitamine D qu'ils fournissent sont nécessaires au développement optimal des os et des dents de même qu'à leur entretien tout au long de la vie.

L'inactivité physique accélère la perte de tissu osseux. Elle est aussi reconnue comme un facteur important relié à l'ostéoporose. Des apports élevés en alcool, en protéines, en caféine et en certains médicaments sont aussi considérés comme des facteurs pouvant accélérer la perte de tissu osseux. Et si, par surcroît, vous êtes une femme ménopausée sans hormonothérapie, de race blanche, mince et de petite stature, le risque d'ostéoporose croît davantage!

Des apports de produits laitiers conformes aux recommandations du *Guide alimentaire canadien pour manger sainement*, associés à de l'exercice physique pratiqué régulièrement, contribuent au maintien d'une bonne intégrité osseuse et à la prévention de l'ostéoporose. Chez la femme, la prise d'œstrogènes devrait être considérée au moment de la ménopause. Les femmes ménopausées qui consomment moins de produits laitiers que suggéré et qui s'exposent peu au soleil devraient également discuter avec leur médecin de la pertinence d'absorber un supplément de calcium et de vitamine D. Les personnes âgées qui ne s'exposent pas au soleil et les nourrissons peuvent aussi avoir besoin d'un supplément de vitamine D. Mais d'abord, pour vous aider à boire et à manger votre lait à tout âge «comme et quand ça vous plaît», il existe heureusement des solutions! La voie lactée est remplie de bons produits et des trucs simples viennent à bout des plus gros empêchements.

Nombre de portions de produits laitiers recommandé par groupe d'âge:
(voir l'annexe 2, «*Le Guide alimentaire canadien pour manger sainement*»)

enfant (4 à 9 ans):	2 à 3 portions
jeune (10 à 16 ans):	3 à 4 portions
adulte:	2 à 4 portions
femme enceinte ou allaitant:	3 à 4 portions

Valeur nutritive du lait et des produits laitiers

Le lait désaltère et nourrit. On le qualifie souvent d'aliment complet, bien qu'en réalité aucun aliment en soi ne fournisse à l'organisme tous les éléments nutritifs dont il a besoin. Sa haute valeur nutritive par rapport à son coût en fait toutefois un excellent placement. Parmi ses principaux éléments nutritifs, on retrouve des protéines, du calcium, de la riboflavine et des vitamines A et D.

DES PROTÉINES ÉCONOMIQUES ET D'EXCELLENTE QUALITÉ

Une portion de 250 ml (1 tasse) de lait ou de 30 g (1 oz) de fromage ferme fournissent autant de protéines qu'un œuf ou 30 g (1 oz) de viande cuite. Les protéines des produits laitiers contiennent tous les acides aminés essentiels en proportions adéquates pour qu'elles puissent bien jouer leur rôle (voir l'annexe 2, «Les protéines», p. 340).

DU CALCIUM, UN MATÉRIAU SOLIDE

Le lait et les produits laitiers fournissent environ 75 % du calcium alimentaire. Le rapport entre le contenu en calcium et en phosphore du lait ainsi que son sucre, le lactose, favorisent l'absorption du calcium par l'intestin.

D'autres aliments que les produits laitiers sont également de bonnes sources de calcium. Mais pour combler l'apport quotidien recommandé (AQR) de ce minéral, il faudrait consommer par exemple: 2 L (8 tasses) de haricots de soya cuits, 1 L (4 tasses) d'épinards cuits ou 185 ml (3/4 tasse) de graines de sésame. Plutôt ambitieux! Mieux vaut compter sur ces bons aliments comme sources de calcium complémentaires aux produits laitiers.

DE LA VITAMINE D, UN OUTIL INDISPENSABLE

Au contact des rayons du soleil sur la peau, notre corps fabrique la vitamine D à partir d'une provitamine. Mais on sait que chez nous le soleil est plutôt distant en hiver! Les sorties sont souvent moins prolongées. La surface de peau exposée est plus réduite. Bref, l'usine de synthèse de la vitamine D fonctionne pour ainsi dire au ralenti pendant une bonne période de l'année.

Étant donné notre climat, la satisfaction de nos besoins de cette vitamine-soleil essentielle repose en bonne partie sur un apport adéquat en lait. Le lait est le seul produit laitier enrichi de vitamine D (bien sûr, il y a aussi les huiles de foie de poisson comme sources alimentaires naturelles de cette vitamine...). Le lait a aussi l'avantage de contenir les matériaux et les autres outils avec lesquels la vitamine D fait équipe pour une bonne santé des os: du calcium et du phosphore en bonne proportion, des protéines, du lactose. C'est l'aliment idéal pour faire d'une pierre plusieurs coups!

Au Canada, tout le lait frais, en poudre, évaporé et stérilisé (en conserve ou en carton comme le lait UHT) vendu sur le marché est enrichi de vitamine D. Le lait entier, le lait partiellement écrémé à 2 % et à 1 % et le lait écrémé en ont tous la même teneur. Par contre, le lait acheté directement de la ferme n'est pas enrichi de vitamine D. De même, le lait utilisé pour la fabrication d'autres produits alimentaires comme les fromages, les crèmes glacées, les poudings et les yogourts commerciaux n'en contient pas. Ces produits n'en fournissent donc pas.

Pour satisfaire nos besoins en vitamine D, il est donc important de boire au moins une portion de 250 ml (1 tasse) de lait par jour (cette quantité satisfait 90 % de nos besoins) ou de consommer cette portion sous forme de plats cuisinés maison: soupes-crèmes, yogourts, «cossetardes», blancs-mangers, sauces blanches, céréales cuites, laits fouettés aux fruits. Quant aux enfants de moins de deux ans, leurs besoins en vitamine D quatre fois supérieurs requièrent la consommation d'au moins 1 L (4 tasses) de lait par jour; les enfants de deux à six ans inclusivement en ont besoin d'au moins 500 ml (2 tasses).

DE LA RIBOFLAVINE EN QUANTITÉ

Le lait est une source alimentaire importante de riboflavine, une vitamine du complexe B. Les emballages de plastique opaques (qui contiennent les sacs de lait) et les contenants de carton ont remplacé les pintes de verre transparentes d'autrefois, de façon à limiter le passage de la lumière à travers l'emballage, la lumière étant responsable d'une certaine perte de riboflavine.

DE LA VITAMINE A EN SUS

Les fruits et légumes fournissent en abondance du carotène que notre organisme transforme en vitamine A. Saviez-vous que le lait contient un peu plus de vitamine A en été parce que les vaches broutent alors de la bonne herbe fraîche, bien riche en carotène? À longueur d'année, l'apport en vitamine A des produits laitiers complète bien celui des fruits et légumes.

Comme la vitamine A est liposoluble (soluble dans le gras), elle «habite» dans le gras du lait et est par conséquent perdue lors de l'écrémage. Heureusement, les laits écrémés et partiellement écrémés sont enrichis de vitamine A proportionnellement à ce qui est éliminé par l'écrémage, de sorte que tous les laits frais et en poudre en contiennent la même quantité. Toutefois, tout comme pour la vitamine D, la loi n'oblige pas l'addition de vitamine A dans les laits écrémés ou partiellement écrémés utilisés pour la fabrication d'autres produits laitiers comme les fromages, les crèmes glacées, les poudings et les yogourts commerciaux.

Tableau XXI
Valeur nutritive des produits laitiers

PRODUITS	PROTÉINES (g)	GRAS (g)	GLUCIDES (g)	CALCIUM (mg)	VIT. A (ÉR*)	RIBOFLAVINE (mg)
Lait						
(par portion de 250 ml [1 tasse])						
Écrémé	8,8	0,5	12,6	319	158	0,36
À 2 % M.G.	8,6	5,0	12,4	314	147	0,43
À 2 % M.G., évaporé, en conserve	19,8	5,4	29,6	739	210	0,84
À 3,25 % M.G.	8,5	8,6	12,0	308	80	0,42
Babeurre de culture	8,6	2,3	12,4	301	21	0,40
Condensé sucré, en conserve	25,6	28,1	175,9	917	262	1,35
Yogourt						
(par portion de 175 g [3/4 tasse])						
Nature, à 1,6 % M.G.	9,5	2,8	12,7	331	29	0,39
Aux fruits, à 1,1 % M.G.	7,9	2,0	34,5	275	20	0,32

* ÉR: équivalent rétinol.

Tableau XXI
Valeur nutritive des produits laitiers (suite)

PRODUITS	PROTÉINES (g)	GRAS (g)	GLUCIDES (g)	CALCIUM (mg)	VIT. A (ÉR*)	RIBOFLAVINE (mg)
Crème						
(par 15 ml [1 c. à soupe])						
À 10 % M.G.	0,5	1,5	0,7	16	14	0,02
À 15 % M.G.	0,4	2,3	0,6	15	21	0,02
À 35 % M.G.	0,3	5,3	0,4	10	57	0,02
Sure, à 14 % M.G.	0,5	2,1	0,6	16	20	0,02
Desserts glacés						
(par portion de 175 ml [3/4 tasse])						
Crème glacée, vanille, ferme, à 10 % M.G.	3,8	11,3	25,1	140	106	0,26
Lait glacé, vanille, ferme	4,1	4,5	23,0	140	41	0,28

Fromage**						
Cottage, à 2 % M.G.	16,4	2,3	4,4	82	24	0,22
Ricotta, au lait partiellement écrémé	14,8	10,3	6,7	354	147	0,24
Cheddar	12,5	16,6	0,7	361	152	0,19
Cheddar fondu	11,1	15,7	0,8	303	145	0,18
Cheddar fondu à tartiner	8,2	10,6	4,4	281	95	0,22
Préparation de cheddar fondu	9,8	12,3	3,7	287	110	0,22
De tofu***	13	8	2	257****	ND	ND

Source: Micheline Brault Dubuc et Liliane Caron Lahaie, *Valeur nutritive des aliments*, 1987.

ND: donnée non disponible.

* ÉR: équivalent rétinol.
** (par portion de 50 g [1 3/4 oz] de fromage ferme ou fondu; par portion de 125 ml [1/2 tasse] de fromage cottage ou ricotta)
*** Ce produit n'est pas un produit laitier.
**** Le sulfate de calcium utilisé dans la fabrication du tofu de ce produit contribue à cette valeur.

Moins de gras, meilleure santé!

Les produits laitiers comptent pour environ un cinquième de l'apport en gras de notre alimentation. Ils fournissent donc l'occasion de réduire l'apport en gras total, en gras saturé et en cholestérol, comme suggère de le faire Santé et Bien-être social Canada. Il est préférable de choisir des produits écrémés ou partiellement écrémés, en particulier après la croissance alors que les besoins énergétiques deviennent moins élevés.

Recherchez la mention «% M.G.» sur les emballages des produits laitiers. Cette mention indique le pourcentage de matières grasses qu'ils renferment. Elle est donnée pour le lait, le yogourt, la crème, la crème sure, le cottage et le fromage. Par exemple, le yogourt à 1,5 % M.G. fournit environ 1 1/2 % de matières grasses, et le lait partiellement écrémé à 1 % M.G. fournit 1 % de matières grasses, soit moitié moins que le lait partiellement écrémé à 2 % M.G.

Choisissez de préférence des produits laitiers qui renferment moins de gras: lait, yogourt et fromage frais (cottage, quark) à 2 % de matières grasses ou moins; fromage à pâte ferme, molle ou fromage fondu à 15 % de matières grasses ou moins.

Tout le lait frais et le lait en poudre sur le marché, peu importe le pourcentage de gras, ont la même teneur en vitamines. Les produits laitiers écrémés et partiellement écrémés, parce qu'ils contiennent moins de gras, ont une valeur nutritive plus concentrée, notamment en protéines et en calcium.

Les fromages allégés en gras peuvent présenter une texture plus caoutchouteuse et une saveur plus fade ou plus salée. Certains par contre sont délicieux. Il vaut la peine d'en essayer plusieurs. Pour mieux les apprécier, râpez les fromages maigres pour les plats en casserole, les légumes, les pommes de terre, les salades, les soupes et les garnitures à sandwichs. Certains fondent bien (d'autres pas!) et peuvent servir pour gratiner.

Si vous consommez du lait à 3,25 % depuis votre tendre enfance, il y a des chances que vous trouviez plutôt difficile à avaler le passage direct au lait écrémé! Faites la transition en commençant par le lait à 2 % ou un moitié-moitié lait entier-lait à 2 %. Une fois habitué, continuez de même avec le lait à 1 %. La différence de goût est (quasi) imperceptible entre le lait à 2 % et le lait à 1 %, ce qui facilite le changement.

Le yogourt nature peut très bien remplacer ou servir à allonger la crème sure et la mayonnaise des recettes (bœuf stroganov, sauces à salades, trempettes, pommes de terre au four) ou s'employer dans la préparation de sauces froides pour la volaille et le poisson (voir «Le lait fermenté», p. 218). Retirez toujours la casserole du feu avant d'ajouter le yogourt. Le yogourt ferme ou mélangé moitié-moitié à du fromage ricotta ou quark peut servir à garnir les gâteaux.

Remplacez ou diluez la crème et le lait entier des sauces et des potages avec du lait écrémé ou de la poudre de lait écrémé reconstituée.

Des petits traitements spéciaux...

L'HOMOGÉNÉISATION

L'homogénéisation est un procédé destiné à rendre le gras «homogène» dans le lait ou le produit laitier. Le gras, plus léger que le liquide, remonte normalement à la surface pour former une couche de crème sur le lait (ce que l'on peut observer lors d'une visite à la ferme). Le lait et la crème homogénéisés ont subi un traitement destiné à fractionner les globules de gras en particules si petites qu'elles resteront distribuées uniformément dans l'aliment.

Les produits homogénéisés sont plus blancs et leur saveur, plus neutre. Le procédé ne change pas leur composition ni leur valeur nutritive, mais leur permet simplement et naturellement de ne plus crémer. L'homogénéisation de la crème glacée joue un rôle important dans sa texture lisse.

On confond souvent lait homogénéisé avec lait à 3,25 % M.G. alors que ces mentions décrivent en fait deux notions bien différentes (voir «Moins de gras, meilleure santé!», p. 212). En fait, les laits partiellement écrémés à 2 % et à 1 % sont aussi homogénéisés.

Le lait et la crème homogénéisés sont toujours pasteurisés, car l'homogénéisation augmente la surface de contact du gras (en réduisant la grosseur des globules de gras), ce qui favorise l'action des enzymes. Ces enzymes sont alors détruites par la pasteurisation.

LA PASTEURISATION

Le lait et la crème vendus en épicerie sont toujours pasteurisés. Les produits laitiers qui entrent dans la composition du lait glacé, de la crème glacée, du cottage, du yogourt et de la crème sure le sont également.

La pasteurisation consiste à chauffer l'aliment à haute température pour une période de temps courte mais suffisante pour permettre l'élimination des microbes pathogènes (potentiellement nuisibles à la santé) et des enzymes qui réduisent sa conservation. La durée du chauffage varie de quelques secondes à 30 min, selon la température à laquelle le lait est élevé et maintenu. Généralement, aussi peu que 16 s à 72 °C (162 °F) suffisent. Le processus n'altère pas de façon significative la teneur en éléments nutritifs (sauf la vitamine C dont le lait n'est pas au départ une source importante) ni la saveur.

La pasteurisation prolonge la durée de conservation du lait. Le lait pasteurisé n'est toutefois pas stérile puisque tous les microbes ne sont pas tués. Il demeure un aliment périssable qui doit être conservé au réfrigérateur et utilisé dans les meilleurs délais. Comme le lait cru de la ferme n'a pas subi de pasteurisation, sa consommation peut présenter un risque pour la santé. C'est pourquoi la vente en est défendue.

L'ULTRA-PASTEURISATION (UHT)

Le lait ultra-pasteurisé est chauffé à très haute température (autour de 140 °C [285 °F]) pendant une période de temps très courte (de une à quelques secondes, selon le produit et la température).

L'ultra-pasteurisation du lait assure une durée de conservation supérieure par rapport au lait ordinaire. Le lait UHT se conserve trois mois à la température de la pièce, contenant non ouvert, alors que le lait ordinaire se conserve au réfrigérateur jusqu'à 10 jours. Une fois le contenant de lait UHT ouvert, on doit cependant le garder au réfrigérateur et le consommer dans les jours suivants. Le lait stérilisé UHT est plus cher, mais il est très pratique d'en avoir sous la main.

L'ultra-pasteurisation de la crème permet de la prolonger jusqu'à un mois.

Du lait pour tous les goûts et tous les besoins...

LE LAIT STÉRILISÉ

Le lait stérilisé est un lait entier qui a subi un traitement de chaleur à au moins 100 °C (212 °F), de façon que tous les microbes présents soient détruits. Son goût peut être légèrement altéré par le processus. Il est vendu dans des contenants hermétiques dans lesquels il demeure stérile jusqu'à l'ouverture, après quoi il doit être réfrigéré. Comme tous les laits de consommation, il est enrichi de vitamine D. Il n'a pas été additionné de vitamine A, n'ayant pas subi d'écrémage. Le lait UHT vendu dans des emballages de carton aseptiques est également stérilisé. Lorsqu'il est partiellement écrémé, ce lait est de plus enrichi de vitamine A.

215

LE LAIT EN POUDRE

LE LAIT EN POUDRE

Il peut s'agir de lait entier, partiellement ou complètement écrémé qui a été déshydraté. L'absence d'eau en prolonge la durée de conservation jusqu'à un an à la température ambiante, lorsque non entamé, et jusqu'à un mois lorsque l'emballage a été ouvert. Le lait en poudre se conserve toutefois plus longtemps au réfrigérateur, dans un pot de verre. Comme le lait frais, il est enrichi de vitamines A et D (sauf le lait entier qui n'a pas besoin d'être enrichi de vitamine A).

On utilise souvent la poudre de lait écrémé comme solides de lait dans la fabrication de produits laitiers, de produits de boulangerie et de confiserie, de soupes, de viandes préparées ou d'aliments pour bébés. Elle améliore la texture des produits et leur valeur nutritive.

Un kilogramme (2,2 lb) de poudre de lait donne 10 L (2,2 gallons imp.), une fois reconstituée. Le lait en poudre reconstitué possède la même valeur nutritive que le lait frais et doit aussi être conservé avec les mêmes précautions.

Économique, utilisez-le dans les recettes. Tous profiteront du même bon goût, vous seul saurez les économies réalisées!

Non reconstituée, la poudre de lait écrémé constitue un supplément de protéines et de calcium non négligeable. Une quantité de 25 g (1 oz) ou 45 ml (3 c. à soupe) équivaut à une portion de 250 ml (1 tasse) de lait. Servez-vous-en pour enrichir vos aliments et augmenter votre apport en calcium et en protéines (voir «Combler vos besoins en calcium "comme et quand ça vous plaît"», p. 230). Si un yogourt est trop clair, l'ajout d'un peu de poudre de lait permet de l'épaissir. Ajouté à la recette de yogourt maison, il rend aussi le produit plus crémeux et épais.

LE LAIT À TENEUR RÉDUITE EN LACTOSE

De façon temporaire ou permanente, certaines personnes ont de la difficulté à digérer le sucre du lait appelé «lactose». La consommation de lait et, selon la sensibilité, d'autres produits laitiers provoque alors crampes et diarrhée.

Les laits de marque Lactaid et Lacteeze ont été additionnés d'une enzyme, la lactase, qui «digère» le lactose du lait. Ils conviennent comme lait à boire pour toutes les personnes intolérantes au lactose et peuvent être employés pour cuisiner.

Ces laits à teneur réduite en lactose coûtent plus cher que le lait ordinaire. Pour réussir à combler les besoins en calcium, le petit extra en vaut le coût! De plus, ils éliminent la nécessité d'avoir à ajouter des gouttes soi-même pour traiter le lait, ainsi que les erreurs possibles de dosage et le délai requis avant la consommation.

LE LAIT ÉVAPORÉ (OU CONCENTRÉ)

Il s'agit de lait dont au moins la moitié de sa quantité d'eau originale (environ 60 %) a été évaporée sous vide. Additionné de vitamines C et D, et de vitamine A s'il s'agit de lait écrémé ou partiellement écrémé, il est ensuite homogénéisé, mis en boîte et stérilisé. Sa couleur est plus jaune que le lait frais et il a un goût légèrement caramélisé.

Employez-le pour remplacer la crème légère dans les recettes. Très froid, il peut être fouetté (surtout entier); on doit alors l'utiliser rapidement.

LE LAIT CONDENSÉ (OU CONDENSÉ SUCRÉ)

Il s'agit de lait entier concentré auquel du sucre a été ajouté sous forme de saccharose, de dextrose, de glucose, de solides de glucose, de lactose ou de leur mélange. Le sucre et la température élevée d'évaporation rendent la stérilisation inutile. Le lait condensé n'est pas enrichi de vitamine A puisqu'il s'agit d'un produit issu de la transformation du lait (voir «Valeur nutritive du lait et des produits laitiers», p. 205). Il peut néanmoins être enrichi de vitamine D. On emploie généralement le lait condensé sucré dans la préparation de desserts et de produits de confiserie.

LE LAIT DE BEURRE

Le lait de beurre (ou babeurre) est le liquide blanchâtre obtenu après le barattage de la crème dans la fabrication traditionnelle du beurre. Sa valeur nutritive se compare donc à celle du lait écrémé.

De nos jours, le babeurre est obtenu par l'ajout d'une culture de bactéries à du lait écrémé ou partiellement écrémé. Il acquiert par fermentation le goût acidulé caractéristique qui fait son intérêt dans la confection de desserts et de produits de boulangerie et pâtisserie (muffins, crêpes, gâteaux, etc.). Sa valeur nutritive se compare à celle du lait écrémé ou partiellement écrémé dont il provient.

On peut remplacer le babeurre dans les recettes en ajoutant 10 ml (2 c. à café) de vinaigre par 250 ml (1 tasse) de lait frais.

LE LAIT FERMENTÉ (YOGOURT)

Le yogourt est un lait acidifié et coagulé, une version moderne de ce qu'on appelait autrefois «lait caillé». Le lait fermentait sous l'action des bactéries naturellement présentes dans le lait cru. On fabrique aujourd'hui le yogourt en ajoutant au lait pasteurisé une culture spéciale de bactéries lactiques. Celles-ci fermentent le lactose (le sucre du lait), créant ainsi l'acidité nécessaire à la coagulation des protéines et à la saveur caractéristique du yogourt. Le milieu acide favorise en même temps une meilleure conservation du produit.

Le yogourt conserve la valeur alimentaire du lait. On lui reconnaît toutefois des propriétés intéressantes au niveau intestinal dans la prévention et le traitement de la diarrhée. De plus, son contenu en lactose réduit par la fermentation en fait un aliment souvent plus facile à digérer pour les personnes intolérantes à ce sucre. La fermentation le rend également très digestible pour tous.

La loi n'oblige pas l'addition de vitamines A et D dans le lait utilisé pour la fabrication du yogourt commercial. On peut cependant faire soi-même (pour moins cher!) son yogourt «enrichi» en utilisant du lait frais ou du lait en poudre du commerce qui, eux, sont additionnés de ces vitamines. Le yogourt nature commercial peut alors servir de culture de bactéries pour déclencher le processus de fermentation.

Si certains yogourts commerciaux sont faits de lait écrémé et renferment aussi peu que 0,1 % de matières grasses (1/10 de 1%), d'autres par contre en contiennent jusqu'à 10 %, soit autant que la crème glacée! Le pourcentage de matières grasses (% M.G.) mentionné sur l'étiquette vous renseignera. Vous constaterez en même temps que certains yogourts aux fruits contiennent plus de sucre ajouté que de fruits alors que d'autres sont sucrés uniquement avec du jus de fruits; d'autres encore contiennent de l'aspartame comme édulcorant. Le yogourt nature ne contient habituellement pas de sucre.

Faites votre yogourt aux fruits. Incorporez à du yogourt nature vos propres fruits frais, en conserve ou séchés, du gruau, du son de blé ou d'avoine, du germe de blé ou d'autres bons ingrédients. On peut aussi combiner au yogourt nature des fruits frais ou en conserve et faire congeler pour des sucettes glacées rafraîchissantes lors des chaudes journées de canicule...

Allégez vos recettes avec du yogourt. Le yogourt nature remplace ou allonge la crème sure et la mayonnaise des trempettes, sauces à salades (incluant la salade de chou), pommes de terre au four, etc. Ajoutez-en un peu à la vinaigrette française pour la rendre crémeuse. Aromatisé d'un soupçon de moutarde forte, de concombre râpé, de persil haché ou d'oignon vert émincé, il accompagne à merveille une darne de saumon, un suprême de volaille ou un bon filet de poisson. On peut s'en servir comme marinade pour les viandes ou le poisson; l'acide lactique aide à attendrir.

Vous préférez le yogourt ferme ou brassé? Le yogourt ferme est fermenté dans le contenant. Il offre souvent ses «fruits dans le fond». Le yogourt brassé est effectivement brassé après la fermentation. Dans l'un et l'autre cas, l'ajout d'agents gélatinisants comme la pectine ou une gomme végétale (gomme de guar, gomme de caroube, etc.) contribue à leur texture lisse.

Les boissons au yogourt sont fabriquées à partir d'une proportion de lait fermenté à laquelle on ajoute du sirop à saveur de fruit, ou du sucre et des fruits. Ces boissons peuvent être pasteurisées ou stérilisées. (Celles qui se conservent sans réfrigération plusieurs mois dans des contenants aseptiques sont stérilisées.) Par le fait même, les bactéries utiles du yogourt sont alors malheureusement détruites.

Plus faible en lactose que le lait, la boisson au yogourt peut être plus facilement tolérée par les personnes sensibles à ce sucre du lait. Les formats individuels de boisson au yogourt sont pratiques pour la boîte à lunch ou la collation. Les boissons vendues dans des contenants aseptiques peuvent être congelées; elles gardent alors le repas au frais lors de randonnées ou de pique-niques.

Le kéfir est une autre version de lait fermenté, mais légèrement gazeux et alcoolisé (1 à 2 % d'alcool). Alors que le yogourt est fermenté uniquement par des bactéries lactiques, le kéfir l'est par un mélange de bactéries et de levures. Les bactéries du kéfir produisent l'acide lactique qui donne la saveur caractéristique des laits fermentés. Les levures transforment une partie du lactose en alcool et en gaz.

DU BON YOGOURT MAISON

**Économique, sans sucre ajouté
et enrichi de vitamines A et D**

Mélanger 1 L (4 tasses) de lait écrémé avec 125 ml (1/2 tasse) de poudre* de lait. Porter à 82 °C (180 °F) en brassant régulièrement. Retirer du feu et laisser tiédir à 48 °C (118 °F). Ajouter 60 ml (1/4 tasse) de yogourt nature du commerce ou de yogourt nature de la dernière préparation. (Dans ce dernier cas, recommencer avec un yogourt commercial après trois productions ou au moins une fois par mois.) Ensuite:

- méthode du thermos: verser de l'eau bouillante dans des bouteilles isolantes à large goulot pour les stériliser et les réchauffer; vider. Verser la préparation et laisser incuber pendant quelques heures (3 à 6 h) dans les bouteilles isolantes bien fermées, jusqu'à consistance désirée.
- méthode au four: verser la préparation dans des petits bols de pyrex; les recouvrir de papier d'aluminium. Placer les bols dans une casserole peu profonde contenant 4 cm (1 1/2 po d'eau). Laisser incuber au four préchauffé à 50 °C (120 °F) pendant quelques heures (3 à 6 h), jusqu'à consistance désirée.

Réfrigérer sans tarder pour arrêter la fermentation. Le yogourt maison se conserve 3 semaines.

---

* La poudre de lait ajoute à la valeur nutritive du yogourt et rend le produit fini plus épais et crémeux.

La crème de la crème

La crème est produite du gras concentré du lait. Elle contient toujours un peu de lait en proportion variable, selon que le gras a été plus ou moins concentré. Une fois la crème du lait complètement enlevée, il reste le lait écrémé.

Selon la concentration du gras, on obtient:

- la crème à café (ou moitié-moitié)   à 10 % M.G.
- la crème de table   à 15 % M.G.
- la crème épaisse (ou champêtre)   à 15 % M.G.
- la crème à fouetter   à 35 % M.G.

Grâce à l'ajout d'agents épaississants, la crème épaisse contient 15 % de matières grasses, mais possède la consistance de la crème à fouetter (à 35 %). Elle ne peut cependant pas être fouettée.

Les succédanés de crème à fouetter ou de crème à café (colorants à café) sont habituellement composés d'huiles végétales hydrogénées (souvent des huiles tropicales comme l'huile de coco ou de palme), de sucres et d'additifs variés. Une mixture bien loin de la crème!

LA CRÈME SURE

Elle possède une saveur acidulée caractéristique. Elle est obtenue de la crème pasteurisée fermentée par une culture de bactéries. Elle peut contenir notamment des solides de lait ou de petit-lait, du lait de beurre, du sel et certains additifs. Elle renferme au moins 14 % de gras. (Surveillez le pourcentage de matières grasses inscrit sur le contenant.) On peut souvent allonger la crème sure ou même la remplacer par du yogourt nature dans les recettes (voir «Le lait fermenté», p. 218).

Les desserts glacés

LA CRÈME GLACÉE

Elle est fabriquée à partir d'un mélange pasteurisé de crème, de lait ou d'autres produits laitiers sucrés avec du sucre, un sirop, du glucose, du dextrose ou d'autres sucres. Elle peut aussi contenir, entre autres, des œufs, une préparation aromatisante, du sel, un colorant et divers agents stabilisants.

La crème glacée renferme au moins 10 % de gras de lait ou 8 % dans le cas où des fruits, des noix, des confiseries, du cacao ou du sirop de chocolat ont été ajoutés. L'homogénéisation de la crème glacée empêche la séparation du gras et facilite l'incorporation d'air lors du fouettage.

LE LAIT GLACÉ

Le lait glacé (tout comme la crème glacée) est fait d'un mélange pasteurisé de crème, de lait ou d'autres produits laitiers sucrés. Elle contient cependant un minimum de 3 % de gras de lait et un maximum de 5 %.

Soucieux de réduire leur apport en calories, plusieurs amateurs de crème glacée se convertissent à des versions plus légères. La réduction de calories est cependant parfois minime. Effectivement, certaines marques de lait glacé fournissent presque autant de calories que la crème glacée. Le lait glacé contient environ la moitié moins de gras que la crème glacée, c'est vrai, mais il peut aussi renfermer plus de sucre. Quand on coupe dans le gras, on sucre souvent un peu plus pour maintenir la texture du produit. Mais ne vous laissez pas refroidir! L'intérêt du lait glacé est réel et réside dans une économie de gras assurée (à condition de ne pas en manger doublement!).

LE YOGOURT GLACÉ

Les fabricants ont su tirer profit de l'engouement soulevé par le yogourt depuis quelques années. Ils en ont lancé une version glacée. De nombreux spécialistes de la santé attribuent au yogourt des propriétés qui seraient liées à son contenu en bactéries lactiques. Une chose est sûre, des bactéries, le yogourt glacé en contient souvent bien peu. Elles sont la plupart du temps détruites en bonne partie lors du processus de fabrication, notamment par la pasteurisation.

La teneur en gras du yogourt glacé varie selon le lait utilisé (écrémé, partiellement écrémé ou entier); elle peut donc être très faible ou aussi élevée que la teneur de la crème glacée ordinaire. En moyenne, elle se compare à celle du lait glacé. L'ajout de sucre peut toutefois en faire un dessert glacé dont la teneur calorique est comparable à celle de la crème glacée.

LE TOFU GLACÉ

Le tofu glacé n'est pas un produit laitier. Il n'en contient pas. Il est fabriqué à base de lait de soya, auquel de l'huile végétale et du sucre ont généralement été ajoutés. Le tofu glacé ne contient pas de cholestérol puisque sa source de gras est végétale. Sa teneur en calories peut se comparer à celle de la crème glacée; elle peut aussi être plus élevée, car sa teneur en gras peut être supérieure à celle de la crème glacée. Puisqu'il ne contient pas de lait, le tofu glacé convient bien au personnes intolérantes au lactose.

«Du fromage, s.v.p.!»

Le fromage est le caillé obtenu après coagulation (à l'aide de bactéries) du lait, de produits laitiers (par exemple, de la crème) ou de leur mélange, puis égouttement du petit-lait. Le petit-lait est le liquide résiduel aussi appelé «lactosérum».

Le fromage est un aliment concentré. Il est composé de protéines du lait (dont la caséine), de gras et de vitamine A en proportions variables selon la teneur en gras du lait employé, de minéraux, et d'une partie du petit-lait dans lequel se trouvent aussi du lactose, des protéines et des vitamines. Parce qu'il est pauvre en lactose, le fromage est souvent bien toléré par les personnes qui digèrent mal ce sucre du lait.

Le fromage peut être frais (cottage, ricotta), ou bien affiné avec des bactéries (parmesan, suisse, cheddar) ou des moisissures (fromage bleu, camembert). Plus la maturation du cheddar est longue, plus sa saveur devient piquante (cheddar doux, mi-fort, fort). C'est également au cours du vieillissement que les trous (yeux) du gruyère ou de l'emmenthal se forment à la suite de la production de gaz, et que le brie et le camembert acquièrent leur texture molle et souple. Le fromage affiné se conserve plus longtemps que le fromage frais.

LE FROMAGE À LA CRÈME

Comme son nom l'indique, le fromage à la crème est produit par coagulation de la crème. Sa valeur nutritive ne permet pas de le considérer comme un produit laitier. Nature, il renferme au moins 30 % de gras; aromatisé, au moins 26 %. Le fromage à la crème à tartiner est fait d'au moins la moitié de fromage à la crème auquel du lait et d'autres produits laitiers sont ajoutés. Il contient au moins 24 % de gras.

LE FROMAGE FONDU

Il est fabriqué de fromages mélangés par chauffage. La ou les variétés utilisées doivent être spécifiées sur l'emballage (par exemple, fromage cheddar fondu). Ces fromages transformés sont malheureusement souvent très salés et contiennent la plupart du temps, entre autres, des agents stabilisants, émulsifiants et de conservation pour assurer le maintien de la texture lisse du produit.

LA PRÉPARATION DE FROMAGE FONDU

Elle est également produite à partir d'une ou plusieurs variétés de fromages mélangés par chauffage, à la différence qu'elle peut ne contenir que 51 % de fromage (!). La loi garantit en effet ce minimum de fromage, le reste pouvant être composé de lait ou de produits laitiers (du gras de lait, par exemple). La préparation de fromage fondu renferme au moins 23 % de gras.

LE FROMAGE FONDU À TARTINER

Tout comme la préparation de fromage fondu, le fromage fondu à tartiner est fait d'une ou plusieurs variétés de fromages chauffés et mélangés, et doit contenir au moins 51 % de fromage auquel on ajoute du lait ou des produits laitiers. Il peut cependant renfermer plus d'eau et moins de gras que la préparation de fromage fondu. Il doit toutefois contenir au moins 20 % de matières grasses.

LES FROMAGES ALLÉGÉS EN GRAS

La composition du fromage et, pour plusieurs de ses variétés, la teneur minimale en matières grasses et la teneur maximale d'humidité sont définies par la Loi et règlements des aliments et drogues. Le fabricant ne peut donner, par exemple, le nom de «cheddar», de «brick» ou de «gruyère» à un fromage si le pourcentage de matières grasses qu'il contient est moins élevé que le taux minimal exigé par la loi. Voilà pourquoi il arrive qu'on trouve plutôt les appellations «fromage de type cheddar» ou «fromage de type brick» sur certains fromages faits de lait écrémé, leur teneur en gras étant inférieure à celle exigée par la loi.

Étant donné la course au taux de gras le plus bas, de nouvelles versions «sans cholestérol» et «faible en matières grasses saturées» ont fait leur apparition sur les rayons des supermarchés. Ces nouveaux fromages sans lait ressemblent en apparence au fromage, mais ils n'en sont pas! Ils sont fabriqués de lait de soya et/ou de tofu et non de lait animal; ils ne peuvent pour cette raison porter le nom de «fromage». Certains sont quand même offerts à «saveur de cheddar»… Leur origine végétale (le soya) explique pourquoi ces «fromages» sont sans cholestérol et contiennent moins de gras saturés, ce qui ne signifie pas pour autant qu'ils sont «sans gras»! Ils renferment en effet souvent de l'huile de soya. Végétariens, si vous ne mangez pas de produits laitiers, vérifiez bien si votre fromage de soya n'a pas été additionné de protéines de lait (caséine), qu'on incorpore souvent en petites quantités à ces «fromages», pour les aider à fondre…

LE FROMAGE FRAIS (BLANC)

Les fromages frais n'ont pas été affinés. D'une façon générale, ils ont un taux d'humidité élevé et, par conséquent, un pourcentage de gras entre 0,1 et 13 % et une valeur nutritive moins concentrée. Les fromages cottage, quark, ricotta et le fromage à la crème (qui contient exceptionnellement au moins 30 % de gras, nature) sont les plus connus. On les utilise beaucoup en pâtisserie.

Réduits en crème au mélangeur, le cottage, le quark et la ricotta remplacent à merveille le fromage à la crème. Essayez-les: dans les crêpes farcies; mélangés avec des fruits frais, en conserve ou séchés; en tartinades sur des biscottes; comme accompagnement à une salade de fruits ou de légumes;

comme base pour une trempette, seuls ou mélangés à du yogourt nature; comme glaçage, délayés avec un peu de lait et aromatisés de jus, de sirop ou de liqueur de fruit.

ACHAT ET CONSERVATION

Comparez les prix au kilo:

- des fromages à la coupe (coupés et emballés par le marchand) avec les fromages préemballés (emballés par le fabricant). Les fromages préemballés de marque nationale sont souvent plus chers, tandis que ceux de marque privée (marque du magasin) peuvent être plus économiques;
- des fromages importés avec leurs cousins canadiens, fabriqués ici et souvent moins chers;
- des fromages tranchés ou râpés avec leurs pendants en brique. Le «surplus» de travail est généralement compris dans le prix;
- des fromages forts avec leurs versions douces ou mi-fortes. Le vieillissement prolongé pour accentuer la saveur du fromage se paye aussi.

Surveillez les pourcentages de matières grasses (% M.G.) et recherchez les fromages renfermant moins de 15 % de gras. Maigre, le cheddar? La texture ferme et sèche des pâtes fermes comme le cheddar ou le brick laisse croire qu'ils renferment peu de gras, alors qu'en réalité c'est leur teneur en eau qui est faible. En effet, le pourcentage en gras sur l'étiquette dément les apparences: au moins 31 % pour le cheddar (soit le tiers du contenu) et au moins 29 % pour le brick! À l'inverse, les pâtes molles comme le camembert ou le brie ne doivent pas leur texture molle et onctueuse à une plus grande quantité de gras mais à leur pourcentage d'eau plus élevé: entre 50 et 60 %. Ils renferment entre 20 et 26 % de gras. Plus la teneur en eau est élevée, moins il y a de gras, mais moins la valeur nutritive est également concentrée. Et vice versa.

Lisez les étiquettes et recherchez les fromages qui renferment le moins de sel, de colorants et d'autres additifs.

Choisissez des fromages de qualité: brillants, sans signes de dessiccation ni fendillements sur les bords, ni taches, ni moisissures (sauf pour un bleu où cette présence est caractéristique!) ni odeur d'ammoniac. Le brie ou le camembert doivent être souples au toucher.

Emballez correctement les fromages avant de les réfrigérer: de préférence dans leur emballage original et, lorsque l'emballage est ouvert, dans une pellicule de plastique, un papier d'aluminium ou un contenant bien hermétique.

Congelez les fromages fermes et fondus adéquatement: en morceaux d'au plus 2 1/2 cm (1 po) d'épaisseur et 500 g (1 lb) de poids, enveloppés dans du papier d'aluminium ou un sac à congélation. Ils se gardent ainsi trois mois (sauf le cottage, le fromage à la crème et les pâtes molles qu'il est préférable de ne pas congeler). Le fromage congelé doit être dégelé au réfrigérateur. Il convient mieux pour la cuisson, car sa texture est alors friable.

Les produits laitiers et la constipation

Une croyance répandue et tenace veut que les produits laitiers causent la constipation! On pense qu'il s'agit de «quelque chose» en eux qui provoque cet état inconfortable, alors que c'est plutôt le «manque de quelque chose» dans l'alimentation, en l'occurrence des fibres et de l'eau, qui en est responsable. Chaque groupe d'aliments a ses forces et ses faiblesses, et les fibres ne sont pas la spécialité des produits laitiers. Solution? Une alimentation variée qui associe les produits laitiers à des produits céréaliers de grains entiers, des fruits et légumes et, régulièrement, des légumineuses et d'autres bonnes sources de fibres, naturellement!

POURQUOI NE PAS COMBINER LES PRODUITS LAITIERS AVEC DES ALIMENTS RICHES EN FIBRES?

Au lieu de consommer du:	On pourrait avantageusement:
lait nature	fouetter le lait avec des fruits et y saupoudrer du son et du germe de blé (sans oublier la poudre de lait pour plus de calcium!);
yogourt nature	incorporer au yogourt nature des fruits, des noix, des graines, du son et du germe (pour un yogourt au müesli);
fromage seul	accompagner le fromage de morceaux de fruits et de légumes crus variés, en brochettes par exemple;
fromage avec biscuits soda ou pain blanc	étendre le fromage sur une biscotte, un craquelin ou une tranche de pain de grains entiers.

Comblez vos besoins en calcium «comme et quand ça vous plaît»

Enrichissez votre alimentation de calcium et de protéines en ajoutant un peu (30 ml [2 c. à soupe] de poudre par portion) de poudre de lait dans: le lait à boire ou pour cuisiner; les laits fouettés; les sauces blanches; les produits de boulangerie (muffins, biscuits, etc.); les «cossetardes», les blancs-mangers et les yogourts maison ou commerciaux; les boulettes, les pains et les croquettes de légumes, de viande, de volaille ou de poisson; les purées de pommes de terre; le macaroni au fromage; les omelettes et les quiches; les soupes-crèmes et les potages; les céréales cuites (crème de blé, gruau, son d'avoine), etc.

Reconstituez le lait en poudre pour cuisiner avec deux parties d'eau (plutôt que trois) par partie de poudre. Il sera plus concentré. Cette reconstitution équivaut à l'ajout de 25 ml de poudre (1 1/2 c. à soupe) dans 250 ml (1 tasse) de lait.

Préparez des moitiés-moitiés: poudre pour gelée préparée avec moitié lait, moitié eau; café au lait moitié lait chaud, moitié café pression; potages moitié bouillon, moitié lait, etc.

Substituez le lait à l'eau dans: les céréales à cuire comme le gruau, la crème de blé ou le son d'avoine; les soupes-crèmes condensées, etc.

Saupoudrez du fromage râpé sur: les pommes de terre (au lieu du beurre), les légumes, les soupes, les plats en casserole, les salades, etc.

Remplacez la crème sure sur les pommes de terre par du yogourt nature, et la mayonnaise des sandwichs par un fromage quark ou ricotta.

Préparez des sucettes glacées au lait ou au yogourt aux fruits.

Complétez votre apport en calcium en ajoutant à votre consommation de produits laitiers d'autres sources de ce minéral: des poissons en conserve comme le saumon et les sardines (à condition de manger les arêtes que vous pouvez écraser à la fourchette et mélanger avec le poisson); des fruits et légumes comme la rhubarbe, le brocoli, les épinards et les feuilles de betterave; des légumineuses comme les fèves de soya, les haricots et les pois chiches; des noix et des graines comme les amandes, les noix du Brésil et les graines de sésame.

Tableau XXII
Prix* par portion de produits laitiers

PRODUITS	PRIX PAR PORTION (cents)
Lait (par portion de 250 ml [1 tasse])	
Écrémé	24
Écrémé en poudre, reconstitué	17
À 1 % M.G.	24
À 2 % M.G.	24
À 2 % M.G., UHT	28
À 2 % M.G., évaporé, reconstitué	33
À 3,25 % M.G.	25
Babeurre	42
Réduit en lactose	46
Yogourts (par portion de 175 g [3/4 tasse])	
Nature, du commerce	61
Nature, recette maison (p. 221) utilisant le lait écrémé en poudre reconstitué enrichi de poudre de lait	21
Aux fruits	65
Boisson au yogourt (200 ml [4/5 tasse])	85
Desserts glacés (vanille) (par portion de 175 ml [3/4 tasse])	
Crème glacée	36
Lait glacé	43
Yogourt glacé	34

* Prix en vigueur en août 1992, formats et marques économiques, super-marchés.

Tableau XXII
Prix* par portion de produits laitiers (suite)

PRODUITS	PRIX PAR PORTION (cents)
Fromage	
(par portion de 50 g [1 3/4 oz] de fromage ferme ou fondu; par portion de 125 ml [1/2 tasse] de fromage ricotta)	
Cheddar doux, marque nationale, préemballé	59
Cheddar mi-fort, marque nationale, préemballé	62
Cheddar fort, marque nationale, préemballé	66
Cheddar extra-fort, marque nationale, préemballé	70
Cheddar fondu, en brique, marque nationale, préemballé	57
Mozzarelle, en brique, marque privée, préemballée	45
Mozzarelle, en brique, à la coupe	52
Mozzarelle, râpée, à la coupe	57
Mozzarelle, râpée, marque privée, préemballée	57
Mozzarelle, tranchée, à la coupe	56
Mozzarelle, tranchée, marque nationale, préemballée	65
Fondu à tartiner, en pot, marque privée, préemballé	37
Préparation de fromage fondu, tranchée, marque privée, préemballée	35
Ricotta	96

---

* Prix en vigueur en août 1992, formats et marques économiques, super-marchés.

Chapitre 7

Fruits et légumes

Si la qualité des viandes était autrefois déterminante dans le choix du marché d'alimentation, la qualité et la variété des fruits et légumes frais sont aujourd'hui tout aussi importantes. Nombreuses sont aussi les personnes qui se rendent spécialement au marché public ou dans une fruiterie pour y choisir leurs produits frais.

Il faut dire qu'au fil des années, les étalages se sont enrichis d'une multitude de fruits et légumes nouveaux. Notre conscientisation face à l'alimentation et à la santé s'est aussi développée, encouragée par les professionnels de la santé. Quant aux scientifiques, ils ont découvert des phénomènes passionnants mettant en rapport une consommation élevée de fruits et légumes avec la prévention de certaines maladies.

Les caractéristiques nutritionnelles des fruits et légumes, leurs couleurs, leurs textures et leurs saveurs variées en font un groupe d'aliments à privilégier tous les jours au menu. Il est même non seulement permis mais fortement suggéré d'y succomber plusieurs fois par jour...

Composition et valeur nutritive

La majorité des fruits et légumes sont riches en eau (de 80 à 95 % de leur composition), ce qui en fait des aliments «détergents» efficaces pour les dents, en particulier lorsqu'ils sont consommés à la fin du repas ou à la collation. Ils sont généralement pauvres en gras (la noix de coco, l'olive et l'avocat sont les exceptions qui confirment la règle), en sel, en protéines et en calories. Une portion de 125 ml (1/2 tasse) de légumes fournit généralement entre 20 et 70 calories, une portion de 125 ml (1/2 tasse) de fruits (sans ajout de sucre), entre 30 et 100 calories, et une pomme de terre de 7 cm (3 po), sans lait ni beurre ajoutés, environ 120.

Les fruits et légumes fournissent des fibres solubles (dont la pectine) et insolubles, de l'énergie sous forme d'amidon (surtout les légumes) ou de sucres, et une mine de vitamines et de minéraux: vitamines A (sous forme de carotène), B_6 et C; potassium, fer, calcium, magnésium et acide folique (surtout les légumes verts). Étant d'origine végétale, aucun ne renferme de cholestérol.

Chaque groupe que définit le *Guide alimentaire canadien pour manger sainement* a sa spécialité. À l'intérieur des groupes, chaque aliment a aussi ses forces et ses faiblesses, d'où l'importance de varier la sélection. Dans le groupe des fruits et légumes, les produits frais avec la pelure l'emportent haut la main pour leur teneur en fibres, en vitamines et en minéraux. Il est souhaitable de les employer le plus souvent possible pour leur rendement maximal. Toute transformation (cuisson, mise en conserve, congélation, déshydratation) leur fait perdre de leur précieuse cargaison de vitamines et de minéraux. La cuisson altère aussi certaines fibres.

SE FIER À L'APPARENCE

C'est lorsqu'ils sont frais que les fruits et légumes sont au summum de leur valeur nutritive. Après, tout dépend de la durée et des conditions d'entreposage. Les parties meurtries accélèrent également leur maturation. C'est pourquoi il importe de les choisir bien frais et intacts, de les conserver adéquatement et de les consommer dans les jours qui suivent l'achat.

En règle générale, plus un fruit ou un légume est coloré foncé, plus il est riche en vitamines et en minéraux. Le carotène est un pigment de couleur qui donne aux fruits et légumes leur teinte orangée. Il se transforme en vitamine A dans notre corps. Les légumes verts qui sont foncés nous apparaissent ainsi, car la chlorophylle verte y est superposée au carotène, orange. Ils sont donc riches en carotène également.

Plus le fruit ou le légume est vert ou orangé foncé, plus il est riche en carotène et, conséquemment, en vitamine A. Le cantaloup, la carotte, le brocoli, la courge d'hiver et les épinards en fournissent donc davantage que l'aubergine, la courgette, le concombre ou la laitue iceberg. Aussi, les légumes vert foncé sont généralement riches en fer, en acide folique, en calcium et en magnésium. On recommande pour ces raisons de consommer souvent des fruits et légumes orange et vert foncé. Mettez de la couleur dans votre vie et dans votre assiette!

TROIS FOIS ABSORBERA...

Fait intéressant, la vitamine C favorise l'absorption du fer des aliments, en particulier celui des aliments végétaux, moins facilement assimilable. Un apport de 75 mg au moins de vitamine C au repas peut augmenter de deux à trois fois l'absorption du fer: une tige de brocoli cuit, 250 ml (1 tasse) de chou-fleur ou de pois mange-tout cuits, six choux de Bruxelles cuits, une orange, un verre de jus d'agrumes, de pomme ou de raisin enrichis de vitamine C, 1/2 cantaloup, 250 ml (1 tasse) de fraises, etc. Pensez vitamine C à chaque repas.

LE POUVOIR ANTICANCÉRIGÈNE DES FRUITS ET LÉGUMES

Les fruits et légumes sont importants pour la santé. Ils sont riches en fibres, faibles en sel et en gras, et ne contiennent pas de cholestérol. La quantité de vitamines et de minéraux qu'ils fournissent sont pour l'organisme des outils et des matériaux précieux. Les populations dont l'alimentation est riche en fruits et légumes connaissent une incidence moins élevée de divers problèmes de santé.

Il est possible que les fruits et légumes réduisent les risques de cancer. Ceux qui sont orange et vert foncé (par exemple, carotte, cantaloup, pêche, épinard et autres verdures foncées), les fruits citrins et les légumes de la famille des crucifères (brocoli, chou, chou-fleur, chou de Bruxelles, etc.) seraient particulièrement protecteurs. Les fibres et les vitamines A et C qu'ils fournissent en abondance pourraient jouer un rôle à cet égard, même si la preuve n'a pas encore été clairement établie. Par contre, il est clair que manger plus de fruits et de légumes contribue à réduire l'apport total en calories et en gras du régime, et à augmenter celui en fibres et en glucides complexes. La réponse est peut-être là.

Il est possible également que d'autres constituants expliquent le pouvoir préventif particulier de certains fruits et légumes. D'ailleurs, des recherches ont récemment permis d'identifier enfin une substance dans le brocoli, le sulforaphane, qui jouerait un rôle dans la production de certaines enzymes détoxifiantes. D'autres légumes comme le chou-fleur, les oignons verts, les choux rouge et vert, le kale et les carottes en contiendraient probablement.

L'intérêt que représentent les fruits et légumes a incité Santé et Bien-être social Canada à réviser à la hausse le nombre de portions d'aliments de ce groupe suggéré dans sa dernière édition du *Guide alimentaire canadien pour manger sainement.* Le nombre de portions maintenant recommandé est de cinq à dix par jour. On satisfait facilement cette recommandation en suivant une règle simple: au moins un fruit et un légume à chaque repas. D'une façon générale, les légumes fournissent une plus grande variété d'éléments nutritifs que les fruits; il est souhaitable d'en consommer au moins autant que ceux-ci.

LA COTE NUTRITIVE DES FRUITS ET LÉGUMES

Le Center for Science in the Public Interest, un organisme américain d'intérêt public sans but lucratif, a mis au point une méthode simple qui permet d'apprécier le rendement nutritif des fruits et légumes. Il suffit d'additionner les pourcentages des apports nutritionnels recommandés (ANR) des vitamines et des minéraux principaux du fruit ou du légume, et celui des fibres. On obtient alors une cote: plus sa valeur est élevée, plus le fruit ou le légume est nutritif. Tous les fruits et légumes ne sont pas égaux; certains sont supérieurs à d'autres. Cette méthode permet de se faire une idée globale de leur densité nutritive.

Aucun ANR n'existe au Canada pour les fibres, le potassium et le cuivre. Les spécialistes de la santé s'entendent généralement pour recommander de 25 à 35 g de fibres par jour; le chiffre de 25 servira de critère. Santé et Bien-être social Canada estime que 2 mg de cuivre par jour satisfont les besoins de la majorité des adultes et 1170 mg de potassium par jour, les besoins des adultes sédentaires vivant dans un climat tempéré. Ces valeurs seront donc retenues. Pour les autres éléments nutritifs, les apports quotidiens recommandés (AQR), établis aux fins de l'étiquetage nutritionnel des aliments canadiens, seront utilisés. Ces valeurs sont fondées sur les apports nutritionnels recommandés pour les Canadiens et représentent la valeur la plus élevée pour un élément nutritif.

La méthode proposée ne tient évidemment pas compte des «nouveaux» composés, comme ceux qui favoriseraient la prévention du cancer, ni de tous les nutriments contenus dans les fruits et légumes. De plus, la cote reflète souvent le contenu élevé en vitamines A et C. En effet, d'autres nutriments comme le fer ou l'acide folique peuvent se retrouver aussi en bonnes quantités, sans affecter grandement la valeur du score. Enfin, quand aucune donnée n'est disponible pour un élément nutritif, la valeur 0 lui est accordée, ce qui contribue à sous-estimer la cote pour ce fruit ou ce légume.

Exemple de calcul de la cote nutritive

La cote pour une tige et une fleur de brocoli bouilli est de 409. Elle est obtenue en additionnant les chiffres de chacun des pourcentages suivants: 30 % pour les fibres, 15 % pour le fer, 19 % pour le calcium, 25 % pour le potassium, 6 % pour le cuivre, 25 % pour la vitamine A, 188 % pour la vitamine C, 12 % pour la thiamine, 10 % pour la niacine, 23 % pour la riboflavine et 56 % pour l'acide folique.

Tableau XXIII

Pourcentage des apports quotidiens recommandés* et cote nutritive des fruits et légumes
(par portion de 125 ml [1/2 tasse], sauf indication contraire)

VARIÉTÉS	FIBRES (%)	FER (%)	CALCIUM (%)	POTASSIUM (%)	CUIVRE (%)	VIT. A (%)	VIT. C (%)	THIA-MINE (%)	NIA-CINE (%)	RIBO-FLAVINE (%)	ACIDE FOLIQUE (%)	COTE
Légumes												
Asperges, bouillies, en morc.	6	5	2	25	5	8	43	8	6	8	43	159
Aubergine, bouillie, en cubes	5	1	0	11	3	0	2	3	2	1	4	32
Avocat de Californie, cru (1/2)	7	7	1	47	12	5	12	8	9	7	26	141
Bette à carde, crue, hachée	6	2	1	6	2	6	10	1	1	1	1	37
Bette à carde, bouillie, hachée	23	15	5	43	8	29	28	2	3	5	4	165
Betteraves, bouillies, en tr.	9	4	1	24	3	0	8	2	2	1	22	76
Brocoli, cru, (1 tige et fleur)	22	9	7	42	4	23	235	8	7	11	49	417
Brocoli, bouilli, (1 tige et fleur)	30	15	19	25	6	25	188	12	10	23	56	409
Carotte, crue, (1 de 19 cm)	8	3	2	20	2	203	12	5	3	3	5	266
Carottes, bouillies, en tr.	10	4	2	16	6	202	3	2	3	3	5	256

* Pour le potassium, le cuivre et les fibres, voir le texte p. 239.

Tableau XXIII
Pourcentage des apports quotidiens recommandés*
et cote nutritive des fruits et légumes (suite)

VARIÉTÉS	FIBRES (%)	FER (%)	CALCIUM (%)	POTASSIUM (%)	CUIVRE (%)	VIT. A (%)	VIT. C (%)	THIA- MINE (%)	NIA- CINE (%)	RIBO- FLAVINE (%)	ACIDE FOLIQUE (%)	COTE
Légumes												
Céleri, cru, en dés	5	2	2	15	1	1	7	2	1	1	3	40
Céleri, bouilli, en dés	7	1	3	24	1	1	7	2	1	2	2	51
Céleri-rave, cru	19	4	3	21	3	0	12	3	3	3	3	74
Champignons, crus, en morc.	4	4	0	12	9	0	3	3	8	11	4	58
Champignons bouillis, en morc.	ND	5	0	13	11	0	3	2	10	8	4	56
Chou, cru, haché	5	1	2	8	1	1	30	2	1	1	10	62
Chou, bouilli, haché	9	2	2	14	1	1	33	4	1	3	7	77
Choux de Bruxelles, bouillis	10	7	3	22	4	6	85	7	4	4	22	174
Chou cavalier (collard), cru, haché	13	4	10	12	13	33	38	2	3	4	5	137
Chou cavalier (collard), bouilli, haché	11	3	7	8	8	22	17	2	2	3	3	86

Chou-fleur, cru, en morc. de 2,5 cm	4	2	1	16	1	16	0	63	3	3	2	16	111
Chou-fleur, bouilli, en morc. de 2,5 cm	5	2	2	18	3	18	0	62	3	3	3	15	116
Citrouille, bouillie, en purée	ND	5	2	25	6	25	14	10	3	3	6	5	79
Concombre, cru, en tr.	1	1	1	7	1	7	0	5	2	1	1	4	24
Courge d'été, crue, en tr.	5	2	1	11	3	11	1	17	4	2	2	8	56
Courge d'été, bouillie, en tr.	2	2	2	16	5	16	3	8	3	3	3	9	56
Courge d'hiver, au four, en cubes	8	3	1	41	5	41	39	18	7	4	2	14	142
Endives**, crues, hachées	ND	1	1	7	2	7	5	3	2	ND	1	16	38
Épinards, crus, hachés	5	6	3	14	2	14	20	15	2	2	4	26	99
Épinards, bouillis	24	24	12	38	9	38	78	17	7	5	14	63	291
Feuilles de betterave**, crues, en morc. de 2,5 cm	ND	4	2	9	2	9	12	10	2	ND	3	ND	44

ND: donnée non disponible.

* Pour le potassium, le cuivre et les fibres, voir le texte p. 239.

** Donnée tirée de United States Department of Agriculture, *Composition of Foods: Vegetables and Vegetable Products*, Handbook Number 8-11, 1984.

Tableau XXIII
Pourcentage des apports quotidiens recommandés*
et cote nutritive des fruits et légumes (suite)

VARIÉTÉS	FIBRES (%)	FER (%)	CALCIUM (%)	POTASSIUM (%)	CUIVRE (%)	VIT. A (%)	VIT. C (%)	THIAMINE (%)	NIACINE (%)	RIBOFLAVINE (%)	ACIDE FOLIQUE (%)	COTE
Légumes												
Feuilles de betterave, bouillies	20	11	8	60	10	39	32	7	4	14	5	210
Feuilles de moutarde**, crues, hachées	ND	3	3	8	ND	15	33	2	ND	2	ND	66
Feuilles de moutarde**, bouillies, hachées	ND	4	5	12	ND	21	30	2	ND	3	ND	77
Feuilles de pissenlit, crues, hachées	ND	6	5	10	3	41	17	5	2	5	4	98
Feuilles de pissenlit**, bouillies, hachées	ND	6	7	10	ND	61	15	5	ND	6	ND	110
Germes de luzerne, crus	ND	1	1	1	2	0	3	2	1	1	3	15
Haricots jaunes ou verts, bouillis	8	6	3	17	4	4	12	4	3	4	10	75
Jus de légumes, en conserve	ND	6	1	24	7	7	40	5	4	3	12	109

Kale**, cru, haché	ND	4	4	13	5	30	68	3	ND	3	5	135
Kale**, bouilli, haché	ND	4	4	13	5	48	45	2	ND	3	4	128
Laitue Boston, crue	2	1	1	6	1	3	5	2	1	1	10	33
Laitue frisée (ou en feuilles), hachée	2	3	2	7	1	6	10	2	1	2	7	43
Laitue iceberg, crue	2	1	1	4	1	1	2	2	0	1	7	22
Laitue romaine, crue, hachée	2	2	1	7	1	8	12	2	1	2	18	56
Maïs sucré, bouilli	16	4	0	18	3	2	10	15	8	4	18	98
Navet, bouilli, en cubes	7	1	2	10	3	0	17	2	2	1	4	49
Oignon, cru, haché	4	2	2	11	2	0	12	4	1	1	8	47
Oignon, bouilli, haché	6	1	3	14	2	0	12	4	2	1	6	51
Pomme de terre, au four, chair seul. (1 de 12 x 6 cm diam.)	12	4	1	52	17	0	33	12	13	2	6	152
Pomme de terre, au four, chair et pelure (1 de 12 x 6 cm diam.)	ND	20	2	72	31	0	43	17	20	4	10	219

ND: donnée non disponible.

* Pour le potassium, le cuivre et les fibres, voir le texte plus haut.

** Donnée tirée de United States Department of Agriculture, *Composition of Foods: Vegetables and Vegetable Products*, Handbook Number 8-11, 1984.

Tableau XXIII

Pourcentage des apports quotidiens recommandés*
et cote nutritive des fruits et légumes (suite)

VARIÉTÉS	FIBRES (%)	FER (%)	CALCIUM (%)	POTASSIUM (%)	CUIVRE (%)	VIT. A (%)	VIT. C (%)	THIA- MINE (%)	NIA- CINE (%)	RIBO- FLAVINE (%)	ACIDE FOLIQUE (%)	COTE
Légumes												
Pomme de terre, bouillie sans la pelure, chair seul. (1 de 6,4 cm diam.)	6	3	1	38	12	0	17	10	10	2	5	104
Pomme de terre, bouillie avec la pelure, chair seul. (1 de 6,4 cm diam.)	11	3	1	44	13	0	30	11	11	2	6	132
Patate douce, bouillie sans la pelure, en purée	ND	7	3	27	14	296	50	7	7	16	9	436
Patate douce, au four avec la pelure (1 de 12,7 x 5,1 cm diam.)	10	4	3	34	12	249	47	6	5	9	12	391
Persil, cru, haché (15 ml)	1	1	0	2	0	2	5	0	0	0	3	14
Poireau, bouilli, haché	ND	4	2	4	2	0	5	2	1	1	6	27
Pois verts, bouillis	18	9	2	20	8	5	20	17	10	8	25	142

Pois mange-tout, crus	16	11	3	13	3	1	77	9	3	4	15	155
Pois mange-tout, bouillis	18	12	3	17	4	1	68	8	4	4	11	150
Poivron rouge ou vert, cru, haché	2	5	0	9	3	3	113	4	2	2	4	147
Poivron rouge ou vert, bouilli, haché	3	4	0	8	3	3	133	3	2	2	3	164
Radis, cru, en tr.	2	1	1	12	1	0	23	1	1	2	8	52
Tomate, crue (1 de 6,6 cm diam.)	7	4	1	22	5	14	37	5	4	4	5	108
Fruits												
Abricots (3)	8	4	1	27	5	27	15	2	4	2	4	99
Abricots, séchés (6 demies)	10	7	1	25	5	15	0	0	4	2	1	70
Ananas, en cubes	4	2	1	8	5	0	22	6	2	2	4	56
Banane (1 de 22 x 3,6 cm diam.)	16	3	1	39	6	1	17	4	3	7	10	107
Bleuets	22	1	0	6	3	1	17	3	1	3	2	59
Cantaloup, en cubes	4	1	1	22	2	27	60	2	3	1	6	129
Cerises sucrées	4	2	1	15	4	2	10	3	2	3	1	47

ND: donnée non disponible.

* Pour le potassium, le cuivre et les fibres, voir le texte p. 239.

Tableau XXIII

Pourcentage des apports quotidiens recommandés*
et cote nutritive des fruits et légumes (suite)

VARIÉTÉS	FIBRES (%)	FER (%)	CALCIUM (%)	POTASSIUM (%)	CUIVRE (%)	VIT. A (%)	VIT. C (%)	THIA-MINE (%)	NIA-CINE (%)	RIBO-FLAVINE (%)	ACIDE FOLIQUE (%)	COTE
Fruits												
Citron (1 de 5,4 cm diam.)	18	3	1	7	1	0	52	2	1	1	3	89
Figues, séchées (2)	28	6	5	23	6	0	0	2	2	3	1	76
Fraises	7	2	1	11	2	0	75	2	1	3	6	110
Framboises	19	3	1	8	3	1	27	2	3	4	8	79
Jus d'orange, concentré congelé, reconstitué	ND	1	1	21	3	1	85	8	1	2	26	149
Jus d'orange, en conserve	ND	4	1	20	4	2	77	6	2	3	11	130
Jus d'orange, frais	ND	2	1	22	3	3	110	9	3	3	18	174
Kiwi (1 moyen)	ND	2	2	22	ND	1	95	2	2	3	ND	129
Mangue (1/2)	6	1	1	14	6	40	48	5	3	4	ND	128
Melon d'eau, en cubes	ND	1	1	8	2	3	13	5	1	1	1	36
Melon de miel, en cubes	3	1	1	21	2	0	38	5	3	1	12	87
Nectarine (1 de 6,4 cm diam.)	12	1	1	25	5	10	12	2	7	4	2	81

Aliment											
Orange (1 de 6,7 cm diam.)	10	1	5	20	3	3	117	8	3	3	18	191
Pamplemousse blanc (1/2 de 9,5 cm diam.)	3	1	1	15	3	0	65	3	2	1	5	99
Papaye (1/2 de 13 x 9 cm diam.)	3	1	3	34	2	31	160	3	3	3	ND	243
Pêche (1 de 6,4 cm diam.)	5	1	0	15	3	5	10	1	4	3	1	48
Poire (1 de 8,9 x 6,4 cm diam.)	12	3	2	18	10	0	12	2	1	4	5	69
Pomme avec pelure (1 de 7 cm)	12	2	1	14	3	1	13	2	1	1	2	52
Prune (1 de 5,4 cm diam.)	6	1	0	10	2	2	10	2	2	4	1	40
Pruneaux, séchés (3)	17	4	1	16	6	5	0	2	3	2	0	56
Raisins américains	1	1	1	8	1	1	3	4	1	2	1	24
Raisins secs, sans pépins (30 ml)	5	3	1	12	3	0	2	2	1	1	0	30

Sources: Micheline Brault Dubuc et Liliane Caron Lahaie, *Valeur nutritive des aliments*, 1987; Santé et Bien-être social Canada, *Valeur nutritive de quelques aliments usuels*, 1988.

ND: donnée non disponible.

* Pour le potassium, le cuivre et les fibres, voir le texte p. 239.

LES SALADES, C'EST LA SANTÉ?

Sous prétexte qu'on veut manger sainement et légèrement, la salade devient souvent notre repas. Que contient-elle la plupart du temps? Laitue iceberg, céleri, germes de luzerne, concombre, oignons, radis, champignons. Jetez un coup d'œil sur leur score et jugez. Ces légumes figurent parmi les moins nutritifs. Il est vrai qu'ils ont l'avantage d'être peu caloriques (l'eau également!), mais lorsqu'on les arrose d'une bonne cuillerée de sauce à salade, cet avantage disparaît sous la centaine de calories ajoutées.

Combinez épinards, brocoli, carottes, pois mange-tout, chou-fleur, poivron, et voyez le rendement nutritif s'élever! Remplacez la sauce à salade par du yogourt nature, du jus de citron ou un vinaigre aromatisé, et voyez le rendement calorique diminuer! Si la salade constitue votre repas, n'oubliez pas votre source de protéines: flocons de poisson, de jambon ou de poulet, tofu, légumineuses, fromage ou œufs durs.

Produit frais, surgelé ou en conserve?

Le produit frais est-il toujours le meilleur choix? Tout dépend de vous. Conservé dans de mauvaises conditions, trop longtemps ou mal cuit, le fruit ou le légume frais n'est pas nécessairement supérieur au produit surgelé ou en conserve.

LA SURGÉLATION

La congélation industrielle (surgélation) s'effectue en quelque sorte «sur le champ»: dans les heures qui suivent la cueillette et en quelques minutes. À ce moment, la valeur nutritive, la fraîcheur et la maturité des produits sont à leur meilleur. Et, compte tenu de la rapidité du processus de congélation industrielle, leur belle couleur, leur texture, leur saveur et leur valeur nutritive sont préservées au maximum.

Si la surgélation permet presque de «fixer» dans le sac les propriétés du produit frais cueilli, il ne faut pas oublier que, par la suite, la conservation et la cuisson sont aussi des étapes déterminantes des qualités du produit qui se retrouve dans votre assiette. Évitez les fluctuations de températures au cours du transport et dans le congélateur à la maison. Utilisez les surgelés rapidement. Cuisez les légumes sans les décongeler au préalable en prenant les mêmes précautions que pour les produits frais.

LA MISE EN CONSERVE

Tout comme la surgélation, la mise en conserve s'effectue également dans les heures suivant la récolte. La stérilisation requise par le procédé cuit le légume. Il suffit ensuite de le réchauffer rapidement, si on veut maintenir un bon rendement nutritif.

LE MEILLEUR ACHAT

Suivez les cycles de la nature, achetez les fruits et légumes de saison. On les trouve alors en abondance et, par conséquent, plus frais et moins chers. Tout au long de l'année, ils vous inciteront à la variété et à l'économie. Lorsqu'il est bien cuit, le légume frais constitue généralement le premier choix en ce qui a trait à la valeur nutritive, suivi du légume surgelé, puis en conserve.

Hors saison, optez pour les produits frais en promotion ou les produits surgelés ou en conserve, selon le prix par portion. Les légumes surgelés ou en conserve, déjà parés et nettoyés, sont rapides à utiliser et pratiques, particulièrement pour les gens seuls qui peuvent alors s'offrir le plaisir de varier à chaque jour et à longueur d'année. Par rapport à son cousin en conserve, le légume surgelé s'avère le premier choix au point de vue de la valeur nutritive.

Choisissez de préférence des légumes en conserve sans sel, sucre et additifs ajoutés. Lorsque le sel est déjà ajouté, évitez alors d'en rajouter. Les nutriments que contient le liquide de la conserve peuvent être récupérés s'il est utilisé pour les soupes, les sauces et les bouillons de cuisson du riz (ou autres grains à cuire).

Choisissez de préférence les fruits en conserve «dans leur jus» ou «sans sucre ajouté» qui ne contiennent que le sucre du fruit. Sinon, achetez ceux qui sont «dans un sirop léger» plutôt que «dans un sirop épais».

Les fruits et légumes en conserve entiers ou en demies sont plus chers, car les produits utilisés doivent davantage être parfaits. Lorsque l'usage le permet, préférez les morceaux, les tranches ou les cubes.

Les légumes en conserve assaisonnés sont plus chers que leur version nature (par exemple, haricots assaisonnés à la française).

Tableau XXIV

Teneur en vitamines A et C et prix* de certains légumes frais et surgelés bouillis, et en conserve
(par portion de 125 ml [1/2 tasse])

Légumes	Frais			Surgelés			En conserve		
	VIT. A (ÉR**)	VIT. C (mg)	PRIX (cents)	VIT. A (ÉR**)	VIT. C (mg)	PRIX (cents)	VIT. A (ÉR**)	VIT. C (mg)	PRIX (cents)
Brocoli	116	52	25	184	39	27			
Carottes, en tr.	2024	2	12	1366	2		1062	2	24
Chou-fleur, en morc.	trace	37	27	2	30	27			
Choux de Bruxelles	60	51	66	49	38	27			
Haricots verts, coupés	44	7	33	38	6	19	25	4	22
Maïs sucré	19	6	17	22	3	20	14***	8***	25
Pois verts				57	9	21	69	9	27

Source: Micheline Brault Dubuc et Liliane Caron Lahaie, *Valeur nutritive des aliments*, 1987.

* Prix en vigueur en août 1992, formats et marques économiques, supermarchés.

** ÉR: équivalent rétinol.

*** Santé et Bien-être social Canada. *Valeur nutritive de quelques aliments usuels*. 1988.

LES DÉPANNEURS À GARDER SOUS LA MAIN

- Fruits en conserve: ajouter à des fruits frais un peu avancés pour une salade de fruits; mélanger à un yogourt nature ou à un blanc-manger; servir en entrée avec du fromage cottage; incorporer aux poudings et croustades; réduire en purée pour un coulis; diviser en portions pour la boîte à lunch; garnir viandes et volailles.
- Légumes en conserve et surgelés: pour les repas pressés ou en solo; ajouter à une soupe ou un ragoût; réduire en purée pour un coulis et napper viandes et poissons.

Quand perfection rime avec colorants et pesticides

Des pommes et des tomates brillantes, bien rondes et sans taches, des oranges complètement orange et des carottes bien droites ne séduisent-elles pas davantage? Oui, et l'industrie l'a compris avec raison: produits conformes aux exigences du consommateur égalent produits qui se vendent.

Ces exigences, même si elles sont fondées en grande partie sur des critères esthétiques, encouragent les producteurs et les grossistes à utiliser différents colorants et pesticides. Un fruit ou un légume de couleur ou de forme moins parfaite n'a pas pour autant une moins bonne valeur nutritive. Or belle apparence équivaut parfois à toxicité.

Afin de préserver leur santé et l'environnement, les consommateurs exigent de plus en plus qu'on limite le recours à ces substances. Plusieurs se sont même tournés vers l'agriculture biologique. Mais sommes-nous prêts à repenser notre conception de la qualité? En raison du fait qu'elles ne contiennent pas de pesticides, achèterons-nous des carottes un peu «croches» ou des pommes moins rondes et quelque peu tachetées? La nature a ses petits caprices, de la même façon que nous ne sommes pas tous de la même taille et sans imperfections! Le prix à payer est d'accepter ces petits défauts… même si ce n'est pas toujours facile!

Les fruits et légumes importés renferment généralement plus de résidus de pesticides que les produits locaux. Acheter les produits locaux lorsque c'est possible encourage les agriculteurs d'ici et permet de limiter la consommation de pesticides.

Frottez ou brossez les fruits et légumes sous l'eau froide courante avant de les préparer. Le lavage élimine une bonne partie de la cire et des résidus de pesticides, en même temps que la saleté. Quelques gouttes de détergent ou de savon par litre d'eau s'avèrent plus efficaces encore pour les fruits et légumes à peau ferme. Si vous employez cette méthode, assurez-vous de bien rincer. (Le savon n'est peut-être pas meilleur pour la santé que les pesticides!) Évitez de les laisser tremper pour limiter les fuites de vitamines et de minéraux dans l'eau.

Malheureusement, une certaine quantité de pesticides peut se retrouver dans la pelure ou à l'intérieur du fruit ou du légume. Le fait de peler les fruits et légumes règle une partie du problème. Cette pratique présente toutefois l'inconvénient d'éliminer du même coup les vitamines et minéraux qui se trouvent concentrés sous la pelure, ainsi que les fibres qu'elle contient. Il est souvent recommandé de jeter les feuilles extérieures des verdures. Mais comme elles sont plus concentrées en nutriments, il faut éviter de trop dégarnir le légume, d'autant plus que ses premières feuilles sont souvent déjà enlevées au moment où vous l'achetez.

Certaines précautions s'imposent, il est vrai. Mais gardons à l'esprit que les avantages des fruits et légumes pour notre santé surpassent largement ces inconvénients.

La cire qui protège

Mère Nature recouvre les fruits et légumes de cire pour les protéger. Cette couche limite notamment la perte d'humidité. De la même façon, les producteurs aspergent souvent les fruits et légumes de cire pour retarder la perte d'humidité et la respiration. C'est ce qui explique le résidu sur la main après qu'on a manipulé des fruits citrins, des concombres, des pommes, des poivrons, des tomates et d'autres fruits et légumes.

Même si cette cire est comestible (paraffine, vaseline, huile minérale), il est préférable de brosser ou de frotter les fruits et légumes cirés sous l'eau courante (ne pas oublier les oranges lorsque la pelure est utilisée en cuisine). On peut aussi employer un peu de détergent ou les peler. La cire s'enlève difficilement au lavage et elle scelle sur la pelure les pesticides vaporisés avant son application.

L'agriculture biologique (organique)

L'agriculture biologique est la forme d'agriculture la plus exigeante et la plus difficile, mais aussi la plus intelligente. Aucun agent polluant n'est employé et chaque action tient compte des ressources du milieu et des conséquences.

Plus qu'une façon de cultiver et d'élever, l'agriculture biologique est une philosophie. C'est une agriculture engagée qui concerne à la fois le sol, les plantes, les produits, les animaux et les humains, bref, qui intègre toutes les composantes de la nature pour en maintenir l'équilibre. Elle contribue ainsi à la santé et à la qualité du milieu de vie:

• pour les plantes: emploi de matières organiques (principalement sous forme de composts) qui enrichissent le sol et limitent la croissance des mauvaises herbes; emploi d'agents biocides naturels contre les insectes; sélection des des espèces «compagnes» et des espèces et variétés les mieux adaptées au sol et au climat; protection par des barrières naturelles (brise-vent, etc.);

- pour le sol: aucun engrais chimique de synthèse ni pesticide chimique; rotation des cultures;
- pour les produits: concentration plus élevée de certains minéraux (selon certaines études); fraîcheur; aucun résidu; produits cueillis à maturité et certifiés biologiques par un sceau de qualité de l'Organic Crop Improvement Association (OCIA) ou du ministère de l'Agriculture, des Pêcheries et de l'Alimentation du Québec (MAPAQ);

- pour les animaux: une alimentation et des conditions de vie et de soins contrôlées (air, lumière, médication, espace, calme, salubrité).

Les prix des fruits et légumes biologiques sont supérieurs aux prix des produits de culture conventionnelle. Ils s'expliquent en partie par des coûts de production plus élevés souvent liés à une main-d'œuvre accrue pour le désherbage. Le temps nécessaire au sol pour se lessiver des résidus de produits chimiques et s'enrichir de matières organiques peut représenter plusieurs années d'attente. La maîtrise de la technique peut aussi demander un certain temps et diminuer la rentabilité. Et puis, les producteurs (quoique de plus en plus nombreux) ne suffisent pas à la demande et ont beau jeu pour fixer les prix.

Si les produits de culture conventionnelle sont moins chers, il faut dire toutefois que leur prix ne tient pas compte des dommages causés à l'environnement (et à la santé). Tout compte fait, ils coûtent probablement plus cher. Heureusement, de plus en plus de consommateurs acceptent maintenant le prix à payer... tôt ou tard.

L'irradiation, la solution à tous les problèmes?

L'irradiation est un procédé par lequel les aliments sont soumis à des radiations qui ont pour but d'en améliorer la qualité, la durée de conservation et l'innocuité. Les rayons X, les rayons gamma émis par le cobalt 60 ou le césium 137 et les électrons accélérés ont le pouvoir d'agir directement sur les molécules. Les réactions produites réduisent la germination des pommes de terre ou des oignons, ralentissent la maturation des fruits et légumes, détruisent les bactéries et autres microbes des viandes, des volailles, des poissons et des épices, de même que les insectes des céréales, des fruits et des légumes. Il semble que les aliments ainsi traités ne soient pas radioactifs.

L'irradiation constitue une solution de rechange aux produits de fumigation et aux agents de conservation. Au Canada, Santé et Bien-être social Canada autorise actuellement l'irradiation des pommes de terre, des oignons, du blé, de la farine de blé, des épices et des assaisonnements déshydratés. Les doses sont définies pour chaque aliment en fonction de l'effet recherché. Les produits irradiés doivent être clairement marqués d'un symbole prévu à cet effet, pour permettre au consommateur de les reconnaître. L'irradiation possède donc toutes les vertus? Loin de là. Cette méthode, comme les autres, a ses avantages, ses inconvénients et ses limites.

L'irradiation entraîne la formation de produits de radiolyse, dont les radicaux libres. La cuisson conventionnelle, la cuisson au micro-ondes et la congélation en produisent aussi. Mais peut-on mesurer les effets cumulatifs de ces substances à long terme? Sans compter que d'autres produits de radiolyse que les radicaux libres, et uniques aux aliments irradiés, se forment également.

L'irradiation ne réduirait pas la valeur nutritive des aliments plus que d'autres procédés, comme la cuisson ou la congélation. Mais lorsque ces pertes s'additionnent à celles de la cuisson ou de la congélation et qu'une variété d'aliments irradiés sont consommés à longueur d'année, peut-on estimer la qualité nutritionnelle de l'alimentation?

Les aliments irradiés «entiers» mis en vente doivent porter un symbole sur l'étiquette. De même, si un produit transformé contient 10 % ou plus d'un ingrédient irradié, ce dernier doit être mentionné comme tel dans la liste des ingrédients. Mais comment reconnaître les aliments irradiés consommés au restaurant? Comment mesurer la dose réelle de radiations reçue par un aliment et détecter les illégalités?

Ce sont là quelques questions encore sans réponses. Les connaissances actuelles et les avantages de l'irradiation justifient-ils l'expansion de ce nouveau mode de conservation? Sans compter ses coûts et les risques inhérents au transport et à la manutention de substances radioactives, à la construction d'irradiateurs et à la gestion d'une plus grande quantité de déchets radioactifs?

De plus, l'irradiation n'est un avantage réel que dans la mesure où elle se conjugue aux précautions habituelles: éviter la recontamination durant le transport, l'entreposage ou la préparation; continuer de réfrigérer le produit qui nécessitait ce mode de conservation avant l'irradiation, etc. Ces précautions doivent toujours prévaloir et les mesures pour empêcher la contamination à la source ne doivent pas être assouplies. L'irradiation reste donc une question à suivre…

La conservation à atmosphère contrôlée (AC)

Plus la température de conservation est élevée, plus les fruits et légumes cueillis respirent, ce qui accélère leur déshydratation, leur maturation et leur détérioration. La conservation à atmosphère contrôlée vise à maîtriser la respiration pour retarder le mûrissement.

Le froid ralentit le métabolisme et la respiration du fruit et du légume, ce qui retarde le mûrissement. Si par rapport à l'air ambiant, le taux d'oxygène est diminué tandis que le taux de gaz carbonique est élevé, on réduit davantage la respiration et on prolonge encore plus la vie du produit. Le fruit ou le légume dort en quelque sorte. En atmosphère contrôlée, les taux d'oxygène et de gaz carbonique, le pourcentage d'humidité et la température optimaux sont rigoureusement surveillés pour chaque produit.

Ce procédé permet de prolonger la présence sur le marché de produits saisonniers et, donc, d'en faire profiter plus longtemps le consommateur. On y a couramment recours pour la conservation des pommes, entre autres.

Guide d'achat et de conservation

À l'achat de légumes frais, calculez par portion:

Asperges	3 à 4 tiges; 115 g (1/4 lb)
Aubergine	1/6 d'une moyenne; 115 g (1/4 lb)
Betteraves	2 à 3 moyennes; 150 g (1/3 lb)
Brocoli	1/6 d'un moyen; 150 g (1/3 lb)
Carottes (sans queues)	115 g (1/4 lb)
Courges d'hiver: petites	250 g (1/2 lb)
grosses	250 à 330 g (1/2 à 3/4 lb)
Chou	1/6 d'un petit; 150 g (1/3 lb)
Choux de Bruxelles	5 à 6 choux; 115 g (1/4 lb)
Chou-fleur	1/6 d'un moyen; 200 g (2/5 lb)

Épinards	1/3 paquet; 150 g (1/3 lb)
Haricots	115 g (1/4 lb)
Pommes de terre	1 moyenne; 150 g (1/3 lb)
Tomates	1 moyenne; 115 à 150 g (1/4 à 1/3 lb)

À l'achat de légumes surgelés, prévoyez un peu moins car ils sont déjà parés: environ 90 g (1/5 lb) par portion.

À l'achat de fruits et légumes en conserve, calculez par boîte de:

284 ml (10 oz liq.)	2 à 3 portions
398 ml (14 oz liq.)	3 à 4 portions
540 ml (19 oz liq.)	5 portions
796 ml (28 oz liq.)	7 portions

Prévoyez l'achat d'un nombre suffisant de portions en fonction du menu, des boîtes à lunch et des collations de la semaine, et de façon à satisfaire les besoins nutritionnels de chaque membre de la famille: entre 5 et 10 portions par jour par personne.

Achetez des fruits et légumes de grosseurs et de marques de catégorie correspondant à l'usage auquel ils sont destinés (voir «Préparez votre liste d'épicerie», p. 42 et «Les marques de catégories», p. 28).

Achetez les fruits et légumes frais de saison. Ils sont alors en abondance, donc plus frais et moins chers.

En règle générale, les fruits et légumes jeunes sont plus sucrés, plus savoureux et plus tendres; plus vieux, ils sont plus fibreux.

Les produits fermes, à la peau lisse et bien colorée, sont plus frais. Un fruit ou un légume lourd pour sa taille contient beaucoup d'eau. Il n'est donc pas déshydraté et contient plus de jus (par exemple, les agrumes, une courge, une aubergine). Plus le produit est frais, plus il est vitaminé.

La conservation des fruits et légumes frais requiert du froid et de l'humidité pour retarder leur déshydratation et leur détérioration. Plusieurs vitamines (particulièrement la vitamine C) sont sensibles à l'air, à la lumière et à la chaleur. Dès qu'ils sont mûrs, réfrigérez les fruits et légumes et utilisez-les rapidement. Ils conserveront leur fraîcheur et leur valeur nutritive. L'entreposage dans des contenants de plastique ou le tiroir à fruits ou à légumes est approprié parce qu'en diminuant ou coupant la circulation d'air, on augmente l'humidité ambiante. Sortez-les du réfrigérateur au moment de les utiliser et replacez-les immédiatement après leur préparation afin de réduire le temps d'attente à la température ambiante.

Conservez les jus de fruits dans des contenants opaques étanches et de format approprié afin de limiter l'action de la lumière et de l'air.

Enveloppez les fruits et légumes coupés dans une pellicule de plastique.

Manipulez les fruits et légumes avec soin pour éviter de les meurtrir. Les parties meurtries se détériorent plus vite et accélèrent la maturation.

D'une façon générale, seules les laitues ont besoin d'être nettoyées avant la réfrigération, car la terre et les insectes peuvent plus facilement les détériorer. La saleté et la cire des autres fruits et légumes les protègent de la déshydratation.

Un légume un peu défraîchi? Pensez «recyclage» et usez de créativité. Cuisez-le à la vapeur (la cuisson détruit les enzymes responsables de sa détérioration, mais ne lui redonne pas la fraîcheur ni ne prolonge sa vie indéfiniment), réfrigérez et utilisez le plus rapidement possible: dans les soupes et les potages, dans les quiches et les omelettes, dans les pains de viande, en coulis de légume, dans les aspics ou les macédoines, gratiné au fromage, en sauce blanche ou sur des pâtes alimentaires avec des légumineuses, des œufs, du tofu ou du fromage.

Utilisez les restes de fruits dans les salades de fruits, en coulis, compotes, confitures, poudings, muffins, tartes, biscuits, pains, yogourts, gâteaux, mousses, sorbets, croustades.

POUR ACCÉLÉRER LE MÛRISSEMENT

Les fruits et les légumes sont vivants. Même après la cueillette qui les sépare du plant mère, ils continuent de respirer. Comme nous, ils captent l'oxygène de l'air et rejettent du gaz carbonique, déchet de leurs activités métaboliques.

La respiration des fruits stimule la production d'un gaz appelé «éthylène», une hormone qui déclenche le mûrissement. On peut accélérer le processus de mûrissement en plaçant les fruits non mûrs à la température de la pièce, dans un bol à fruits ou un sac de papier percé à quelques endroits. Il suffit de les y laisser seuls ou avec une pomme, une banane ou une poire. Le gaz éthylène que ces fruits dégagent accélère la maturation. Surtout, ne les oubliez pas! Réfrigérez ensuite lorsqu'ils sont mûrs.

Guide de préparation et de cuisson

Évitez de trop parer les légumes. Leur pelure est riche en fibres. Juste au-dessous, les vitamines et les minéraux se trouvent en concentrations élevées. Il est préférable de cuire et de manger les légumes avec la pelure ou, à tout le moins, de les cuire avant de les peler pour limiter les pertes à la cuisson.

Lavez les fruits et légumes rapidement sous l'eau courante en les frottant ou en les brossant délicatement afin de les débarrasser de la terre, des insectes (en particulier les végétaux de culture biologique) et des pesticides; asséchez-les.

Évitez de les laisser tremper afin de limiter la perte de vitamines hydrosolubles (les vitamines B et C) et de minéraux.

Lorsqu'ils sont coupés, certains fruits et légumes frais comme la pomme, la banane, la poire et le céleri-rave s'oxydent au contact de l'air et brunissent. Le phénomène est retardé par l'acidité et le froid. Aspergez-les d'un peu de jus d'agrumes (citron, orange, pamplemousse) ou faites-les tremper dans de l'eau citronnée ou additionnée d'un peu de vinaigre. Réfrigérez ensuite. Quant aux laitues, déchiquetez-les avec les mains plutôt que de les couper. Les cellules de la laitue sont alors moins brisées, ce qui réduit le contact des substances responsables du brunissement avec l'oxygène de l'air. Le vinaigre ou le jus de citron ajoutés aux vinaigrettes aident également.

Coupez des morceaux d'égales longueurs pour une cuisson uniforme.

Employez des chaudrons de grosseur adaptée à la quantité d'aliments à cuire.

Utilisez un chaudron et des ustensiles de cuisson en acier inoxydable ou en verre pour la cuisson des légumes blancs comme le chou-fleur ou le navet. L'aluminium et le fer réagissent avec le pigment qui colore ces légumes et altèrent leur couleur.

Ajoutez les légumes lorsque l'eau bout et maintenez le feu à l'intensité maximale afin d'accélérer la reprise de l'ébullition. Réduisez ensuite la chaleur et laissez mijoter.

Les légumes surgelés sont déjà lavés, parés et blanchis. Faites-les cuire sans les dégeler au préalable.

L'ajout d'un ingrédient acide (vin, jus d'agrumes, vinaigre) à l'eau de cuisson des légumes rouges (par exemple, la betterave) en avive la couleur. Cette addition n'est pas recommandée pour les légumes verts puisque l'acide altère la chlorophylle responsable de leur couleur verte. L'ajout de bicarbonate de soude (soda à pâte) pour conserver la couleur verte des légumes n'est pas souhaitable, car il détruit la thiamine et altère la texture et la saveur.

Cuisez avec le couvercle, sauf les légumes verts. Ces derniers conserveront davantage leur belle couleur si on les cuit sans couvercle au cours des premières minutes. La cuisson des légumes avec un couvercle réduit le temps de cuisson et l'évaporation des substances responsables de la saveur et de la valeur nutritive des légumes. Évitez de soulever le couvercle inutilement au cours de la cuisson.

Autant que possible, cuisez les légumes-racines entiers et dans leur pelure (carottes, pommes de terre) pour en conserver davantage les fibres, les vitamines (thiamine, vitamine C) et les minéraux.

La cuisson à la vapeur (par exemple, à la marguerite) requiert un peu plus de temps, car la pénétration de la chaleur dans le légume est plus lente. Elle présente l'avantage de moins laisser échapper d'éléments nutritifs et de saveur que la cuisson à l'eau.

Le micro-ondes cuit également à la vapeur. Le temps de cuisson est également court, ce qui contribue à la rétention des éléments nutritifs, des couleurs et des saveurs.

L'autocuiseur (cuiseur à pression) est aussi un mode de cuisson à la vapeur. La pression élevée exercée dans l'autocuiseur engendre une température de cuisson supérieure (autour de 116 °C [240 °F]), ce qui explique la rapidité de cuisson. C'est une bonne méthode pour autant que le temps de cuisson est scrupuleusement respecté. Une prolongation d'une minute équivaut à plusieurs minutes de cuisson ordinaire.

Conservez l'eau de cuisson pour les bouillons de soupe, les sauces, les jus de légumes et la cuisson du riz. Congelez-la si vous ne prévoyez pas l'utiliser au cours des prochains jours.

L'attente des légumes cuits avant le service et le réchauffage causent des pertes additionnelles d'éléments nutritifs.

Les légumes ont l'avantage d'être très peu caloriques au naturel! Pensez que chaque cuillerée à soupe de beurre ou de margarine ajoute environ 100 calories (une portion de légumes en fournit généralement entre 20 et 70!).

LA RÈGLE DES «TROIS MOINS» POUR EN AVOIR PLUS...

- Coupez en morceaux les plus gros possible: plus la surface de contact du légume avec l'eau et l'air est élevée, plus la perte de vitamines (les vitamines B et C, solubles dans l'eau, sont plus touchées), de minéraux et de saveur est importante.

- Cuisez dans le moins d'eau possible: pour limiter la perte de vitamines, de minéraux et de saveur dans l'eau. Les modes de cuisson à la vapeur (par exemple, micro-ondes, marguerite ou autocuiseur) sont d'excellentes méthodes, de même que la cuisson à chaleur sèche (par exemple, four ou barbecue) et la cuisson au wok.
- Cuisez le moins longtemps possible: pour limiter la perte d'éléments nutritifs dans l'eau ou leur destruction par la chaleur (la vitamine C est particulièrement sensible), la perte de texture et de saveur. Les légumes cuits devraient être consommés *al dente*, c'est-à-dire tendres mais encore croquants.

Tableau XXV
Offre de fruits et de légumes frais canadiens

PRODUITS	OFFRE MOYENNE	OFFRE ÉLEVÉE
Abricots		juil.-août
Ail	août	sept.
Asperges		mai-juin
Aubergine	août-oct.	sept.
Betteraves	jan.-fév.-mars-juil.-nov.-déc.	août-sept.-oct.
Bleuets	juil.	août-sept.
Brocoli	juil.	août-sept.-oct.
Canneberges	déc.	sept.-oct.
Cantaloup		août-sept.
Carottes	jan.-fév.-mars-avril août-sept.-oct.-nov.-déc.	
Céleri	juil.	août-sept.-oct.
Cerises		juillet
Champignons	à l'année	
Chou	jan.-fév.-mars-juin-juil.-août-sept.-oct.-nov.-déc.	
Choux de	juil.-août-déc.	sept.-oct.-nov.
Chou-fleur	juil.	août-sept.-oct.
Citrouille	sept.	oct.
Concombre	avril-mai-juin-sept.	juil.-août
Courge	août-nov.	sept.-oct.
Crosses de fougère	juin	mai
Endives	oct.-nov.	juil.-août-sept.
Épinards	juin-juil.-août-sept.-oct.	
Fraises		juin-juil.
Framboises	août	juil.

Tableau XXV
Offre de fruits et de légumes frais canadiens (suite)

PRODUITS	OFFRE MOYENNE	OFFRE ÉLEVÉE
Haricots	juil.-sept.	août
Laitue	mai-août	juin-juil.
Maïs	juil.-sept.	août
Melon	sept.	août
Oignon	jan.-fév.-mars-août-nov.-déc.	sept.-oct.
Panais	jan.-fév.-mars-avril-sept.-oct.-nov.-déc.	
Pêches	sept.	août
Persil	juil.-sept.-oct.	août
Poireau	jan.-août-sept.-déc.	oct.-nov.
Poires	août-oct.-nov.-déc.-jan.-fév.	sept.
Poivrons	oct.	août-sept.
Pommes	jan.-fév.-mars-avril-mai-sept.-oct.-nov.-déc.	
Pommes de terre	jan.-fév.-mars-avril-mai-août-sept.-oct.-nov.-déc.	
Prunes et pruneaux	août	sept.
Radis	sept.	juin-juil.-août
Raisins	oct.	sept.
Rhubarbe	fév.-mars-mai	juin
Rutabaga	jan.-fév.-mars-avril-mai-août-sept.-oct.-nov.-déc.	
Tomates	mai-juin-juil.-sept.-oct.	août

Source: Agriculture Canada, *Disponibilité des fruits et des légumes frais canadiens*, 1985.

Les fruits et légumes frais: comment les choisir et quoi en faire?

ABRICOT

Achat

Jaune doré à orange, charnu, ferme et à la pelure lisse. Éviter les fruits trop mous et ceux qui sont très fermes, jaune pâle ou jaune verdâtre.

AGRUMES

Achat et conservation

Les fruits lourds pour leur taille ont une pelure plus mince et contiennent plus de chair et de jus. Les choisir fermes et brillants, de couleur vive et à la pelure fine et lisse. Lorsque la pelure est grossière ou rugueuse, elle est épaisse et le fruit contient donc moins de chair et de jus. Les agrumes se conservent plus longtemps au réfrigérateur, dans le tiroir à fruits ou dans un sac perforé. La lime doit toujours être réfrigérée.

Préparation

Afin d'en extraire le jus plus facilement, les rouler d'abord en les pressant sur une surface dure. Les cellules se rompent, facilitant la libération du jus. Les sortir un peu avant de les consommer; ils seront plus savoureux.

Suggestions

Ces fruits s'incorporent aux préparations de poulet, de veau, de porc, de jambon, de poissons et de fruits de mer; ils accompagnent également très bien ces viandes, les poissons et les fruits de mer. Ajouter des quartiers: aux salades de fruits, de verdures (leur couleur contraste avec le vert des épinards) ou de brocoli; aux yogourts, «cossetardes», muffins et gâteaux. Savourer en entrée avec du fromage cottage. Leur jus peut servir: à la cuisson du riz ou à la cuisson des viandes et des poissons à la poêle; comme base à une marinade pour viandes, poissons ou fruits de mer; comme vinaigrette sur les légumes et les salades; pour empêcher que les surfaces coupées des pommes, poires ou bananes ne noircissent. Utiliser les pelures comme coupes pour les desserts au lait ou les salades de fruits, de poulet ou de fruits de mer. Servir en entrée avec une vinaigrette.

La couleur peut être trompeuse...

Des taches de couleur verte ne signifient pas que les agrumes sont immatures. Les agrumes (en particulier les oranges de Valence) reverdissent (surtout autour de la tige) sur l'arbre lorsque le mûrissement se prolonge ou que la température est très chaude. En fait, la chair est alors très juteuse et sucrée.
De plus, selon leur provenance, la pelure des oranges peut être enduite d'un colorant. La couleur n'est donc pas toujours un bon critère d'achat.

ANANAS

Description

Il tire son nom (*pineapple* en anglais) de sa ressemblance avec une pomme de pin surmontée d'une touffe de feuilles.

Achat et conservation

Ferme, brillant et sans meurtrissures. Lourd pour sa taille et bien dodu. Préférer les gros qui offrent un meilleur rendement en chair. Des yeux pleins (en relief). De couleur vert foncé ou dorée (selon la variété). Un feuillage bien vert et frais (tirer sur les feuilles ne sert à rien!) plutôt que brun. Une douce odeur parfumée et sucrée (et non «de fermenté»). Des yeux enfoncés, des taches molles, foncées ou humides indiquent que le fruit est avancé. Contrairement à la croyance, l'ananas ne mûrit plus après la cueillette, il vieillit; il est vendu prêt à consommer. Conserver au plus deux jours à la température ambiante ou réfrigérer.

Préparation

Couper la tête et la base, puis la pelure, en descendant le couteau tout autour, de haut en bas. Retirer les écailles brunes incrustées, une à une, avec la pointe du couteau. Tailler transversalement en tranches ou, pour des cubes, couper d'abord en quatre sections sur la longueur, puis retirer le cœur. Éviter d'ajouter de l'ananas frais à de la gélatine; elle ne prendrait pas, car l'ananas contient une enzyme, la broméline, qui empêche la formation de la gelée.

Suggestions

L'ananas se mélange très bien dans les préparations de crevettes, de jambon, de poulet, de porc et de veau. Laisser le feuillage sur l'ananas et couper celui-ci en deux sur la longueur; évider; conserver les deux moitiés d'écorce et utiliser comme plat de service pour les desserts ou les salades de fruits, de poulet et de fruits de mer. Pour des hors-d'œuvre, servir des cubes d'ananas en brochettes avec du fromage, du jambon, des raisins ou des fraises. Mélanger à du cottage pour une entrée.

ASPERGE

Achat et conservation

De grosses (eh oui, les grosses sont exceptionnellement plus tendres que les petites!) tiges droites et fermes, à la pointe compacte et fermée. D'un beau vert vif (les asperges blanches sont surtout cultivées pour la mise en conserve). Les pointes sont les morceaux les plus tendres (et les plus appréciés); vendues en conserve, elles sont plus chères que les morceaux. Éviter les tiges molles ou tirant sur le jaune. Envelopper (surtout la base) d'un papier absorbant humide et placer dans un sac de plastique au réfrigérateur, de quatre à six jours.

Préparation

Casser la base de la tige à l'endroit où elle cède facilement (l'endroit où elle devient moins fibreuse). Conserver cette base que vous pourrez peler, trancher et utiliser dans les potages ou comme du céleri. Bien nettoyer les tiges (surtout sous les écailles où se cache le sable) en les immergeant dans l'eau froide. Enlever les écailles sur la longueur des tiges. Cuire à la verticale ou à l'horizontale pour qu'elles restent un peu croquantes et gardent leur belle couleur (tester à la fourchette):

- debout: attacher les tiges en botte, faire bouillir 2 cm (1 po) d'eau dans un chaudron profond, ajouter les asperges, couvrir et cuire de 15 à 20 min;
- couchées: étendre dans une casserole, couvrir d'eau bouillante, fermer le couvercle et cuire de 10 à 15 min; ou encore, étendre dans un plat pour le micro-ondes, ajouter quelques cuillerées à soupe d'eau et cuire couvert à puissance maximale.

Suggestions

Cuire et servir: avec une viande ou une sauce aux œufs ou au fromage; gratinées; dans une casserole de jambon ou aux œufs; dans une quiche ou un potage. Cuire et servir froides: avec une vinaigrette ou saupoudrées de fromage parmesan.

Reste d'asperges cuites

Servir froides avec une vinaigrette ou ajouter aux salades, aux potages, aux soupes, aux omelettes, aux quiches, aux casseroles de jambon ou d'œufs. Napper de sauce blanche aux œufs ou au fromage et servir sur une tranche de pain grillée.

AUBERGINE

Achat et conservation

Lourde pour sa taille et ferme. Pelure lisse et lustrée, pourpre foncé et sans meurtrissures. La pelure est comestible; celle des jeunes est plus tendre et moins amère. Les jeunes contiennent également moins de graines brunâtres. Conserver cinq à sept jours au réfrigérateur, dans le tiroir à légumes.

Préparation

Pour réduire l'amertume, faire tremper dans l'eau 15 min plutôt que de dégorger en la recouvrant de sel. Cuire:

- au four: piquer et cuire les petites entières (30 à 45 min à 200 °C [400 °F]). Couper en deux, farcir et cuire. Couper en tranches de 1 cm (1/2 po), passer dans l'œuf battu, enrober de farine de blé entier ou d'un mélange moitié farine-moitié parmesan et cuire (30 à 45 min à 180 °C [350 °C]);
- à la vapeur: peler, couper en morceaux et cuire de 10 à 12 min.

Suggestions

Vous apprécierez la texture légère de l'aubergine: dans les soupes, les pains de viande, les plats en casserole, les brochettes, les ratatouilles et les farces; en remplacement des pâtes dans les lasagnes.

Attention! Gras en vue!

L'aubergine, comme la majorité des fruits et légumes, a la qualité de ne pas contenir de gras. Une qualité à préserver! Sans précaution, sa texture poreuse en absorbe facilement une quantité considérable lors de la cuisson. La cuire de préférence braisée, à la vapeur, au four ou sur le gril plutôt que sautée ou en friture.

BANANE

Description

De longueurs, de couleurs et de saveurs variées, il existe environ 300 variétés de bananes. En mûrissant, l'amidon qu'elles contiennent se transforme en sucre; à maturité (jaunes et tachetées de brun), leur goût est donc plus sucré et elles se digèrent plus facilement. La banane plantain est une variété de banane géante à la pelure ferme. Elle se consomme cuite (cuire au four jusqu'à ce qu'elle se laisse transpercer à la fourchette) et s'apprête comme un légume. Elle remplace très bien la pomme de terre.

Achat et conservation

Fermes et non meurtries, au stade de mûrissement qui convient à votre goût et à l'utilisation prévue. Les bananes avancées sont souvent vendues à rabais pour vente rapide. Bien que leur pelure soit brune, elles peuvent encore être en excellent état. Laisser mûrir les bananes vertes à la température ambiante. Elles sont à leur meilleur quand elles sont d'un jaune tacheté de brun. On peut ensuite les garder au réfrigérateur quelques jours. La peau noircira en quelques heures, mais l'intérieur demeurera inchangé pendant trois à six jours.

Suggestions

Tremper dans de l'eau citronnée pour éviter le brunissement. Pour cuire, préférer les bananes bien mûres. On peut cependant faire sauter des tranches de bananes encore vertes jusqu'à ce qu'elles soient bien dorées; les servir avec du bœuf ou du poulet. Tailler en tronçons, tremper dans un jus d'orange ou de citron et rouler dans des noix hachées pour le dessert ou des hors-d'œuvre. Couper en deux dans le sens de la longueur, badigeonner de beurre ou de margarine fondue, enrober de noix hachées ou de chapelure de biscuits et cuire sur le gril. Congeler des bananes bien mûres sur des bâtonnets pendant 1 h dans un sac de plastique; les enfants en redemanderont!

Bananes un peu mûres

Toujours bonnes dans le lait fouetté! Penser aussi aux muffins, aux gâteaux, aux pains et aux biscuits. Pas le temps? Réduire en purée, ajouter un peu de jus de citron et congeler (deux bananes à la fois pour faciliter l'utilisation dans les recettes).

BETTERAVE

Achat et conservation

De belle forme globulaire, ferme, lisse et d'un rouge franc. De même grosseur pour une cuisson uniforme. Les betteraves de grosseur moyenne sont moins dures et moins fibreuses. Le feuillage, très périssable, est souvent fané à l'achat alors que la qualité de la betterave n'est pas altérée. La valeur nutritive exceptionnelle des feuilles en fait un aliment d'intérêt, en salades ou cuites. Réfrigérer les betteraves jusqu'à trois semaines.

Préparation

Laisser entières avec la racine et environ 2 cm (1 po) de tige, car elles «saignent» lors de la cuisson lorsque leur chair est entaillée. Cuire dans la pelure; celle-ci s'enlèvera ensuite facilement. Les betteraves sont cuites lorsque leur pelure s'enlève facilement lorsqu'on les passe sous un filet d'eau courante. Un peu de jus de citron ou de vinaigre à l'eau de cuisson donne de l'éclat à la couleur.

BLEUET

Achat et conservation

Fruits fermes et charnus. D'apparence propre et sèche. Intacts mais sans tiges ou feuilles. D'un bleu brillant et très intense. De grosseur et de couleur uniformes. Les gros bleuets sont plus savoureux. Éviter les fruits verts ou trop mûrs et les emballages trop tachés de jus. Périssables, ils se conservent au réfrigérateur, non lavés, environ deux jours.

Préparation

Laver ces petits fruits fragiles en les immergeant quelques secondes dans l'eau froide, égoutter et assécher. Les bleuets se congèlent bien sans sucre. Les utiliser ensuite sans les dégeler.

Suggestions

Faire un coulis pour napper crèmes glacées, «cossetardes», crêpes et gâteaux. Garnir les tartes et les gâteaux renversés. Incorporer dans les salades de fruits, les poudings, les biscuits, les muffins, les yogourts, les mousses et les crêpes-desserts. Mélanger dans les recettes avec des fraises, des framboises, de l'orange, de la rhubarbe ou d'autres fruits.

BROCOLI

Achat et conservation

Bouquets, tiges et feuilles bien verts. Des tiges fermes et des bourgeons compacts, vert foncé et sans coloration jaune (les bourgeons ne sont alors pas ouverts en fleurs). Les feuilles ne doivent pas non plus être jaunies ni flétries. Réfrigérer quelques jours dans un sac de plastique.

Préparation

Ne laver qu'au moment d'utiliser. Tout comme le chou et le chou-fleur, faire tremper tête en bas 15 min dans de l'eau froide additionnée de vinaigre et de sel, afin de faire sortir tout «être indésirable». Couper la base de la tige. Détacher les bouquets en portions. Les bouquets cuisent plus rapidement; on les cuit séparément de la tige ou encore, on incise celle-ci sur la longueur ou on la taille en morceaux dans le sens de la largeur (transversalement) ou en diagonale. Manger cru ou cuire à la vapeur, à l'eau, au micro-ondes ou à la poêle jusqu'à ce qu'il soit tendre, mais encore croquant.

Reste de brocoli cuit

Piler et ajouter aux purées de pommes de terre. Réduire en purée pour un potage ou un coulis pour viandes ou pommes de terre au four. La purée peut être congelée dans un bac à glaçons pour utilisation future. Laisser mariner dans une vinaigrette. Ajouter aux mets en casserole, aux pâtés, à une sauce blanche, à un riz.

CANTALOUP

Description

De forme ovale. Sa pelure épaisse comporte des nervures beiges entrecroisées (comme un treillis) et en relief sur un fond vert qui tourne au jaune doré en mûrissant. Sa chair est orangée, juteuse et sucrée. Son centre renferme une masse humide de pépins non comestibles.

Achat et conservation

Le cantaloup mûr est jaune pâle et dégage un arôme parfumé lorsqu'on le tient près du nez. Sa chair cède sous une légère pression des doigts à son extrémité près de la tige. Mais attention! S'il a été beaucoup «testé», cette partie sera forcément attendrie. Éviter ceux qui sont très verts ou qui présentent des parties molles ou moisies. S'il n'est pas à point, le laisser quelques jours à la température de la pièce. Réfrigérer dans une pellicule de plastique; l'éthylène qu'il dégage accélère le mûrissement des autres fruits et légumes et son odeur forte se transmet aux autres aliments.

Suggestions

Servir nature, arrosé de jus d'agrumes ou nappé de yogourt nature. Ajouter aux salades de poulet, de fruits de mer ou de fruits. Couper en deux sur la largeur, enlever les pépins et farcir de salade de fruits, de fruits de mer ou de poulet.

CAROTTE

Achat et conservation

D'apparence fraîche, bien orange, brillante et ferme. Non fendue ni plissée. Éviter les carottes avec de larges taches vertes sur le dessus de la racine. Si le feuillage est présent, il doit être vert et frais. Garder les carottes réfrigérées dans un sac de plastique perforé.

Préparation

Ne pas peler (beaucoup de vitamines et de minéraux se trouvent juste sous la peau; si elles sont grosses, les peler après la cuisson). Laver en brossant légèrement sous l'eau froide courante. Enlever la partie verte du haut de la racine, plus amère. L'emploi de jus de citron dans l'eau de cuisson fait pâlir les carottes, mais empêche les vieilles de noircir.

Suggestions

Servir des carottes râpées en accompagnement au lieu des traditionnelles carottes cuites; assaisonner de jus de citron ou de yogourt nature, de raisins secs ou de noix hachées. Ajouter des carottes râpées: aux salades, aux recettes de pains, de gâteaux, de muffins et de biscuits; dans les garnitures à sandwichs et les salades de poisson, d'œufs durs ou de poulet.

Reste de carottes cuites

Réduire en purée pour un potage, un coulis ou pour combiner à une purée de pommes de terre. La purée peut aussi être congelée dans un bac à glaçons pour usage futur. Couper et ajouter aux soupes, ragoûts, plats en casserole, riz.

CÉLERI

Achat et conservation

Tiges bien fermes et croquantes (elles doivent casser sous les doigts), vert pâle et lustrées. Propre et au feuillage vert et frais. L'intérieur des tiges doit être lisse. À l'intérieur, s'assurer que le cœur n'est pas noir (signe de détérioration). Conserver non lavé dans le tiroir à légumes du réfrigérateur ou dans un sac de plastique perforé.

Suggestions

Croqué à la fin d'un repas, il aide à nettoyer les dents lorsque le brossage est impossible. Farcir la cavité de cottage ou de beurre d'arachide pour la collation. Ajouter du croquant aux garnitures à sandwichs, aux pains de viande et aux salades de poulet, de thon ou d'œufs durs. Braiser, cuire à la vapeur, bouillir ou faire sauter des tronçons de céleri pour accompagner les viandes, pour gratiner ou pour servir froids avec une vinaigrette. Cuire à la chinoise avec des restes de légumes.

Céleri ramolli

Placer quelques minutes les tiges non coupées dans de l'eau glacée pour les raffermir. (Trempé trop longtemps, le céleri perd cependant de sa valeur nutritive.) Ou encore, asperger d'eau, placer dans un sac de plastique et réfrigérer quelques heures.

Conservez le feuillage...

Émincer et utiliser comme aromate. Congeler et utiliser au besoin pour la préparation des bouillons et des soupes.

CÉLERI-RAVE

Description

C'est une racine ronde et blanchâtre qui ressemble à un gros navet bosselé. À première vue, il ne présente aucune parenté avec le céleri. Pour découvrir qu'ils sont cousins, il faut oser y goûter! Le céleri-rave a le goût du céleri (même un peu plus prononcé), sans sa texture fibreuse.

Achat et conservation

Bulbe bien ferme, lourd et sans meurtrissures. Les petits (moins de 12 cm [5 po]) sont plus tendres et moins fibreux. Réfrigéré dans un sac de plastique, il se conserve de 10 à 12 jours.

Préparation

Laver, peler, râper ou tailler en dés ou en julienne. Pour éviter qu'elles ne brunissent, tremper les surfaces coupées dans de l'eau citronnée.

Suggestions

Penser céleri. Penser croquant. Utiliser cru ou cuit partout où son cousin est employé. Le râper, le tailler en dés, en julienne ou en bâtonnets et le savourer en trempettes, en salades, dans les garnitures à sandwichs, les soupes, les ragoûts. L'essayer en purée comme substitut aux pommes de terre. Tailler en julienne et mariner. Le râper et le mélanger à une mayonnaise à la moutarde (ou moitié yogourt-moitié mayonnaise) pour un céleri rémoulade.

CERISE DOUCE

Description

Les deux principales variétés sont les cerises Bing, grosses et rondes, charnues et foncées, et les cerises Lambert, plus allongées (en forme de cœur) mais de saveur comparable.

Achat et conservation

Fermes et charnues. Foncées, lustrées et lisses. Tiges fraîches. Éviter les fruits durs, pâles et petits, ainsi que ceux qui sont plissés, mous, moisis, avec décolorations brunes ou collants (ils coulent). Les réfrigérer dans un sac ou un contenant de plastique dès qu'elles sont mûres.

CHAMPIGNON BLANC (CHAMPIGNON DE PARIS)

Achat et conservation

Fermes, intacts et propres. Surface lisse et chapeau fermé autour de la tige par un voile. (Les voiles ouverts découvrant les lamelles sous le chapeau indiquent une déshydratation.) Éviter ceux qui sont visqueux, tachés ou spongieux. Ne pas les entreposer dans des sacs de plastique ni dans des contenants hermétiques, ce qui les empêche de respirer; s'ils sont achetés dans de tels emballages, en perforer la pellicule de plastique ou les placer dans un sac de papier. Réfrigérer sans nettoyer.

Préparation

Ne pas peler. Au besoin, couper la base brunie de la tige, les rincer à l'eau froide courante et les assécher avec un papier absorbant ou un linge. Ne pas faire tremper puisqu'ils absorberaient rapidement l'eau.

CHOU

Description

On en trouve plusieurs variétés dont les plus populaires sont: le chou vert (bien connu); le chou rouge, à la belle couleur pourpre; le chou de Savoie, aux feuilles ondulées, crépues, jaune vert et à saveur douce; le chou chinois, allongé, aux feuilles épaisses de couleur blanche à vert pâle et à saveur délicate.

Achat et conservation

Tête solide, compacte et lourde. Feuilles fermes et croquantes, propres, intactes, humides et non jaunies. Feuilles extérieures vertes (sauf le chou rouge). Réfrigérer dans le tiroir à légumes ou un sac de plastique jusqu'à deux semaines. Bien envelopper la surface coupée de pellicule plastique.

Préparation

Tout comme le brocoli et le chou-fleur, faire tremper 15 min dans de l'eau froide additionnée de vinaigre et de sel. Cuire le moins longtemps possible dans 1 à 2 cm (1/2 à 1 po) d'eau bouillante pour qu'il garde sa couleur, sa saveur, sa texture et sa valeur nutritive. Ou encore, braiser, cuire à la vapeur ou poêler.

Suggestions

Râper et ajouter du croquant aux soupes et aux salades. Cuire à la chinoise. Blanchir les feuilles à l'eau bouillante pour les ramollir et farcir d'une préparation de viande, de poulet, de jambon ou de lentilles. Ajouter aux bouillis.

CHOU-FLEUR

Achat et conservation

Tête propre de couleur crème ou blanche, ferme, compacte et sans taches brunes. Feuilles vertes et fraîches. Réfrigérer et utiliser rapidement.

Préparation

Tout comme le chou et le brocoli, faire tremper tête en bas 15 min dans de l'eau froide additionnée de vinaigre et de sel. Enlever les feuilles extérieures vertes et couper la base de la tige et le cœur dur. Détacher les bouquets. Cuire entier ou en morceaux à l'eau, à la vapeur ou au micro-ondes jusqu'à ce qu'il soit tendre mais encore croquant.

Suggestions

Servir cru: nature, en trempette, mariné dans une vinaigrette avec d'autres légumes, dans les salades et les garnitures à sand-wichs. Cuire et napper d'une sauce blanche ou de fromage (comme le brocoli). Sauter à la chinoise. On peut inter-changer le chou-fleur et le brocoli dans les recettes.

CHOU DE BRUXELLES

Achat et conservation

Ferme et compact, bien vert et de grosseur uniforme. Éviter ceux qui sont mous ou «aérés» et ceux qui présentent des feuilles flétries ou jaunies. Réfrigérer quelques jours dans un sac de plastique, sans les laver.

Préparation

Enlever si nécessaire les feuilles défraîchies et bien laver. Ou encore, faire tremper comme le chou, le chou-fleur et le brocoli. Éviter de couper la tige trop près pour ne pas que les feuilles se détachent à la cuisson. Cuire à la vapeur environ 15 min, ou de 8 à 12 min dans 1 ou 2 cm (1/2 à 1 po) d'eau. Pratiquer une incision en croix à la base pour rendre la cuisson plus uniforme.

CITRON
(voir aussi Agrumes)

Achat

Les citrons pâles ou jaune verdâtre sont plus acides que ceux qui sont jaune franc.

Suggestions

Relever la saveur: des poissons, des fruits de mer et des légumes; des soupes et des sauces; du thé, des jus de fruits et de légumes. Utiliser comme vinaigrette. En ajouter un zeste dans les gâteaux, les muffins et les biscuits.

CONCOMBRE

Achat et conservation

Ferme et non meurtri. D'un beau vert vif sans teinte jaune. Les jeunes sont plus savoureux. Tout comme la courgette, il se mange avec la pelure et les graines lorsqu'il n'est pas trop vieux (après avoir été bien lavé pour enlever la cire et les pesticides). Réfrigérer dans le tiroir à légumes.

Suggestions

Couper en deux sur la longueur et enlever les graines; farcir de salade de poulet, de poisson ou de lentilles, ou gratiner. Pour une entrée rafraîchissante «à la grecque», râper et laisser mariner dans du yogourt nature assaisonné d'ail émincé, d'oignon vert et de jus de citron; accompagner les poissons et le poulet de cette sauce savoureuse et rapide, ou l'utiliser comme vinaigrette pour les salades. Ne pas enlever la pelure, elle est très riche en fibres.

COURGE

Description

- Les courges d'été sont cueillies très jeunes. La plus populaire est la courgette ou zucchini (aussi appelée «courge italienne»). La pelure des courges d'été est mince, leur chair est tendre et leurs graines, petites et tendres. Elles sont entièrement comestibles et se consomment très bien crues.
- Les courges d'hiver sont cueillies à maturité. Elles sont plus volumineuses, leur chair ferme a une saveur plus sucrée et plus prononcée. Leur peau est dure (et responsable de leur plus longue conservation) et leurs graines, plus grosses. Contrairement aux courges d'été, leur pelure n'est pas comestible, les graines doivent être rôties pour être consommées et leur chair ne se mange que cuite. La couleur de la chair varie de jaune pâle à orange. La plus connue est la traditionnelle citrouille. Les courges d'hiver sont des légumes très abordables, particulièrement à l'automne alors qu'on les retrouve en abondance.

COURGES D'HIVER	FORMES	PELURE	CHAIR
Courge spaghetti	Cylindrique	Jaune pâle ou crème Lisse	Jaune
Courge musquée (ou «butternut»)	Cloche	Jaune pâle ou crème Lisse	Orange
Courge potiron (ou «buttercup»)	Tambour avec chapeau en turban	Verte ou orange Lisse	Orange
Courge de Hubbard	Grosse poire	Vert foncé ou orange Irrégulière (bosselée)	Orange
Courgeron «acorn» (ou courge poivrée)	Rond, petit, en pointe à une extrémité, nervures profondes	Vert foncé avec parfois des taches orange Lisse	Jaune

Achat et conservation

Lourdes pour leur taille (signe qu'elles ne sont pas déshydratées). De plus, pour:

- les courgettes ou zucchinis: entre 15 à 20 cm (6 à 8 po), la pelure brillante, lisse, vert foncé parfois rayé de jaune. Jeunes, fermes et sans meurtrissures. Garder quelques jours au réfrigérateur dans un sac de plastique perforé;
- les courges d'hiver: avec leur tige (la surface poreuse sous la tige accélère la déshydratation) au moment de l'achat. Éviter celles dont la peau est fendue ou qui présente des parties molles et humides. Entières: laisser la tige et conserver de trois à six mois dans un endroit sombre, frais (11 à 15 °C [52 à 59 °F]) et sec (pas au réfrigérateur). Coupées: réfrigérer dans une pellicule de plastique ou congeler (crues, cuites ou en purée). Les petites sont plus sucrées et moins fibreuses; elles conviennent mieux aux purées.

Préparation

- Les courges d'été: laver (il n'est pas nécessaire de les peler) et tailler les extrémités; couper en deux sur la longueur, en lanières, en dés ou en rondelles. Consommer crues ou cuire à la vapeur, à l'eau (elles perdront toutefois de la saveur), au four, sur le gril ou à la poêle pour qu'elles restent encore fermes. Éviter de les cuire avec beaucoup de gras, car leur chair l'absorbe facilement.
- Les courges d'hiver: fendre les grosses, plus dures, à l'aide d'un marteau et d'un couteau; enlever les graines; cuire jusqu'à ce que la chair se laisse percer facilement par une fourchette. La chair de la courge spaghetti cuite est translucide et se détache facilement en spaghetti à l'aide d'une fourchette. La pelure des courges d'hiver s'enlève plus facilement après la cuisson.

Cuisson

- À la vapeur ou à l'eau: couper en morceaux de 2 1/2 cm (1 po) et cuire de 10 à 20 min.
- Au four: tailler en deux ou en quatre; badigeonner d'un peu d'huile; disposer côté chair vers le bas sur une tôle à biscuits; recouvrir de papier d'aluminium et cuire à 160 °C (325 °F) de 30 min à 2 h, selon la grosseur.
- Au micro-ondes: tailler en deux ou en quatre; piquer la pelure à quelques endroits avec une fourchette; disposer côté chair vers le haut dans un plat pour le micro-ondes; cuire couvert à puissance maximale avec un peu d'eau.

Suggestions

- Les courges d'été: utiliser comme le concombre; ajouter aux salades, aux soupes, aux quiches et aux ratatouilles; gratiner et servir comme légumes d'accompagnement.
- Les courges d'hiver: utiliser comme légumes d'accompagnement, dans le riz et les ragoûts (en remplacement des carottes), les ratatouilles, les soupes et les potages. Couper en deux et farcir de sauce à la viande ou aux tomates et aux lentilles. La purée accompagne très bien la volaille et le gibier (assaisonnée d'un peu de muscade et de gingembre en poudre); elle s'incorpore dans les recettes de muffins, de gâteaux, de pains, de tartes et de poudings. On peut substituer une variété à l'autre dans les recettes.

Ne jetez pas les graines! Laver et assécher avec du papier absorbant, sans les rincer. Faire sécher quelques heures sur une tôle à biscuits. Griller au four en retournant de temps en temps (environ 30 min à 180 °C [350 °F] ou jusqu'à ce qu'elles soient bien dorées). Elles constituent une collation nutritive.

FRAISE

Achat et conservation

Fruits fermes et charnus. D'apparence propre et sèche. Intacts et avec leur tige bien verte. Rouges et brillantes. Les petites fraises sont meilleures que les moyennes ou les grosses. Éviter les fruits largement décolorés, mous ou moisis, et les emballages trop tachés de jus. Très fragiles et périssables, les conserver au réfrigérateur non lavées, étalées sur une tôle à biscuits et recouvertes de papier ciré, trois à quatre jours au plus.

Préparation

Laver les fraises en les immergeant quelques secondes dans l'eau froide, égoutter, assécher, puis équeuter. Les fraises se congèlent bien sans sucre: les étaler entières sur une tôle à biscuits et congeler; lorsqu'elles sont fermes, les empaqueter dans des sacs ou des contenants à congélation. Décongeler au réfrigérateur.

Suggestions

Faire un coulis pour napper crèmes glacées, «cossetardes», crêpes et gâteaux. Garnir les tartes et les gâteaux renversés. Incorporer dans les salades de fruits, les poudings, les muffins, les yogourts, les laits fouettés, les «cossetardes», les mousses et les crêpes-desserts. Mélanger dans les recettes avec des bleuets, des framboises, des mûres, des bananes, du kiwi, de la rhubarbe et d'autres fruits.

FRAMBOISE

Achat et conservation

Fruits fermes et charnus. D'apparence propre et sèche. Intacts mais sans tiges ni feuilles. Rouge brillant et uniforme. Éviter les fruits mous et les emballages trop tachés de jus. Très fragiles et périssables, les conserver au réfrigérateur non lavées, étalées sur une tôle à biscuits et recouvertes de papier ciré, un à deux jours au plus.

Préparation

Laver les framboises en les immergeant quelques secondes dans l'eau froide, égoutter et assécher.

Suggestions

Faire un coulis pour napper crèmes glacées, «cossetardes», crêpes et gâteaux. Garnir les tartes et les gâteaux renversés. Incorporer dans les salades de fruits, les poudings, les muffins, les yogourts, les mousses et les crêpes-desserts. Mélanger dans les recettes avec des bleuets, des fraises, des mûres et d'autres fruits. Les fraises et les framboises s'interchangent dans les recettes.

HARICOT

Description

Jaunes ou verts, ronds ou plats.

Achat et conservation

Bien colorés et fermes (ils doivent casser sous les doigts). Les haricots bosselés par les pois sont plus vieux et moins tendres. Laver, puis réfrigérer dans un sac de plastique pour en préserver l'humidité.

KIWI

Description

Originaire de la Chine, il a été introduit au début du siècle en Nouvelle-Zélande. Le nom «kiwi» s'explique par sa petite taille et sa pelure brune velue qui lui confèrent une ressemblance avec l'oiseau du même nom et natif de la Nouvelle-Zélande. On l'appelle parfois «la souris végétale». Le kiwi est de forme ovale et mesure de 6 à 9 cm (2 1/2 à 3 1/2 po). Sa chair juteuse, parfumée et brillante est de couleur vert émeraude; en son centre, une auréole de petites graines brunes comestibles entoure une chair de couleur crème. Sa pelure n'est pas comestible. On trouve des kiwis de différentes grosseurs.

Achat et conservation

La grosseur n'est pas un critère de qualité. Éviter les kiwis plissés ou qui présentent des meurtrissures ou des taches molles. Laisser mûrir à la température de la pièce et réfrigérer ensuite dans un sac de plastique. Ils se conservent alors quelques semaines. Le kiwi est prêt à manger lorsque sa chair cède sous une légère pression du doigt.

Préparation

Couper en deux dans le sens de la largeur (transversalement) et déguster la chair à la cuillère. Ou encore, peler et couper.

Suggestions

Incorporer aux préparations de crevettes, de pétoncles, de poisson, de jambon, de poulet, de porc, d'agneau et de veau; utiliser pour accompagner les viandes (agneau, jambon, porc, poulet, veau), les poissons et les fruits de mer. Ajouter un élément décoratif aux salades et aux tartes aux fruits. Tout comme l'ananas, ne pas l'utiliser dans les préparations à base de gélatine.

LAITUE (voir Verdures)

MAÏS

Achat et conservation

Épis aux feuilles lisses et bien vertes, aux soies légèrement blondes et fraîches. Grains bien bombés (ils ne laissent pas d'espace entre les rangs) et jaune crème; sous la pression du doigt, ils sont tendres et légèrement laiteux. Éviter les épis aux grains très petits et mous, ceux auxquels manquent des rangs de grains et ceux qui ont été chauffés par une exposition prolongée au soleil. Le blé d'Inde se conserve très peu longtemps. Le laisser au réfrigérateur pour qu'il garde sa saveur sucrée, avec ses feuilles et dans un sac de plastique. Le consommer à l'intérieur de deux jours. Un épi donne environ 125 ml (1/2 tasse) de grains.

Préparation

- En épis: retirer les feuilles et les soies, rincer à l'eau froide, plonger dans l'eau bouillante, couvrir et laisser mijoter 4 à 5 min pour les petits, 6 à 8 min pour les gros. Pour le micro-ondes: retirer les feuilles et les soies, rincer à l'eau froide, envelopper de papier ciré et enrouler le papier aux deux extrémités; cuire à puissance maximale en calculant environ 4 à 6 min pour deux épis, 6 à 8 min pour quatre épis et 10 à 12 min pour six épis (four de 650 watts); retourner à mi-cuisson; laisser reposer 2 à 3 min avant de servir. Certains apprécient la saveur des épis cuits avec un peu de lait ou de bière ajouté à l'eau de cuisson. On peut aussi badigeonner les épis d'un peu d'huile ou de gras, les envelopper de papier d'aluminium et les cuire au four (190 °C [375 °C], 40 min) ou sur le gril (20 à 25 min à 8 cm [3 po]);
- En grains: faire sauter à la poêle.

Reste de maïs cuit

Incorporer dans les soupes, les plats en casserole, les bouillis, les chaudrées, les marinades, les beignets et les salades.

MANDARINE
(voir aussi Orange et Agrumes)

Description

Elles sont particulièrement appréciées pour leur facilité à être pelées et détaillées en quartiers. Leur pelure est plus mince et adhère moins que celle des oranges; elles sont aussi plus sucrées. Elles sont rondes et légèrement aplaties. Leur grosseur varie. On confond souvent «mandarines» avec «tangerines»; les tangerines ne sont qu'un type de mandarines. La famille des mandarines est très nombreuse. Parmi ses membres:

- les mandarines Kinnow: légèrement plates, jaunes et à nombreux pépins;
- les clémentines: généralement sans pépins (certaines en contiennent beaucoup). Leur pelure est si peu adhérente qu'elle est souvent bosselée. De forme légèrement allongée ou légèrement aplatie. De grosseur moyenne à grosse;
- les tangerines: des hybrides (variétés issues de croisements) de mandarines et d'oranges. Leur pelure et leur chair sont orange foncé. Beaucoup de pépins;
- les tangelos: des hybrides de pamplemousses et de tangerines. Le pamplemousse leur a légué sa saveur aigre-douce et sa grande taille. Le tangelo Minneola est facile à reconnaître avec sa protubérance et sa couleur orange vif; il contient peu de pépins.

Achat et conservation

Lourds pour leur taille (ils contiennent plus de chair et de jus). Bien colorés et lustrés. Le peu d'adhérence de la pelure laisse du «jeu» au toucher, c'est normal. Les mandarines sont plus périssables que les oranges à cause de leur pelure plus mince. Les conserver au réfrigérateur, dans le tiroir à fruits où elles se conservent une semaine.

Suggestions

Essayer des quartiers de mandarines dans les salades.

MELON D'EAU

Description

Très ferme, de forme oblongue ou plus ronde. Son écorce est lisse, verte et rayée. Sa chair est rouge et croquante, juteuse et désaltérante. Les pépins sont brun foncé ou noirs. Il existe maintenant (à la satisfaction de tous) un melon d'eau sans pépins (les petits pépins blancs sont comestibles); sa chair est d'un rouge plus foncé.

Achat et conservation

Surface lisse et ferme. Chair rouge, ferme et juteuse, sans rainures blanches. Conserver au réfrigérateur dans une pellicule de plastique. Éviter les fruits dont la chair est pâle, d'apparence sèche, granuleuse, aqueuse ou fibreuse avec des rainures blanches.

MELON DE MIEL (HONEYDEW)

Description

La variété la plus populaire est à chair verte, mais on en trouve également à chair orangée. (Il est cependant plus petit et ressemble davantage au cantaloup.) Le melon à chair verte a une forme oblongue. Sa pelure lisse, d'abord verte, passe au blanc crème ou au jaune pâle en mûrissant. Sa chair vert pâle et juteuse est très sucrée, d'où son nom. Tout comme le cantaloup, son centre est formé d'une masse humide de pépins non comestibles.

Achat et conservation

Mûr, sa chair cède sous une légère pression des doigts à son extrémité près de la tige. Mais attention! S'il a été beaucoup «testé», cette partie sera forcément attendrie. Arôme léger et agréable. Éviter les melons très blancs ou trop verts, ceux qui sont très fermes ou présentent des parties molles. S'il n'est pas à point, laisser quelques jours à la température de la pièce. Réfrigérer dans une pellicule de plastique, car l'éthylène qu'il dégage accélère le mûrissement des autres fruits et légumes et son odeur forte se transmet aux autres aliments.

NECTARINE

Achat et conservation

Pelure lisse et brillante. Charnue. De couleur riche (jaune orange entre les parties rouges, quoique certaines variétés soient verdâtres). Chair ferme, mais qui cède légèrement près du pli qui la traverse. Les fruits plus durs mûriront en deux ou trois jours à la température ambiante.

Suggestions

Utiliser partout où des pêches sont suggérées: dans les compotes, les tartes, les poudings, les gâteaux; en accompagnement de la volaille, du gibier, du veau, de l'agneau ou du porc.

OIGNON SEC

Description

- Les oignons d'Espagne sont très gros, à la pelure jaune foncé et adhérente. Ils sont sucrés, juteux et s'utilisent crus ou cuits.
- Les oignons jaunes sont ronds et à saveur puissante. Cet oignon tout usage est excellent pour la cuisson.
- Les oignons blancs ont une pelure argentée. Ces petits oignons conviennent bien aux soupes et aux ragoûts.
- Les oignons rouges ou italiens sont de couleur pourpre. Leur saveur robuste et leur couleur sont appréciées lorsqu'on les consomme crus, en salade par exemple.

Achat et conservation

Propres et fermes, à la pelure sèche (qui craque), lisse et brillante. Éviter les oignons mous, humides, spongieux et ceux qui ont des germes. Conserver suspendus dans leur filet, dans un endroit aéré et sec (entre 0 et 7 °C [32 et 45 °F]) et à distance des pommes de terre dont ils absorbent l'humidité. Ou encore, réfrigérer en évitant la proximité d'aliments auxquels ils transmettraient leur odeur. Les oignons forts se conservent plus longtemps que les oignons sucrés.

Yeux larmoyants

À vous de choisir le truc qui vous convient: placer l'oignon 1 h au réfrigérateur avant de le couper, le couper sous un filet d'eau froide ou éviter de couper la partie avec des racines. Vous pouvez également essayer les lunettes de natation ou de ski (si vous aimez le sport!).

ORANGE
(voir aussi Agrumes)

Achat et conservation

Lourde pour sa taille (elle contient plus de chair et de jus). Ferme, brillante et relativement lisse. Éviter les fruits ternes et spongieux. Très rugueuse, leur pelure peut être épaisse; le contenu en chair et en jus est alors réduit.

- Les oranges Navel sont considérées comme les meilleures oranges de table au monde. On les reconnaît à leur ombilic (nombril) du côté opposé à la tige. Elles se pèlent facilement et ne contiennent généralement pas de pépins.
- Les oranges de Valence ont quelques pépins et une pelure mince plus difficile à enlever. Elles sont considérées comme les oranges à jus par excellence. Elles peuvent être laissées à température ambiante. Elles se conservent plusieurs semaines au réfrigérateur, dans le tiroir à fruits ou dans un sac perforé.

PAMPLEMOUSSE
(voir aussi Agrumes)

Description

Sous une pelure de jaune pâle à dorée ou jaune teinté de rose se cache une chair jaune, rosée ou rougeâtre.

Suggestions

Au petit déjeuner, garnir de yogourt nature, de son, de germe de blé ou de noix hachées. Ou encore, saupoudrer légèrement de sucre brun et faire griller au four. Remplacer les tranches d'ananas du jambon par des rondelles de pamplemousse. Ajouter aux salades et aux préparations à base de fruits de mer, de poisson, de porc ou de volaille.

PÊCHE

Achat et conservation

Relativement ferme sans être dure. Sans meurtrissures. Entre les taches rouges, une pelure de couleur jaune ou crème plutôt que verte. Arôme agréable. Laisser les pêches à la température ambiante jusqu'à ce qu'elles soient prêtes à manger; réfrigérer ensuite.

Suggestions

Fermes et non mûres, les apprêter comme des légumes: en salade, sautées avec des légumes, etc. Couper en deux, retirer le noyau et farcir de salades de fruits de mer, de fruits, de poisson ou de poulet. Accompagner l'agneau, la volaille, le gibier, le veau, le porc et le jambon de tranches de pêches poêlées, cuites sur le gril ou simplement crues.

Pêches un peu mûres

Coulis, laits fouettés, muffins, tartes, poudings, confitures, compotes et gâteaux.

PERSIL

Description

Le persil italien a des feuilles plates; il convient bien aux cuissons prolongées. Le persil frisé est le plus courant sur le marché; il est vert très foncé.

Achat et conservation

D'apparence fraîche. Ferme et croquant. Vert vif sans coloration jaune ni plaques humides et noires. Bien nettoyer, car il retient facilement la terre; l'assécher et le réfrigérer dans un sac de plastique perforé. S'il est un peu défraîchi, l'asperger d'un peu d'eau froide puis réfrigérer à nouveau. Se congèle sans blanchiment; l'utiliser ensuite sans le décongeler au préalable.

Bien plus qu'une garniture...

Trop souvent utilisé comme simple garniture ou assaisonnement, le persil est aussi un aliment. Sa saveur est riche. Sa couleur foncée est un indice de sa haute densité nutritive. L'essayer en salade, «à la libanaise»: avec un peu d'oignon et d'ail, le tout arrosé de jus de citron et d'un soupçon d'huile d'olive. Tout se consomme, les tiges et les feuilles.

Pour une haleine fraîche!

Vous avez mangé de l'ail ou de l'oignon? Mâchez un peu de persil frais comme le faisaient les Romains.

POIRE

Description

Il en existe plusieurs milliers de variétés. Formes, couleurs et textures varient, mais toutes ont une pelure comestible et une chair blanche ou crème. Parmi les plus courantes:

- la poire Anjou présente un col court, ce qui la rend plutôt ovale. Sa pelure peut être jaune, jaune verdâtre ou verte. Sa couleur n'est donc pas un bon critère de qualité. Sa chair juteuse est sucrée et épicée;
- la poire Bartlett (aussi appelée poire Williams) a la forme d'une cloche. Sa pelure est mince et quelquefois irrégulière. Sa couleur passe du vert au jaune lorsqu'elle est mûre; elle porte parfois une plaque rosée. Sa chair est fine, sucrée et juteuse;
- la poire Bosc est jaune foncé rousselée de brun cannelle. Son col est très effilé et sa chair, très juteuse. Elle est excellente à croquer ou à cuire;
- la poire Comice peut être très grosse. Elle est presque ronde, de couleur jaune verdâtre à reflets rouges ou bruns. Sa pelure est relativement épaisse et sa chair est très fine, sucrée et extrêmement juteuse.

Achat et conservation

Fermes, à la pelure brillante et lisse, sans meurtrissures. Il est normal que certaines présentent des taches «de rouille» caractéristiques de leur variété. Si elles sont trop fermes, les laisser à la température de la pièce jusqu'à ce qu'elles cèdent sous une légère pression du doigt, près de la tige. (Ne pas se fier à la couleur qui ne change pas, bien souvent; elle peut par exemple être verte selon la variété.) Réfrigérer lorsqu'elles sont mûres. Conserver dans le tiroir à légumes ou dans un sac perforé. Tout comme les pommes, il faut éviter de trop les entasser et retirer tout fruit trop mûr ou meurtri qui pourrait accélérer le mûrissement des autres. Pour cuire, acheter des fruits fermes qui ne sont pas tout à fait mûrs. Tremper dans de l'eau citronnée pour éviter le brunissement.

Suggestions

Remplacer les pommes par des poires dans vos recettes de tartes, de croustades et de gâteaux. Ajouter aux salades. Enrouler de jambon, servir avec du fromage ou garnir de pâté pour des hors-d'œuvre. Les poires accompagnent très bien le gibier et la volaille. Pour la cuisson, choisir des fruits un peu fermes, pas tout à fait mûrs. Couper en deux sur la longueur, retirer le cœur et farcir de cottage ou de salade de fruits de mer, de poisson, de poulet ou de fruits.

Poires un peu mûres

Vive la bonne compote, les mousses, les tartes, les muffins et les poudings!

POIREAU

Description

Le poireau est de la même famille que l'oignon. Il ressemble d'ailleurs à un oignon vert géant de 2 à 4 cm (1 à 1 1/2 po) de diamètre. Sa saveur est douce et sucrée.

Achat et conservation

Tiges fermes, blanches et sans meurtrissures. Feuilles d'un beau vert vif. Préférer les sujets jeunes, plus tendres. Les racines doivent être présentes (elles aident à maintenir l'humidité). Conserver les poireaux jusqu'à deux semaines au réfrigérateur dans un sac de plastique, non lavés et avec les racines.

Préparation

Tailler quatre incisions tout autour, dans le sens de la longueur, du bout des feuilles au début de la partie blanche. Agiter dans un grand bol d'eau froide pour bien débarrasser de la terre qui peut se trouver au creux des feuilles. Couper ensuite les racines et les feuilles (à une hauteur d'environ 5 cm [2 po] au-dessus de la partie blanche). Le poireau se mange cru ou cuit. Cuire à l'eau bouillante salée ou dans un bouillon, à la vapeur ou au micro-ondes. Conserver les feuilles pour les soupes, les ragoûts, les quiches et les salades (émincées).

Suggestions

Cru dans les salades. Cuit: gratiné; dans les quiches, les potages (calculer trois poireaux pour deux pommes de terre) et les ragoûts; froid avec une vinaigrette.

Ne jetez pas les feuilles trop fermes

Utiliser pour parfumer les bouillons et les ragoûts.

POIS MANGE-TOUT (POIS DES NEIGES OU POIS GOURMAND)

Description

Les pois mange-tout présentent une cosse aplatie d'un beau vert tendre contenant des pois de très petite taille. Ils sont croquants, sucrés et très périssables.

Achat et conservation

Cosses bien brillantes, vertes et fermes. Éviter les cosses molles, plissées, fendues, jaunies ou tachées. Conserver au réfrigérateur tout au plus deux jours dans un contenant ou un sac de plastique, non lavés.

Préparation

Laver, couper les deux extrémités et retirer la soie sur la longueur. Cuire de 1 à 2 min à la vapeur, à l'eau ou à la poêle (le légume parfait des gens pressés) pour qu'ils restent encore croquants et gardent leur belle couleur verte. Ou encore, ajouter un peu d'eau et cuire à couvert au micro-ondes. Ils se mangent aussi très bien crus.

Suggestions

Servir crus, nature ou en salade. Sauter à la chinoise avec des restes de légumes crus, de l'oignon et un peu de sauce soya, d'ail et de gingembre frais. Ajouter aux soupes, aux chaudrées et aux ragoûts. Servir avec une sauce au fromage.

Reste de pois mange-tout cuits

Mariner dans une vinaigrette et servir froid.

POIVRON (PIMENT DOUX)

Description

Les plus connus sont verts ou rouges, mais on en trouve maintenant des violets, des jaunes et des orange. Tous sont verts au début et prennent progressivement leur couleur caractéristique en mûrissant sur le plant. Les poivrons rouges sont des poivrons verts cueillis à pleine maturité. Les poivrons rouges et orange sont plus sucrés, mais aussi plus chers. On peut les manger crus ou cuits, en retirant au préalable les membranes et les petites graines à l'intérieur.

Achat et conservation

Fermes et aux parois épaisses. Pelure lisse et lustrée. De couleur vive. Éviter les poivrons mous à la peau ridée. Conserver dans le tiroir à légumes du réfrigérateur environ une semaine. Se congèlent sans blanchiment.

Suggestions

Faire bouillir 1 min (pour accélérer la cuisson au four) ou laisser crus; couper en deux (ou tailler la calotte des petits), retirer les graines et les membranes; farcir d'un mélange de riz avec de la viande hachée ou des légumineuses (lentilles brunes ou rouges, pois chiches), ou d'une salade de poisson, d'œufs durs ou de fromage cottage; cuire au four ou servir tels quels. Tailler en lamelles, en rondelles, en cubes et servir nature ou avec une trempette. Ajouter dans les salades de légumes, les garnitures à sandwichs, les salades de poulet, de thon ou d'œufs durs, dans les ratatouilles et les ragoûts. Faire sauter avec d'autres légumes; incorporer à un riz ou servir comme accompagnement des viandes, volailles et poissons. Faire griller en brochette. Mélanger aux plats en casserole, omelettes, pâtes alimentaires, pains et boulettes de viande. Étendre sur la pizza.

POMME

De quoi tomber dans les pommes...

VARIÉTÉS	CARACTÉRISTIQUES	QUELQUES UTILISATIONS
Cortland	Grosse, aplatie, rouge vif et rayée, tendre, douce, ne brunit pas	À croquer, tartes, compotes
Délicieuse	Cinq renflements à la base, allongée, rayée de rouge vif	
jaune	Quelquefois rousselée, jaune doré, sucrée, juteuse, semi-ferme	À croquer tartes, au four, compotes
rouge	Fondante, rayée de rouge vif	À croquer
Empire	Moyenne, ferme, rouge, rayée de rouge foncé	À croquer, tartes, compotes
Granny Smith	Croquante, acidulée, verte, juteuse	Tout usage
Lobo	Grosse, vert jaunâtre rayée de rouge	À croquer, au four, tartes
McIntosh	Moyenne, rouge, tachée de vert, tendre, juteuse, quelquefois veinée de rouge	À croquer, au four, tartes
Melba	Moyenne, rouge, rayée de jaune, tendre, juteuse, farineuse	À croquer, compotes
Rome Beauty	Grosse, ronde, rayée de rouge et tachetée de points, ferme, juteuse	À croquer, au four, tartes, compotes
Spartan	Moyenne à grosse, rouge, tachetée de points blancs, acidulée	À croquer, au four

Achat et conservation

Fermes (en particulier les grosses, car elles ont tendance à se détériorer plus vite que les petites et à devenir farineuses). Pelure lisse, brillante et colorée (selon la variété). Éviter les pommes meurtries, ternes et celles dont la chair cède sous une légère pression du doigt.

La texture et la saveur varient selon la variété. Acheter celles qui conviennent à votre goût et à l'usage que vous voulez en faire. Pour cuire, les grosses de 7 1/2 cm (3 po) et plus sont meilleures. Celles de 7 cm (2 1/2 po) et plus conviennent à tous les usages.

Six grosses pommes pèsent environ 1 kg (2 lb); une pomme moyenne pèse environ 150 g (1/3 lb) et donne approximativement 250 ml (1 tasse) de pomme en dés ou en tranches.

Conserver au réfrigérateur dans le tiroir à fruits ou dans un sac perforé. Ne pas trop empiler et enlever celles qui sont trop mûres ou meurtries; une pomme meurtrie mûrit plus rapidement et accélère le mûrissement des autres. Entreposer les grandes quantités dans une chambre froide entre 0 et 4 °C (32 et 39 °F), dans des paniers recouverts d'une pellicule de plastique perforée pour garder l'humidité. La compote se congèle très bien.

Suggestions

Frotter sous l'eau courante avant d'utiliser. Pour la collation, tailler en tranches et y étendre du fromage ou du beurre d'arachide. Râper et ajouter: aux farces ou riz qui accompagneront la volaille, le gibier, le porc, le veau ou l'agneau; aux garnitures à sandwichs; aux salades de poulet ou de poisson. Saupoudrer de noix hachées, de germe de blé et d'un peu de cassonade; cuire au four. Sauter à la poêle pour accompagner les viandes.

Pommes un peu ramollies

Compotes et sauces, croustades, tartes, gâteaux et muffins.

POMME DE TERRE

Description

Pour que les jours se suivent mais ne se ressemblent pas...

- Les pommes de terre Kennebec sont rondes ou oblongues. Leur pelure lisse est beige pâle. Leur chair est blanche. Elles se prêtent à tous les usages.
- Les pommes de terre Russett Burbank ou Idaho sont longues, cylindriques et parsemées d'yeux peu profonds. Leur pelure brune est épaisse, rugueuse et rousselée. Leur chair blanche convient très bien à la cuisson au four ou à la purée. Tout usage.
- Les pommes de terre Sebayo sont petites et rondes, à la pelure lisse et blanche. Elles ne se déforment pas à la cuisson et s'utilisent bien pour la cuisson à l'eau.

Achat et conservation

Fermes et propres. Pelure relativement lisse, sans meurtrissures ni coupures. Éviter celles qui portent des taches vertes ou des germes. Les sacs de papier empêchent la lumière de pénétrer. Ils laissent l'humidité s'échapper et les pommes de terre respirer. Ils sont pour ces raisons préférables aux sacs de plastique qu'on devrait à tout le moins perforer à plusieurs endroits. Les garder dans un endroit frais, entre 7 et 10 °C (45 et 50 °F), aéré et obscur, où elles se conserveront de quatre à neuf mois. La lumière les fait verdir sur leur surface en développant la chlorophylle. Ces taches vertes peuvent contenir une substance toxique en grande quantité, la solanine, et doivent être taillées. Ne pas réfrigérer, car l'amidon se transforme en sucre, ni les garder à la température ambiante où elles se déshydratent et germent rapidement. Les pommes de terre nouvelles se conservent environ une semaine et doivent être réfrigérées.

Six pommes de terre moyennes ou 12 petites pommes de terre nouvelles pèsent environ 1 kg (2 lb). Deux pommes de terre moyennes donnent approximativement 375 ml (1 1/2 tasse) de purée ou 400 ml (1 2/3 tasse) de cubes ou de tranches fines.

Préparation

Retirer les yeux. Nettoyer les pommes de terre en les brossant sous l'eau froide. Les cuire de préférence avec la pelure. Couper en gros morceaux, ou mieux, cuire entières. Insérer la lame d'un couteau à l'intérieur des pommes de terre à cuire au four pour qu'elles cuisent uniformément. Piquer la pelure des pommes de terre à cuire au four (si vous n'avez pas déjà inséré la lame d'un couteau) ou au micro-ondes avec une fourchette (sinon, elles pourraient éclater!). Ne pas faire tremper les pommes de terre pelées. Leurs précieux éléments nutritifs s'échappent dans l'eau.

Suggestion

Ajouter un peu de poudre de lait au lait froid, chauffer et ajouter aux purées.

Miam! Les pelures...

Cuire au four, bouillir, cuire à la vapeur, sur le gril ou sauter les pommes de terre dans la pelure. Tailler en deux et évider les pommes de terre cuites. Couper les pelures, les badigeonner d'un peu de beurre ou de margarine fondu et faire dorer au four. Servir les pelures en hors-d'œuvre, gratinées ou avec une trempette au yogourt.

Purée un jour, purée toujours!

Vous aimez les purées? Vous apprécierez varier en combinant des pommes de terre à un reste de navet, de carottes, de brocoli, de courges, d'épinards ou d'autres légumes cuits.

Des pommes de terre noircies ou brunies?

Il arrive que les pommes de terre noircissent ou brunissent à la cuisson. Ce phénomène est dû, dans le premier cas, à l'oxydation du fer qu'elles contiennent et, dans le second, à une forte concentration de sucre. L'ajout d'un peu de jus de citron à l'eau de cuisson aide à limiter le noircissement causé par l'oxydation du fer.

Quant au brunissement, certaines variétés y semblent plus portées que d'autres, mais il est probable que le phénomène soit dû principalement à un entreposage à une température trop froide (à l'entrepôt, durant le transport ou à la maison). Le froid convertit l'amidon en sucre. La composition du sol pourrait également être un facteur. Quoi qu'il en soit, elles sont tout aussi délicieuses!

Reste de pommes de terre cuites ou de purée

En un tournemain, voilà la purée devenue croquettes de jambon, de poulet, de saumon ou de thon. Ajouter de la purée aux recettes de gâteaux ou de pains, aux potages. Couper les pommes de terre cuites en morceaux, faire sauter à la poêle ou garnir de fromage râpé et gratiner. Ajouter aux soupes, aux chaudrées, aux casseroles, aux omelettes.

PRUNE

Description

Plus de 2000 variétés de prunes: bleues, pourpres, écarlates, jaunes ou vertes, de formes et de grosseurs différentes. Pour tous les goûts quoi! Parmi les plus populaires:

- les Red Beauty sont rouges avec une chair jaune et ferme. On les trouve tôt en été, surtout en mai et en juin;
- les prunes italiennes sont petites, ovales et bleues. Leur chair est jaune doré et ferme;
- les prunes Santa Rosa sont rouges avec une chair jaune au centre, mais rouge près de la pelure. Leur saveur est aigre-douce et elles sont très juteuses. Elles abondent en juin et en juillet;
- les grosses prunes Laroda sont jaune taché de rouge et leur chair est jaune. On les trouve sur le marché en juillet.

Achat et conservation

Tendres sous les doigts et bien charnues. Colorées et luisantes. Éviter les fruits trop fermes ou trop mous. Laisser ramollir à la température de la pièce; réfrigérer ensuite jusqu'à quelques jours.

Suggestions

Gâteaux, tartes, poudings et compotes. Salades de fruits, de poulet, de crevettes ou de légumes. Sautés de poulet ou de crevettes. Jambon au four.

Prunes un peu mûres

Réduire en purée, ajouter aux laits fouettés ou utiliser comme sauce. Cuire en compote ou en confiture.

RADIS

Achat et conservation

Fermes et croquants. Lisses et sans taches. Éviter les radis spongieux ou mous et ceux qui sont très gros, souvent plus fibreux et piquants. Garder au réfrigérateur où ils se conservent jusqu'à deux semaines. S'ils sont achetés dans un sac de plastique, le perforer pour laisser s'échapper l'humidité.

Préparation

Ne pas peler les radis, surtout si on en apprécie la saveur forte. Comme la substance qui leur donne du piquant est plus concentrée sous la pelure, le fait de les peler les rend plus doux, comme la cuisson d'ailleurs. Les verdures de radis fraîches ont une excellente valeur nutritive.

Suggestion

Ajouter des radis à vos soupes et ragoûts.

RAISIN

Description

- Les **raisins Ribier** sont d'un bleu très intense, gros, ronds et compacts sur la tige. Ils ont généralement des pépins.
- Les **raisins Cardinal** sont ronds, gros et rouge foncé.
- Les **raisins Lady Finger** sont vert pâle, gros et de forme très allongée.
- Les **raisins Perlette** sont vert pâle, petits, ronds ou ovales et sans pépins. Ils forment une grappe serrée.

- Les **raisins Thompson** sont vert pâle, allongés comme des olives et de grosseur moyenne à gros. Ils sont sucrés et sans pépins.
- Les **raisins Empereur** sont rouges et gros, et ont généralement des pépins.

Achat et conservation

Fermes et bien charnus. Lisses et colorés. Non collants. Bien attachés à la tige et formant une grappe bien conformée. Les raisins sont prêts à manger au moment de la vente; ils ne gagnent pas à être mûris davantage. Les raisins d'un vert légèrement doré (ambrés) sont plus sucrés. Le rouge franc des raisins rouges doit prédominer sur tous les raisins ou la majorité; complètement mûrs, ils ne portent pas de teinte verte. Réfrigérer dans un sac de plastique et consommer à l'intérieur d'une semaine. Ne laver qu'au moment de manger.

Suggestions

Ajouter à vos recettes de farces. Couper en deux sur la largeur, épépiner et ajouter aux salades de fruits. Servir en brochettes avec du fromage. Servir en accompagnement des viandes, de la volaille, du gibier et des poissons.

TOMATE

Achat et conservation

Les tomates doivent être lisses, charnues et fermes. D'un bon poids pour leur taille. Bien colorées. Certaines variétés de tomates restent vertes lorsqu'elles sont mûres; la majorité deviennent rouges, roses, orange ou jaunes. Si elles ne sont pas assez mûres, laisser à la température ambiante, dans un endroit frais et loin de la lumière directe (éviter le bord de la fenêtre par exemple; trop de lumière les fait ramollir sans les faire bien mûrir). Ou encore, recouvrir de papier pour accélérer le processus. Réfrigérer lorsqu'elles sont bien mûres et utiliser dans les jours suivants.

Tomates un peu molles

Ajouter aux soupes, aux ratatouilles, aux ragoûts, aux plats en casseroles, aux omelettes ou aux quiches, aux sauces à spaghetti. Réduire en sauce. Cuire en ketchup.

VERDURES

Achat et conservation

Plus les verdures sont foncées, plus elles sont nutritives: laitue frisée ou romaine plutôt que l'anémique laitue iceberg (ou laitue pommée); épinards, persil, chou cavalier (collard) et kale; feuilles de moutarde, de bettes à carde, de betteraves ou de pissenlit (économiques en saison!). Les jeunes verdures ont une saveur plus douce. Elles doivent être fermes, d'un beau vert vif, humides et propres. Les petites taches de rouille ne sont pas dommageables. Détacher et bien laver chaque feuille sous l'eau froide courante, secouer et assécher avec un papier absorbant. Réfrigérer dans un linge humide ou un sac de plastique. Consommer de préférence dans la semaine.

Préparation

Jeter les feuilles jaunies ou trop flétries. Déchirer la base dure de la tige.

Suggestions

Ne pas hésiter à mélanger les textures, les saveurs et les couleurs en combinant des verdures différentes. Pour une salade-repas: ajouter un reste de légumes crus ou cuits (haricots verts, carottes, pois mange-tout, maïs, etc.); combiner des œufs durs, du poisson, des légumineuses, du fromage ou du tofu; puis assaisonner de jus de citron, de yogourt nature ou de vinaigre aromatisé. Râper et ajouter du croquant à vos plats, soupes et sandwichs. Sauter à la chinoise, seules ou avec d'autres légumes, mais les laisser croquantes.

Rouille!

Pour éviter que les surfaces coupées ne jaunissent, déchiqueter à la main au lieu d'utiliser le couteau. L'acidité du vinaigre ou du jus de citron aide également à prévenir le jaunissement.

Laitue un peu flétrie

Elle ajoutera tout de même du croquant à vos soupes et bouillis. Faire braiser avec d'autres légumes dans un peu d'eau ou de bouillon. Réduire en purée et ajouter aux potages. Sauter à la poêle si désiré, puis hacher et ajouter aux purées de pommes de terre. Réduire en purée le cresson ou les épinards et combiner à du yogourt nature pour une trempette.

Fruits confits et déshydratés

Le froid permet de conserver les fruits et légumes. Deux autres techniques de conservation, l'une par le sucre et l'autre par la déshydratation, sont également utilisées depuis des siècles.

LES FRUITS CONFITS

Les fruits sont attendris par blanchiment, puis mis à tremper successivement dans des sirops toujours plus concentrés afin de bien imprégner leur chair de sucre. À la maison, la méthode consiste à les chauffer dans un sirop.

La concentration élevée en sucre aide à leur conservation, mais augmente leur apport calorique. Leur couleur éclatante et quelquefois surprenante (ces cerises vert lime!) est attribuable à des colorants alimentaires. On utilise surtout ces fruits pour la décoration ou la pâtisserie, pour les traditionnels gâteaux aux fruits de Noël, par exemple.

LES FRUITS DÉSHYDRATÉS

La déshydratation des fruits augmente leur durée de conservation à plus de six mois lorsque les produits sont rangés dans un contenant hermétique et dans un endroit frais. Le procédé de déshydratation doit cependant être soigneusement contrôlé afin de limiter la destruction des vitamines plus sensibles, comme les vitamines B et C.

Les fabricants ont le droit d'ajouter aux fruits déshydratés des additifs, comme certains sulfites ou le sorbate de potassium, pour en préserver la texture, la couleur et limiter la croissance des moisissures et des bactéries. L'étiquette doit alors en faire mention.

La réduction du contenu en eau concentre la valeur nutritive et calorique des fruits. Les fruits déshydratés sont donc des sources concentrées de vitamines, de minéraux et d'énergie. Attention! Une fois déshydratés, un raisin ou un abricot contient autant de calories que le fruit frais! Sachez compter le nombre que vous avalez avant de les accuser de vous faire engraisser. Parce qu'ils collent aux dents, il est préférable d'éviter les fruits séchés en collation lorsque le brossage des dents n'est pas possible.

Les fruits séchés s'utilisent bien:

- sur les céréales à déjeuner froides ou chaudes, les yogourts;
- dans les produits de boulangerie et de pâtisserie: poudings, tartes, gâteaux, muffins, biscuits;
- dans les compotes et les salades de fruits (faire tremper ou pocher les fruits séchés avant de les servir);
- en coulis: faire tremper ou pocher dans un jus de fruits, puis passer au mélangeur;
- dans les riz et les farces;
- dans les sauces et les mets à base de veau, de porc, de volaille et de gibier: faire tremper et laisser cuire dans le bouillon de viande, sauf les raisins et les pruneaux, à ajouter à la fin de la cuisson.

Annexe 1

Guide d'entreposage des aliments

ARMOIRE (TEMPÉRATURE AMBIANTE)
(À moins d'indications contraires, les durées de conservation sont valables pour les contenants non ouverts.)

Aliments divers

Beurre d'arachide	- non ouvert	6 mois
	- une fois ouvert	2 mois
Confitures*, gelées*		1 an
Huiles végétales*		1 an
Levure sèche		1 an
Mayonnaise*, sauce à salades*		
	- non ouvert	8 mois
	- une fois ouvert	1 1/2 à 2 mois
Mélasse		2 ans
Miel		18 mois
Noix		1 mois
Pectine*	- en poudre	2 ans
	- liquide	1 an
	- une fois ouvert	1 mois

———

* Fermer et garder au réfrigérateur les contenants qui ont été ouverts.

Sirops* d'érable, de maïs, de table		1 an
Tartinades* à sandwichs		8 mois
Vinaigre		Plusieurs années

Aliments en conserve
(Transvider le contenu des boîtes ouvertes dans des contenants hermétiques et garder au réfrigérateur.)

Lait concentré		9 à 12 mois
Autres aliments en conserve		1 an

Céréales
(Transvider le contenu des contenants ouverts dans des contenants hermétiques et entreposer loin de la lumière et de la chaleur.)

Céréales	- prêtes à servir	8 mois
	- gruau d'avoine	6 à 10 mois
Chapelure sèche		3 mois
Craquelins		6 mois
Farine blanche		2 ans
Farine de blé entier		6 semaines
Farine de maïs		6 à 8 mois
Pâtes alimentaires et riz		Plusieurs années

Denrées sèches
(Transvider le contenu des contenants ouverts dans des contenants hermétiques et entreposer loin de la chaleur et de la lumière.)

Cacao		10 à 12 mois
Café	- moulu	1 mois
	- instantané	1 an

---

* Fermer et garder au réfrigérateur les contenants qui ont été ouverts.

Chocolat à cuisson		7 mois
Fruits secs		1 an
Gélatine		1 an
Gelée en poudre		2 ans
Haricots, pois et lentilles		1 an
Lait écrémé en poudre	- non ouvert	1 an
	- une fois ouvert	1 mois
Mélanges	- à gâteaux, crêpes, biscuits à la poudre à pâte	1 an
	- poudings, garnitures pour tartes	18 mois
Poudre à pâte, soda à pâte		1 an
Sucre sous toutes ses formes		Plusieurs années
Thé en sachets		1 an

Légumes

Pommes de terre, rutabagas, courges	1 semaine

En chambre froide (7 à 10 °C [45 à 50 °F]):

Courges d'hiver	Plusieurs mois
Oignons secs, jaunes	3 à 4 semaines
Pommes de terre ordinaires	9 mois
Rutabagas cirés	Plusieurs mois

RÉFRIGÉRATEUR (4 °C [40 °F])
(Couvrir tous les aliments, à moins d'indications contraires.)

Aliments divers

Café moulu	2 mois
Farine de blé entier	3 mois
Noix	4 mois

Fruits frais (mûrs)

Pommes	- en saison	2 mois
	- hors saison	1 semaine
Abricots, atocas, pêches (ne pas couvrir)		1 semaine
Raisins, prunes		5 jours
Cerises, rhubarbe		3 jours
Bleuets, fraises, framboises, poires (ne pas couvrir)		2 jours

Légumes frais

Asperges	5 jours
Betteraves	3 à 4 semaines
Brocoli	3 jours
Carottes	Plusieurs semaines
Champignons, germes	5 jours
Chou, céleri	2 semaines
Choux de Bruxelles	5 jours
Chou-fleur	10 jours
Concombres	10 jours
Courges d'été	1 semaine
Épinards	4 jours
Haricots verts ou jaunes	5 jours
Laitue, tomates	1 semaine
Maïs, pois	1 à 2 jours
Oignons verts	10 jours
Panais	4 semaines
Poivrons verts ou rouges	1 semaine
Pommes de terre nouvelles	1 semaine

Poissons et crustacés

Crabes, homards, palourdes, moules - vivants	12 à 24 h

Crustacés cuits		1 à 2 jours
Huîtres vivantes		Plusieurs semaines
Pétoncles, crevettes	- frais	1 à 2 jours
Poissons éviscérés	- non cuits	3 à 4 jours
	- cuits	1 à 2 jours

Produits laitiers et margarine
(Vérifier les dates «meilleur avant».)

Beurre	- non ouvert	8 semaines
	- une fois ouvert	3 semaines
Fromage		
cottage	- une fois ouvert	3 jours
à pâte ferme	- non ouvert	Plusieurs mois
fondu	- non ouvert	Plusieurs mois
	- une fois ouvert	3 à 4 semaines
Lait, crème, yogourt	- une fois ouvert	3 jours
Margarine	- non ouvert	8 mois
	- une fois ouvert	1 mois

Viande, volaille, œufs (non cuits)

Abats, abattis	1 à 2 jours
Biftecks, côtelettes	2 à 3 jours
Œufs	3 semaines
Rôtis	3 à 4 jours
Viande fumée, charcuterie	6 à 7 jours
Viande hachée, en cubes, attendrie	1 à 2 jours
Volaille	2 à 3 jours

Viande, volaille, œufs (cuits)

Farce	2 à 3 jours

Mets en casserole,
  pâtés à la viande,
  sauces à la viande
	2 à 3 jours

Toutes les viandes, la volaille	3 à 4 jours

CONGÉLATEUR (−18 °C [0 °F])

(Utiliser un emballage pour congélateur ou des contenants hermétiques. Congeler les aliments frais lorsqu'ils sont au maximum de leur qualité.)

Aliments divers

Biscuits, gâteaux	- cuits	4 mois
Fines herbes		1 an
Pains à la levure	- cuits ou non cuits	1 mois
Pâte à tarte	- non cuite	2 mois
Pâtisseries, pains éclair	- cuits	1 mois
Potages, bouillons, soupes-crèmes		4 mois
Sandwichs		6 semaines
Tartes aux fruits	- non cuites	6 mois
Fruits et légumes		1 an

Poissons et crustacés

Crustacés	2 à 4 mois
Poissons gras (saumon, maquereau, hareng, touladi)	2 mois
Poissons maigres (morue, aiglefin, goberge, éperlans)	6 mois

Produits laitiers et margarine

Beurre	- salé	1 an
	- non salé	3 mois
Crème de table, crème à fouetter		1 mois
(La crème perd son homogénéité		
lorsque décongelée.)		
Fromage	- pâte dure, fondu	3 mois
Lait		6 semaines
Margarine		6 mois
Yogourt brassé		1 mois

Viande, volaille, œufs (non cuits)

Abats		3 à 4 mois
Agneau	- côtelettes, rôtis	8 à 10 mois
Bœuf	- biftecks, rôtis	10 à 12 mois
Canard, oie		3 mois
Œufs	- les blancs, les jaunes	4 mois
Porc	- côtelettes, rôtis	8 à 10 mois
Poulet, dinde	- en morceaux	6 mois
	- entiers	1 an
Saucisses, saucissons		2 à 3 mois
Veau	- côtelettes, rôtis	4 à 5 mois
Viande fumée, charcuterie		1 à 2 mois
Viande hachée, en cubes, attendrie		2 à 3 mois

Viande et volaille (cuits)

Farce	3 à 4 semaines
Mets en casserole, pâtés à la viande	3 mois
Toutes les viandes	2 à 3 mois
Toute la viande de volaille	1 à 3 mois

Adapté de: Agriculture Canada, *Durées d'entreposage des aliments*, 1985.

Annexe 2

Les recommandations canadiennes sur la nutrition et l'alimentation: la ligne à suivre...

Au Canada, on meurt avant tout de maladies du cœur et de cancer. Dans les deux cas, le lien entre la maladie et la nutrition est clairement établi. L'obésité est probablement le facteur alimentaire le plus étroitement associé au risque de ces maladies.

Ainsi, dans un pays d'abondance comme le nôtre, la priorité nutritionnelle est devenue la réduction des risques de maladies chroniques reliées à la nutrition comme les maladies cardio-vasculaires, le cancer, l'obésité, l'ostéoporose, la carie dentaire, l'anémie et certains problèmes de l'intestin. Cette priorité surpasse celle de lutter contre les maladies de carence. Combler les besoins nutritionnels tout en réduisant les risques de maladies chroniques, voilà le double défi des recommandations d'aujourd'hui en matière d'alimentation.

Un défi qu'a relevé Santé et Bien-être social Canada en révisant la documentation sur les besoins en éléments nutritifs et les diverses associations entre l'alimentation, la nutrition et la maladie, pour émettre par la suite, en 1990, ses recommandations sur la nutrition pour les Canadiens. Au pays, ces lignes directives servent depuis de bases aux recommandations alimentaires mises de l'avant par les professionnels de la santé (voir «Les recommandations alimentaires pour la santé des Canadiens et Canadiennes», p. 359).

Bien sûr, la mise en application de ces recommandations n'offre aucune garantie. Toutefois, et ce qui est loin d'être négligeable, elle contribue à accroître nos chances de préserver notre capital-santé et la qualité de notre vie. D'une façon générale, ces recommandations peuvent être suivies sans suppléments. Les personnes âgées qui ne s'exposent pas au soleil et les nourrissons peuvent toutefois nécessiter un supplément de vitamine D, et les femmes enceintes, un supplément d'acide folique ou de fer.

L'ÉNERGIE

Notre organisme a besoin d'énergie pour croître, pour travailler, pour marcher et courir mais aussi pour digérer et utiliser les aliments que nous consommons. Elle lui sert à s'adapter constamment à tout changement ou stress physique ou psychologique qu'il subit dans son environnement. Même au repos, il a besoin d'énergie pour maintenir sa composition et ses fonctions de base.

C'est l'énergie chimique contenue dans les molécules organiques des aliments qui nous procure de l'énergie. Dans notre corps, la transformation des lipides (matières grasses), des glucides (sucres), des protéines et de l'alcool contenus dans les aliments et les boissons peut fournir de l'énergie. En pratique, les protéines sont utilisées avant tout pour la construction et la réparation, et ce sont surtout les graisses et les glucides qui sont transformés en énergie.

Lorsque l'apport en énergie est plus grand que les besoins de notre organisme, le surplus est stocké en réserve dans les cellules de graisse, les adipocytes. Au cas où une disette surviendrait!

La valeur énergétique des aliments est mesurée en unités appelées «calories» ou «kilocalories» (Cal ou kcal) ou, selon le système métrique, en «kilojoules» (kJ). Une calorie équivaut à 4,18 kilojoules. La valeur énergétique des aliments est calculée en fonction de leur composition.

Densité énergétique des constituants des aliments
(en calories et en kilojoules par gramme)

	Cal/g	kJ/g
Matières grasses	9	37
Protéines	4	17
Glucides	4	17
Alcool	7	29

LE POIDS CORPOREL

Selon l'enquête «Condition physique Canada 1983» de Santé et Bien-être social Canada, 24 % des Canadiens étaient alors obèses et 16 % étaient affligés d'un surplus de poids. Maintenir son poids dans les limites recommandées, beaucoup le souhaitent, pour des raisons de santé mais aussi d'image et d'estime de soi. Contrairement à ce que plusieurs croient, il n'y a pas que le surplus de poids qui puisse être nuisible à la santé. En effet, la maigreur est aussi liée à des risques de maladies.

Il reste que l'obésité est reconnue comme un facteur de risque important de maladies cardio-vasculaires, d'hypertension, d'hyperlipidémie (taux de gras sanguin supérieur à la normale), de diabète de type 2 (diabète dit «adulte») et de certains cancers. Ainsi, pour l'ensemble des causes, le taux de mortalité est plus élevé chez les personnes qui présentent un embonpoint et croît avec le surplus de poids. Le fait d'adopter des habitudes alimentaires qui permettent de rétablir le poids à l'intérieur des limites souhaitables peut atténuer les risques de façon significative.

Les personnes qui présentent un surplus de poids ont également en moyenne des taux de cholestérol total plus élevés et des taux de cholestérol HDL inférieurs, qui s'abaissent et s'élèvent respectivement avec la perte de poids. Les HDL constituent la forme de cholestérol sanguin souvent appelée «le bon cholestérol». Contrairement aux LDL («le mauvais cholestérol»), les HDL jouent un rôle protecteur contre l'athérosclérose. C'est pourquoi la mesure du rapport LDL/HDL sert d'indice pour évaluer les risques d'athérosclérose. Plus ce rapport est élevé, plus les risques sont grands.

Recommandations

L'indice de masse corporelle (IMC) relie le poids et la taille d'un individu. Sa mesure est associée au risque de maladies. Il est préférable de maintenir un poids permettant de se situer dans une zone d'indices entre 20 et 25. Les IMC inférieurs ou supérieurs sont associés à des risques accrus de problèmes de santé. On obtient l'IMC en divisant le poids en kilogrammes par la taille en mètres au carré:

$$IMC = \frac{Poids\ (kg)}{Taille\ (m^2)}$$

L'apport énergétique devrait permettre de maintenir ou d'atteindre un poids donné à l'intérieur des limites recommandées. Lorsque la perte de poids est visée, il est préférable d'élever le niveau d'activité physique plutôt que de diminuer l'apport calorique. Celui-ci ne devrait pas être réduit en deçà de 1800 kcal. Les quantités ingérées d'aliments peuvent alors devenir insuffisantes pour combler les besoins en éléments nutritifs. En outre, faire de l'exercice physique de façon régulière tout au long de la vie aide à prévenir les maladies du cœur et l'ostéoporose.

LE GRAS

Définition

Les expressions «lipides» ou «matières grasses» alimentaires sont des termes génériques qui incluent le gras polyinsaturé, le gras monoinsaturé, le gras saturé et le cholestérol. Seules les matières grasses d'origine animale contiennent du cholestérol. Quant aux gras polyinsaturé, monoinsaturé et saturé, ils se trouvent ensemble dans le gras d'un aliment mais en proportions différentes selon l'aliment. Le gras de l'aliment est souvent qualifié du nom du type de gras contenu en plus grande proportion dans l'aliment. Par exemple, l'huile de tournesol est dite «polyinsaturée» même si elle contient également des quantités de gras saturé et de gras monoinsaturé. C'est que le gras polyinsaturé y est dominant par rapport aux autres.

Effets et rôles

Le gras constitue la source d'énergie la plus concentrée. Il fournit des acides gras polyinsaturés essentiels, des constituants que l'organisme ne peut fabriquer et qu'il doit retrouver dans sa nourriture. Il sert de moyen de transport aux vitamines liposolubles (solubles dans le gras), les vitamines A, D, E et K. Il contribue aussi à la texture et à la saveur des aliments.

Le cholestérol entre dans la fabrication de nombreuses substances essentielles parmi lesquelles les acides biliaires nécessaires pour absorber les graisses, la cortisone, la progestérone et la vitamine D synthétisée dans la peau sous l'effet des rayons du soleil.

Depuis plusieurs années déjà, on sait qu'une consommation moindre de matières grasses est associée à des risques réduits de maladies du cœur. Plusieurs études sur des populations, des groupes de sujets normaux ou présentant des taux de gras sanguin élevés ont établi des relations intéressantes. Elles ont fait la preuve que matières grasses alimentaires, taux de cholestérol sanguin et maladies cardiaques sont intimement reliés:

- Les risques de maladies cardiaques sont considérablement accrus chez les individus dont l'apport en gras total est élevé, de même que chez ceux qui présentent des taux de cholestérol sanguin supérieurs. Une consommation de gras total plus faible est associée à des taux de cholestérol LDL («le mauvais cholestérol») significativement plus bas.
- Une consommation de gras saturé inférieure est associée à un taux de cholestérol total et un taux de cholestérol LDL plus bas. Un apport en gras saturé inférieur a également des effets favorables sur la coagulation du sang et, par conséquent, sur les risques de maladies du cœur.
- Il existe une relation entre un apport élevé en gras polyinsaturé et des taux plus bas de cholestérol sanguin total, mais la réduction est toutefois inférieure à celle qu'entraîne une réduction de l'apport en gras saturé.
- Quant au gras monoinsaturé, son rôle sur le cholestérol sanguin serait probablement neutre.
- Un rapport élevé du gras polyinsaturé sur le gras saturé (rapport P/S) est en relation avec des effets favorables sur la coagulation du sang et sur des taux de cholestérol sanguin total et de cholestérol LDL plus bas.

Diverses études de population ont également prouvé que matières grasses alimentaires et cancer sont reliés. Une forte consommation de gras est associée à une fréquence élevée de cancer et de mortalité causée par cette maladie. Les cancers du sein, du côlon et de la prostate sont les principaux types de cancer reliés à l'apport en gras.

On croit souvent que le principal facteur alimentaire responsable du cholestérol sanguin est le cholestérol alimentaire. En fait, le gras saturé contribue davantage à faire augmenter le cholestérol sanguin. Néanmoins, le cholestérol alimentaire a une influence sur le cholestérol sanguin total de la plupart des gens, ainsi que sur l'incidence de l'athérosclérose et des maladies coronariennes.

Recommandations

Pour ces raisons, Santé et Bien-être social Canada recommande de réduire la consommation totale de gras, et particulièrement celle de gras saturé. Alors que le gras fournissait en 1986 environ 38 % des calories, le pourcentage suggéré est d'au plus 30 % de l'apport total en énergie. Quant à l'apport en gras saturé, il devrait être abaissé de 13 % à un maximun de 10 % de l'apport énergétique total. La meilleure façon de réduire l'apport en gras saturé est de réduire l'apport de gras total. De plus, il semble souhaitable de ne pas augmenter la quantité actuelle de gras de configuration «trans» (voir «Sources» ci-après). Ces derniers pourraient avoir des effets semblables à ceux des gras saturés.

La réduction de l'apport en cholestérol à 300 mg par jour ou moins chez la population canadienne est également souhaitable. Selon Santé et Bien-être social Canada, les Canadiens avaient un apport moyen en cholestérol de 442 mg par jour en 1986. Diminuer l'apport total en gras, et plus précisément en gras saturé, aide à réduire l'apport en cholestérol.

Sources

Les gras qui sont solides à la température ambiante contiennent une plus forte proportion de gras saturé ou de gras de configuration «trans*» (par exemple, le gras de viande, le

---

* Les gras ont dans la nature une configuration chimique appelée «cis». Cette configuration peut prendre la forme «trans» au cours du processus industriel appelé «hydrogénation». Ce processus sert notamment à la fabrication des margarines ou des graisses à partir d'huiles. On reconnaît ces gras transformés par la mention «huile végétale hydrogénée».

beurre, la margarine dure, le shortening). Les huiles, liquides à la température de la pièce, ont des proportions plus élevées de gras monoinsaturé et polyinsaturé. Les margarines molles, mi-solides, ont une composition en gras intermédiaire.

Le poisson et les fruits de mer contiennent des gras poly-insaturés de la série oméga-3 (voir «Les gras polyinsaturés oméga-3 du poisson» ci-après).

Quant au cholestérol, seules les graisses animales en contiennent. Les principales sources sont le jaune d'œuf, les abats (foie, ris et cervelle), la chair animale (bœuf, veau, porc, agneau, poulet, poisson), le lait et les produits laitiers (fromage, crème, crème glacée, beurre).

LES GRAS POLYINSATURÉS OMÉGA-3 DU POISSON

Effets et rôles

La consommation de poisson, d'huile de poisson ou de concen-trés d'huile de poisson pourrait intervenir favorablement sur la coagulation et la viscosité du sang, ainsi que sur la tension arté-rielle.

Les gras polyinsaturés oméga-3 (les gras polyinsaturés principaux des huiles de poisson) abaissent un taux élevé de triglycérides (TG) de même que les VLDL, deux formes sous lesquelles les gras sont transportés dans le sang. Également, ils agissent positivement sur la coagulation du sang.

Recommandations

Ainsi, les gras polyinsaturés du poisson seraient susceptibles de réduire le risque de maladies cardiaques. Pour la santé du cœur, il est conseillé de consommer du poisson régulièrement.

LES GLUCIDES

Définition

Les expressions «hydrates de carbone» ou «glucides» sont des termes génériques qui comprennent:

- plusieurs types de fibres alimentaires (voir «Les fibres», p. 337);
- l'amidon: un glucide complexe présent en quantité dans les pommes de terre et les grains qui composent les céréales, les pains et les pâtes;
- les sucres: les monosaccharides comme le glucose, le fructose, le galactose et les disaccharides comme le lactose, le sucrose ou saccharose (sucre blanc ou sucre de table). Ces sucres simples sont contenus entre autres dans les fruits, le miel, le sirop, la mélasse et la cassonade;
- les alcools de sucres: sorbitol, mannitol, xylitol.

Effets et rôles

Les hydrates de carbone, à l'exception des fibres alimentaires, sont des sources d'énergie. Ils aident aussi l'organisme à bien utiliser le gras que l'on consomme. Ils sont convertis en glucose qui nourrit en particulier le cerveau, la moelle épinière, les nerfs périphériques et les globules rouges.

L'absorption de glucides complexes comme l'amidon ralentit et modère l'augmentation des taux de glucose et d'insuline sanguins, contrairement aux glucides simples comme le glucose, le fructose et le saccharose.

Une plus grande consommation d'aliments riches en glucides complexes (produits céréaliers, certains légumes, légumineuses) est reliée à des taux de cholestérol sanguin total plus bas.

Les populations qui se caractérisent par une alimentation riche en glucides complexes présentent une faible incidence de maladies cardio-vasculaires et de cancer, probablement à cause de la faible teneur en gras de ces régimes. Mais une telle alimentation contribue également à des apports élevés en fibres et en carotène, des substances peut-être reliées également à cette incidence réduite de maladies.

Recommandations

Les glucides, selon Santé et Bien-être social Canada, comptaient en 1986 pour environ 48 % de l'apport total en énergie. Leur consommation devrait être augmentée pour qu'ils puissent fournir 55 % de l'apport calorique. C'est la meilleure façon de réduire la consommation de gras et les risques de maladies cardiaques.

Sources

Les sources de glucides à rechercher devraient être celles qui apportent davantage de glucides complexes, de fibres alimentaires variées et de carotène: légumineuses, produits céréaliers de grains entiers, fruits et légumes, surtout orange et vert foncé.

Même si les aliments riches en glucides complexes peuvent aussi contenir des constituants qui peuvent interagir avec certains éléments nutritifs, et nuire à leur absorption et à leur utilisation par l'organisme, il est reconnu actuellement que les avantages pour la santé d'une consommation plus élevée de glucides complexes surpassent les inconvénients possibles.

LES FIBRES

Définition

Les fibres alimentaires entrent dans la composition et la structure des plantes. Une de leurs caractéristiques est de résister aux sécrétions digestives produites par l'organisme humain. Ce sont principalement des polysaccharides (des glucides complexes autres que l'amidon) et de la lignine. Les fibres sont dites «solubles» ou «insolubles» selon qu'elles sont ou non solubles dans l'eau. Parmi les polysaccharides, on trouve:

- la cellulose: dans les légumes et légumineuses (insoluble);
- les glucannes bêta: dans l'orge et l'avoine (solubles);
- l'hémicellulose: dans les céréales (insoluble);
- la pectine: dans les agrumes (soluble);
- les gommes et mucilages (par exemple, gomme de guar; solubles);
- les extraits d'algues (par exemple, gélose; solubles).

Comme elles ne sont pas digérées par les enzymes digestives de l'intestin grêle, les fibres poursuivent leur route vers le gros intestin où s'effectue la fermentation sous l'action des bactéries de la flore intestinale. Jusque-là non transformées, une certaine proportion de fibres sont alors digérées en partie par ces bactéries. Cette opération produit d'ailleurs la formation de gaz qui incommodent certaines personnes.

Effets et rôles

Même si elles ne contribuent pas vraiment à la valeur énergétique et nutritive du repas, les fibres n'en sont pas moins nécessaires. Celles des céréales et des légumineuses surtout jouent un rôle dans la régulation de la fonction gastro-intestinale et aident plus particulièrement à prévenir la constipation.

Les populations dont l'alimentation est riche en fibres ont une incidence de maladies coronariennes et de certains cancers (dont celui du côlon) plus faible. En particulier, les fibres de céréales pourraient aider à prévenir le cancer du côlon. Le rôle des fibres par rapport à celui d'un apport réduit en calories et en lipides n'est toutefois pas clairement départagé. En effet, les populations dont l'alimentation est riche en fibres ont généralement une alimentation réduite en calories et en lipides.

Selon certaines études de population, une consommation exagérément élevée de fibres pourrait être associée à une diminution de la fréquence des maladies diverticulaires, de l'appendicite, des hémorroïdes, d'hernie hiatale, des varices, du diabète, des calculs biliaires et de l'obésité.

Les fibres insolubles (en particulier le son de blé grossièrement moulu) préviennent le durcissement des selles en absorbant l'eau, un peu comme des éponges. Cela explique pourquoi eau et fibres forment un duo inséparable. Elles augmentent le volume des selles ainsi que leur vitesse de transit dans les intestins. Ces facteurs aident à prévenir la constipation. Les fibres insolubles sont des laxatifs naturels par excellence.

Les fibres solubles comme celles du son d'avoine, des légumineuses et la pectine des agrumes exercent une influence sur le cholestérol sanguin. Mais tout comme pour les glucides, il est difficile de dissocier l'effet des fibres de celui du faible apport en gras relié à une alimentation riche en glucides et en fibres.

Les fibres solubles réduisent aussi l'absorption du glucose et permettent un meilleur contrôle de la glycémie (taux de glucose sanguin).

Recommandations

Inclure dans le régime une variété d'aliments contenant des fibres: céréales de grains entiers, légumineuses, fruits et légumes.

Une augmentation de la proportion d'énergie sous forme de glucides complexes à 55 % de l'apport énergétique total par diverses sources devrait entraîner une augmentation de la quantité de fibres et une diminution de la quantité de gras.

Santé et Bien-être social Canada n'a pas quantifié sa recommandation en fibres. Les experts de la santé recommandent généralement entre 25 et 35 g de fibres par jour. Bon nombre de Nord-Américains ne consomment actuellement que le tiers ou la moitié de cette quantité, tout au plus... Il est préférable d'augmenter graduellement sa consommation de fibres afin d'habituer les intestins.

Une consommation élevée de fibres alimentaires peut réduire l'absorption de certains minéraux comme le zinc, le calcium et le fer. Ces minéraux se lient aux fibres elles-mêmes ou aux phytates que contiennent souvent les aliments riches en fibres. Ils ne peuvent alors être absorbés et sont éliminés. Les enfants en bas âge, les femmes ménopausées et les personnes âgées en particulier doivent surveiller la qualité de leur alimentation et s'assurer d'apports adéquats de ces minéraux.

Sources

Pains et céréales, surtout de grains entiers; légumineuses; fruits et légumes, surtout crus et avec la pelure; noix et graines.

On retrouve des fibres solubles dans l'orge, l'avoine, le psyllium (un grain cultivé surtout dans l'ouest de l'Inde et présent dans certaines céréales à déjeuner), les légumineuses et plusieurs fruits et légumes. Quant aux fibres insolubles, le son de blé et le son de maïs, les grains entiers de façon générale, les légumineuses et plusieurs fruits et légumes en sont de bonnes sources.

LES PROTÉINES

Définition

Les protéines sont composées de petites unités appelées «acides aminés». Chez l'adulte, huit des 20 acides aminés communs sont dits «essentiels», car l'organisme ne peut les fabriquer et doit par conséquent les retrouver dans les aliments. Lorsqu'un ou plusieurs de ces acides aminés dans la protéine se trouvent en faible proportion par rapport aux autres, la protéine est dite «incomplète».

Les protéines animales sont complètes. Les protéines des produits végétaux sont incomplètes. Les protéines végétales peuvent être complétées lorsqu'elles sont consommées avec un aliment auquel manque un acide aminé différent, ou encore lorsqu'elles sont accompagnées d'une source de protéines animales (lait, fromage, œuf, viande, volaille, poisson). La qualité des protéines végétales devient alors comparable à celle des protéines animales.

La lysine est l'acide aminé déficitaire des céréales, des noix et des graines; la méthionine et le tryptophane manquent aux légumineuses. Si l'on mange des céréales, des noix ou des graines avec des légumineuses, de préférence au même repas, les protéines qui résultent de la combinaison sont complètes.

Effets et rôles

Les protéines peuvent être comparées aux briques d'une maison. Elles entrent dans la composition des muscles, des organes et des os qu'elles forment, réparent et entretiennent. De plus, les protéines contribuent à la formation des anticorps qui nous permettent de résister aux infections.

Recommandations

Homme adulte*: 64 g par jour
Femme adulte*: 51 g par jour

L'apport en protéines moyen des Canadiens excède largement leurs besoins. Environ 15 % de l'apport en énergie provient des protéines. Plus des deux tiers de cette quantité provient d'aliments animaux.

Santé et Bien-être social Canada recommande de maintenir le niveau de consommation actuel de protéines, mais d'accroître la proportion de protéines de sources végétales (légumineuses, produits céréaliers), ce qui contribuera à réduire l'apport en gras et à augmenter les apports en glucides complexes et en fibres.

Sources

Viandes, volailles et poissons; légumineuses; œufs; noix et graines; beurre d'arachide; produits céréaliers; produits laitiers.

LA VITAMINE A

On trouve la vitamine A dans les tissus animaux où elle se forme à partir de substances présentes dans les aliments végétaux, les caroténoïdes, qu'on appelle souvent «provitamines». La provitamine la plus abondante est le bêta-carotène.

---

* Groupe d'âge: 25 à 49 ans; poids: homme: 74 kg; femme: 59 kg; apport énergétique: homme: 2700 kcal; femme: 1900 kcal.

Effets et rôles

Santé de la peau et des muqueuses, croissance des os et des dents, vision en lumière faible, reproduction.

Recommandations

Homme adolescent et adulte*: 1000 ÉR** par jour
Femme adolescente et adulte*: 800 ÉR** par jour

Sources

Fruits et légumes, surtout orange et vert foncé (par exemple, carottes, épinards, brocoli, courges d'hiver, patates douces, cantaloup, abricots, mangue, papaye); huiles de foie de poisson; lait, yogourt et fromage; foie et rognons; jaune d'œuf; margarine et beurre.

LE CAROTÈNE

Effets et rôles

Une consommation accrue de carotène, de légumes verts et de fruits et légumes à chair jaune est associée à une diminution du risque de cancer des tissus épithéliaux (de recouvrement) de la vessie, de l'utérus et du col de l'utérus, de la cavité buccale et, surtout, des poumons. Il est possible que le carotène soit relié à la prévention du cancer, mais la preuve n'est pas établie à ce jour. Le pouvoir anticancéreux du carotène pourrait être attribué à son rôle comme antioxydant dans notre organisme.

---

* Groupe d'âge: 16 ans et plus.
** ÉR: équivalent rétinol.

Recommandations

En dépit du fait que cette théorie n'a pu être vérifiée à ce jour, il est souhaitable de consommer davantage d'aliments riches en carotène, en augmentant notre consommation de fruits et légumes. Ces aliments sont de bonnes sources de glucides et de fibres et ils sont pauvres en gras et en calories. Les fruits et légumes sont également les meilleures sources alimentaires de vitamine A.

Sources

Fruits et légumes, surtout orange et vert foncé (par exemple, carottes, épinards, brocoli, courges d'hiver, patates douces, cantaloup, abricots, mangue, papaye).

LA VITAMINE D

Effets et rôles

Prévention du rachitisme chez l'enfant et de l'ostéomalacie chez l'adulte; croissance; maintien de concentrations de calcium et de phosphore adéquates pour une bonne absorption du calcium, une bonne minéralisation des os et des dents et d'autres processus comme la contraction musculaire et la transmission de l'influx nerveux.

Recommandations

En principe, l'exposition au soleil permet de combler les besoins en vitamine D. En pratique, les nourrissons, les personnes âgées et celles qui ne sont pas ou qui sont peu exposées au soleil doivent s'assurer de retrouver dans leur alimentation la quantité requise pour combler leurs besoins. Les personnes âgées assimilent moins efficacement la vitamine D.

Enfant jusqu'à 2 ans: 10 µg (400 UI) par jour
Enfant de 2 à 6 ans: 5 µg (200 UI) par jour
Enfant et adulte de 7 à 49 ans: 2,5 µg (100 UI) par jour
Adulte de 50 ans et plus: 5 µg (200 UI) par jour

Sources

Lait et produits laitiers enrichis; huiles de foie de poisson et poissons gras; foie; jaune d'œuf; margarine; exposition au soleil.

LA VITAMINE E

Effets et rôles

La vitamine E est un agent antioxydant des gras. Elle intervient dans la fonction neurologique, la formation des globules rouges et le métabolisme des gras et des glucides, permettant de bien utiliser leur énergie.

Plusieurs études tentent actuellement de trouver une relation entre la vitamine E et la prévention du cancer, mais malheureusement aucune évidence n'a été démontrée à ce jour.

Recommandations

Les besoins en vitamine E sont reliés à la consommation de gras polyinsaturé.

Homme adulte*: 9 mg par jour
Femme adulte*: 6 mg par jour

---

* Groupe d'âge: 25 à 49 ans.

Sources

Les aliments végétaux, riches en gras polyinsaturé, sont également riches en vitamine E.

Huiles végétales; légumes vert foncé; pains et produits céréaliers de grains entiers; noix; légumineuses.

LA VITAMINE C

Effets et rôles

La vitamine C est un agent antioxydant des gras. Elle joue un rôle dans la formation du collagène des os, des dents, des cartilages, des tissus vasculaires et, par conséquent, sur leur santé. Elle intervient également dans la formation de la sérotonine qui contracte les vaisseaux et des acides biliaires nécessaires à l'absorption du gras. Elle contribue à l'absorption du fer des aliments, en particulier celui des aliments végétaux.

Certaines études de population ont établi un lien entre une ingestion élevée de vitamine C et une incidence plus faible de certains cancers, en particulier de l'estomac. Néanmoins, tout comme pour le carotène et la vitamine E, il n'est pas prouvé que ce soit la vitamine C qui joue ce rôle. Les régimes riches en fruits et légumes sont généralement pauvres en lipides et en calories, facteurs qui, eux, sont clairement associés à une fréquence moindre de certains cancers.

Quant au rôle joué sur la prévention du cancer et du rhume, les résultats ne sont pas concluants.

Recommandations

Homme adolescent et adulte*: 40 mg par jour
Femme adolescente et adulte*: 30 mg par jour
Personnes qui fument: ajout de 50 % à l'apport recommandé

___
* Groupe d'âge: 16 ans et plus.

Sources

Fruits et légumes, principalement agrumes, cantaloup, fraises, kiwis, poivron, tomates (et jus), jus de pomme et de raisin enrichis, jus de légumes, pommes de terre et légumes verts (par exemple, asperges, brocoli, chou, choux de Bruxelles, chou-fleur, pois mange-tout); huîtres.

LA THIAMINE

Effets et rôles

La thiamine joue un rôle dans le métabolisme des glucides et des gras, permettant de bien utiliser leur énergie, et dans les fonctions du système nerveux périphérique.

Recommandations

Les besoins en thiamine sont proportionnels à la dépense d'énergie et, par conséquent, à l'apport calorique.

Homme adulte*: 1,1 mg par jour
Femme adulte*: 0,8 mg par jour
 Chez l'adulte, l'apport ne doit pas être inférieur à 0,8 mg par jour.

Sources

Pains et produits céréaliers de grains entiers et enrichis; poissons et fruits de mer; viandes (surtout le porc) et volailles; foie; légumineuses; arachides; pois verts, maïs, pommes de terre; jaune d'œuf.

---

* Groupe d'âge: 25 à 49 ans; poids: homme: 74 kg; femme: 59 kg; apport énergétique: homme: 2700 kcal; femme: 1900 kcal.

LA NIACINE

Effets et rôles

La niacine intervient dans le métabolisme des glucides et des gras, permettant de bien utiliser leur énergie, et dans la synthèse du gras et le métabolisme des protéines. Elle a aussi un rôle dans les fonctions du système nerveux et influence la santé de la peau.

Recommandations

Les apports recommandés en niacine sont proportionnels à l'apport en calories.

Homme adulte*: 19 ÉN** par jour
Femme adulte*: 14 ÉN** par jour
    Chez l'adulte, l'apport ne doit pas être inférieur à 14 ÉN/jour.

Sources

Pains et produits céréaliers de grains entiers et enrichis; poissons et fruits de mer; viandes (surtout le porc) et volailles; foie; légumineuses; arachides; pommes de terre.

LA RIBOFLAVINE

Effets et rôles

La riboflavine intervient dans le métabolisme des glucides et des gras, permettant de bien utiliser leur énergie, et dans le

---

* Groupe d'âge: 25 à 49 ans; poids: homme: 74 kg; femme: 59 kg; apport énergétique: homme: 2700 kcal; femme: 1900 kcal.
** ÉN: équivalent de niacine.

métabolisme des protéines. Elle influence la santé de la peau et des yeux, elle aide à la croissance.

Recommandations

Les apports recommandés en riboflavine sont proportionnels à la dépense énergétique et, par conséquent, à l'apport calorique.

Homme adulte*: 1,4 mg par jour
Femme adulte*: 1 mg par jour
  Chez l'adulte, l'apport ne doit pas être inférieur à 1 mg par jour.

Sources

Le lait est la principale source alimentaire de riboflavine. Les autres sources sont: poissons et fruits de mer; viandes (surtout le porc) et volailles; pains et produits céréaliers enrichis; foie; œufs; légumes verts feuillus, patates douces.

LA VITAMINE B$_6$

Effets et rôles

La vitamine B$_6$ joue un rôle dans la synthèse des acides aminés et des protéines, des neurotransmetteurs et des anticorps, et dans les fonctions du système nerveux. Elle influence la santé de la peau.

---

* Groupe d'âge: 25 à 49 ans; poids: homme: 74 kg; femme: 59 kg; apport énergétique: homme: 2700 kcal; femme: 1900 kcal.

Recommandations

Les besoins en vitamine B_6 sont proportionnels à l'apport en protéines.

Homme adulte*: 1,8 mg par jour
Femme adulte*: 1,1 mg par jour

Sources

Foie (surtout de bœuf); viandes, volailles et poissons; pommes de terre; légumineuses; produits céréaliers de grains entiers; fruits et légumes (jus de pruneau, cantaloup, choux de Bruxelles, épinards, maïs, pois verts).

L'ACIDE FOLIQUE

Effets et rôles

L'acide folique intervient dans la synthèse des acides aminés, du matériel génétique des cellules et de différents autres constituants des cellules, et dans la formation des globules rouges.

Recommandations

Les femmes enceintes peuvent avoir besoin d'un supplément en acide folique.

Homme adulte*: 230 µg par jour
Femme adulte*: 185 µg par jour

---

* Groupe d'âge: 25 à 49 ans.

Sources

Légumes verts; foie et rognons; légumineuses; fruits; bœuf et veau; œufs; produits céréaliers de grains entiers.

LE CALCIUM

Effets et rôles

Le calcium entre dans la composition des os et des dents (99 % du calcium présent dans l'organisme se trouve dans les os et les dents). Il joue un rôle dans de nombreux processus métaboliques, comme le transport à travers les membranes, la transmission de l'influx nerveux, la coagulation sanguine, la contraction des muscles, la fonction hormonale. Il favorise l'absorption de la vitamine B_{12} et produirait un effet bénéfique possible sur le fonctionnement des muscles lisses des vaisseaux et, donc, sur la résistance des vaisseaux périphériques et la prévention de l'hypertension. (Les résultats actuels ne sont pas concluants toutefois.)

Recommandations

Étant donné l'association entre le calcium et l'ostéoporose, il importe de consommer pendant toute la vie les quantités de produits laitiers recommandées en fonction de son groupe d'âge, et particulièrement au cours de la croissance. Un niveau d'activité physique régulier aide également à la santé des os.

Homme adulte*: 800 mg par jour
Femme adulte*: 700 mg par jour

---

* Groupe d'âge: 19 à 49 ans.

Cette recommandation tient compte du fait que l'absorption du calcium diminue avec le vieillissement et que la perte osseuse au cours de la vie adulte pourrait être réduite par des apports élevés en calcium.

Sources

Les produits laitiers fournissent environ 75 % du calcium alimentaire.

Les autres sources sont: saumon, maquereau et sardines (hareng) en conserve (avec les arêtes); fruits de mer; légumineuses et tofu; légumes verts feuillus (par exemple, brocoli, chou cavalier (collard), épinards, feuilles de betterave, de pissenlit); rhubarbe.

LE PHOSPHORE

Effets et rôles

Le phosphore entre dans la composition des os et des dents (80 % du phosphore présent dans l'organisme se trouve dans les os et les dents), des protéines, du matériel génétique des cellules et de différents autres constituants des cellules. Il intervient dans de nombreux processus métaboliques, comme le métabolisme des glucides et des lipides.

Recommandations

Homme adolescent et adulte*: 1000 mg par jour
Femme adolescente et adulte*: 850 mg par jour

---

* Groupe d'âge: 16 ans et plus.

Sources

Additifs alimentaires phosphatés et aliments riches en protéines: produits laitiers; viandes, volailles, poissons et fruits de mer; produits céréaliers de grains entiers.

LE FER

Effets et rôles

Le fer entre dans la composition de l'hémoglobine (constituant des globules rouges influant sur le transport de l'oxygène des poumons vers les tissus) et dans la composition de la myoglobine (constituant dans les muscles qui stocke l'oxygène utilisé par les cellules). Il joue un rôle dans plusieurs fonctions métaboliques, dont la synthèse du matériel génétique des cellules, dans l'absorption gastro-intestinale, les fonctions immunitaires et la fonction neurologique.

Recommandations

Les femmes enceintes peuvent avoir besoin d'un supplément de fer.

Les suppléments de calcium sous forme de phosphate de calcium et de carbonate de calcium pourraient avoir des effets néfastes sur l'absorption du fer.

Homme adulte*: 9 mg par jour
Femme adulte*: 13 mg par jour

---

* Groupe d'âge: 19 à 49 ans.

Sources

Foie (surtout de porc); viandes, volailles, poissons et fruits de mer; légumineuses; œufs; noix et graines; pains et produits céréaliers de grains entiers et enrichis, crème de blé enrichie; légumes verts; fruits séchés.

La vitamine C contenue dans les fruits et légumes favorise l'absorption du fer des aliments, en particulier celui d'origine végétale, assimilé moins efficacement. La consommation de viande, de volaille ou de fruits de mer active également cette absorption.

Par contre, le thé, le café, les jaunes d'œufs, ainsi que le son qui renferme des fibres et des phytates, peuvent nuire à son absorption. Pris entre les repas, ces aliments ne nuiront pas à l'absorption du fer.

LE CUIVRE

Effets et rôles

Le cuivre joue un rôle dans la formation de plusieurs substances (hémoglobine des globules rouges, pigment de mélanine de la peau, élastine et collagène du tissu conjonctif des vaisseaux sanguins et du squelette), dans les fonctions du système nerveux périphérique et dans le goût.

Recommandations

Les suppléments de fer pourraient avoir des effets néfastes sur l'absorption du cuivre. D'importantes quantités de zinc pourraient également nuire au métabolisme du cuivre.

Adulte*: 2 mg par jour

---

* Cette quantité semble satisfaisante et sans danger même si aucun apport nutritionnel recommandé n'a pu être précisé par Santé et Bien-être social Canada.

Sources

Les principales sources alimentaires de cuivre sont le foie et les fruits de mer. Viennent ensuite: poissons, viandes et volailles; légumineuses; noix; produits céréaliers de grains entiers; fruits et légumes.

LE ZINC

Effets et rôles

Le zinc intervient dans le métabolisme des protéines, des glucides et des lipides; dans la synthèse du matériel génétique des cellules; dans le transport du bioxyde de carbone (CO_2) des tissus vers les poumons; dans la croissance, le développement sexuel, les fonctions immunitaires et le goût.

Recommandations

Les suppléments de fer pourraient avoir des effets néfastes sur l'absorption du zinc. De grandes quantités de fibres et de phytates peuvent également nuire à son absorption.

Homme adulte*: 12 mg par jour
Femme adulte*: 9 mg par jour

Sources

Foie; viandes (surtout bœuf, veau, agneau) et volailles (surtout le brun); poissons et fruits de mer; légumineuses; jaune d'œuf; lait et fromage; arachides; produits céréaliers de grains entiers.

---

* Groupe d'âge: 13 ans et plus.

LE MAGNÉSIUM

Effets et rôles

Le magnésium intervient dans le métabolisme des glucides, des protéines et des lipides, et dans celui du matériel génétique des cellules. Il agit sur la transmission de l'influx nerveux et, par conséquent, sur la contraction musculaire; il entre dans la composition des os et des dents (60 % du magnésium présent dans l'organisme se trouve dans les os et les dents).

Plusieurs études ont établi un lien entre un apport faible en magnésium et une incidence accrue d'hypertension et de mortalité causée par les maladies du cœur.

Recommandations

Homme adulte*: 250 mg par jour
Femme adulte*: 200 mg par jour

Sources

Produits céréaliers de grains entiers; légumineuses et tofu; fruits de mer; lait; fruits et légumes (surtout les légumes verts feuillus); noix et graines.

LE SODIUM ET LE POTASSIUM

Effets et rôles

Le sodium et le potassium contribuent au maintien de l'équilibre hydrique de l'organisme. Ils interviennent dans la transmission nerveuse et la contraction musculaire, et dans le transport à travers les membranes cellulaires.

---

* Groupe d'âge: 25 à 49 ans.

Des études de population ont établi une corrélation positive entre l'apport en sodium et l'hypertension, et négative entre l'apport en potassium et l'hypertension.

Recommandations

Dans les pays occidentaux, Santé et Bien-être social Canada rapporte dans ses *Recommandations sur la nutrition* que l'apport en sodium varierait entre 2,3 g et 6,7 g par jour, selon l'apport énergétique du régime. La proportion de sodium ajouté soi-même serait inférieure au quart ou au tiers de l'apport total. Le reste proviendrait du sel et des additifs alimentaires sodés présents dans les aliments transformés et préparés commercialement.

La consommation actuelle de sodium, sous forme de différents sels et d'additifs, devrait être réduite. À cet effet, il est clair que l'industrie de la transformation des aliments a un rôle crucial à jouer pour aider les consommateurs.

On peut réduire la consommation actuelle de sodium en privilégiant les aliments les moins transformés et préparés commercialement, et en limitant l'usage de sel à la cuisson et à la table. Certains experts de la santé estiment que les Nord-Américains devraient réduire de moitié leur apport actuel en sodium, pour atteindre un maximum de 2 à 2,5 g de sodium par jour, soit l'équivalent d'environ 5 ml (1 c. à café) de sel.

Il est aussi conseillé d'accroître l'apport en potassium, surtout par les fruits et légumes.

L'ALCOOL

Effets et rôles

La consommation d'alcool a un effet néfaste reconnu sur la pression sanguine. Elle est également liée à une incidence accrue de certains types de cancer. Un usage excessif d'alcool est associé à des maladies du foie (par exemple, la cirrhose), du cœur et du système nerveux. Un apport modéré d'alcool serait relié à une incidence moindre de maladies coronariennes.

L'alcool peut diminuer les chances de combler ses besoins en éléments nutritifs, en ce qu'il porte à réduire la consommation d'aliments et intervient dans l'utilisation que fait de plusieurs de ces éléments.

Recommandations

À cause principalement des risques de carences nutritionnelles et de la relation entre la consommation d'alcool et la pression sanguine, Santé et Bien-être social Canada recommande de faire preuve de modération à l'égard de l'alcool. Pour la plupart des adultes, il s'agit de ne pas prendre plus d'une consommation* d'alcool par jour et pas plus de sept par semaine.

On recommande aux femmes enceintes de s'abstenir de consommer de l'alcool, parce que la quantité qui peut être prise sans risque n'est pas connue avec certitude.

---

* Une consommation correspond à 15 mg d'alcool, c'est-à-dire une bouteille de bière de 350 ml (12 oz), 150 ml (5 oz) de vin, 50 ml (1,5 oz) de spiritueux.

LA CAFÉINE

Effets et rôles

La caféine stimule le système nerveux. Par conséquent, elle accroît la vigilance et retarde la fatigue.

Plusieurs études ont établi un rapport entre la caféine et les maux de tête, l'insomnie, le stress, l'anxiété, la nervosité, une augmentation de la sécrétion gastrique et de la diurèse (sécrétion de l'urine), les tremblements, les palpitations, des fréquences respiratoires et cardiaques élevées, l'irritabilité, la dépression, etc. Une grande consommation de caféine pourrait être associée à un risque accru de maladies cardio-vasculaires.

Recommandations

En 1987, l'Institut national de la nutrition rapportait une consommation moyenne de caféine de 450 mg par jour chez les Canadiens. Environ 60 % de l'apport en caféine proviendrait du café, 30 %, du thé et 10 %, de sources autres comme les boissons à base de cola, les produits contenant du cacao (par exemple, le chocolat) et les médicaments. Une tasse de café (180 ml [6 oz]) fournit en moyenne approximativement 100 mg de caféine, une tasse de thé faible, de 20 à 45 mg, une tasse de thé fort, de 79 à 110 mg et une portion de 300 ml (10 oz) de boisson à base de cola, de 22 à 50 mg.

L'apport en caféine ne devrait pas être supérieur à l'équivalent de quatre tasses de café ordinaire par jour.

Sources

Diverses boissons (thé, café, boissons gazeuses, chocolat); chocolat et médicaments.

Les recommandations alimentaires pour la santé des Canadiens et Canadiennes (Santé et Bien-être social Canada, 1990)

- Cherchez à atteindre et à maintenir un poids-santé en étant régulièrement actif et en mangeant sainement.
- Parmi les produits laitiers, les viandes et les aliments cuisinés, optez pour les plus maigres.
- Dans l'ensemble de votre alimentation, donnez la plus grande part aux céréales, pains et autres produits céréaliers, ainsi qu'aux légumes et aux fruits.
- Lorsque vous consommez du sel, de l'alcool ou de la caféine, allez-y avec modération.
- Agrémentez votre alimentation par la variété.

Le Guide alimentaire canadien pour manger sainement

Le *Guide alimentaire canadien pour manger sainement* est conçu par Santé et Bien-être social Canada pour aider les Canadiens de quatre ans et plus dans tous leurs choix alimentaires. En suivant ses recommandations, le Guide les aide à combler leurs besoins en éléments nutritifs et en énergie tout en réduisant leurs risques de problèmes de santé reliés à la nutrition, comme les maladies cardio-vasculaires, le cancer, l'obésité, l'hypertension, l'ostéoporose, l'anémie, la carie dentaire et certains troubles intestinaux.

Le Guide recommande de consommer tous les jours une variété d'aliments choisis dans chacun de ses quatre groupes alimentaires. Les besoins de chaque individu varient selon l'âge, la taille, le sexe et le niveau d'activité. Ils augmentent durant la grossesse et l'allaitement. Le Guide en tient compte. Ainsi, il propose à chacun de choisir, en fonction de ses besoins, un nombre plus ou moins grand de portions dans chacun des groupes d'aliments. Par exemple, les adolescents ou les athlètes ont des besoins plus grands et pourront choisir les nombres de portions plus élevés. Les enfants ou les personnes âgées qui sont peu actives pourront combler leurs besoins avec les nombres de portions plus petits. La plupart des gens peuvent combler leurs besoins en choisissant parmi les quantités suggérées. Par contre, le Guide ne convient pas aux nourrissons et aux enfants de moins de 4 ans. Le nombre et la grosseur des portions recommandées sont trop importants pour eux.

Les messages et les conseils du Guide soulignent l'importance de consommer des aliments moins gras et plus riches en éléments nutritifs, en amidon et en fibres. Il suggère aussi de modérer sa consommation de sel, d'alcool, de sucre et de caféine.

PRODUITS CÉRÉALIERS: 5 À 12 PORTIONS

Choisir de préférence des produits de grains entiers ou enrichis.

Exemples d'une portion:
1 tranche de pain
30 g (1 oz) de céréales sèches
175 ml (3/4 tasse) de céréales cuites
1/2 bagel, 1/2 pita ou 1/2 petit pain
125 ml (1/2 tasse) de riz ou de pâtes alimentaires, cuits

LÉGUMES ET FRUITS: 5 À 10 PORTIONS

Choisir plus souvent des légumes vert foncé ou orange et des fruits orange.

Exemples d'une portion:
1 légume ou fruit de grosseur moyenne
125 ml (1/2 tasse) de légumes ou fruits frais, surgelés ou en conserve
250 ml (1 tasse) de salade
125 ml (1/2 tasse) de jus de fruits ou de légumes

PRODUITS LAITIERS:

enfant (4 à 9 ans):   2 à 3 portions
jeune (10 à 16 ans):   3 à 4 portions
adulte: 2 à 4 portions
femme enceinte ou allaitant: 3 à 4 portions
Choisir de préférence des produits laitiers moins gras.

 Exemples d'une portion:
250 ml (1 tasse) de lait frais, lait en poudre reconstitué, lait de
 beurre
50 g (3x1x1 po ou 2 tranches) de fromage
175 g (3/4 tasse) de yogourt
125 ml (1/2 tasse) de fromage ricotta
 (125 ml de cottage = 1/4 portion)
45 ml (3 c. à soupe) de poudre de lait

 Exemples d'une demi-portion:
175 ml (3/4 tasse) de lait glacé ferme
125 ml (1/2 tasse) de dessert au lait

VIANDE ET SUBSTITUTS: 2 À 3 PORTIONS

Choisir de préférence viandes, volailles et poissons plus
maigres et légumineuses.

 Exemples d'une portion:
50 à 100 g (2 à 3 oz) de viande, de volaille ou de poisson, cuits
50 à 100 g (1/3 à 2/3 boîte) de poisson en conserve
1 à 2 œufs
125 à 250 ml (1/2 à 1 tasse) de légumineuses cuites
100 g (1/3 tasse) de tofu
30 ml (2 c. à soupe) de beurre d'arachide

Bibliographie

Agriculture Canada et Office canadien de commercialisation du dindon. *La dinde au menu du jour*, 28 p. (brochure).

Agriculture Canada, Fédération des producteurs de porc du Québec et Porc Canada. *Porc frais canadien* (brochure).

Agriculture Canada. *Le guide canadien des viandes*, Ottawa, Les Éditions de l'Homme avec Agriculture Canada et le Centre d'édition du gouvernement du Canada, Approvisionnements et Services Canada, 1983, 96 p.

Brault Dubuc, Micheline et Liliane Caron Lahaie. *Valeur nutritive des aliments*, Montréal, Université de Montréal, 1987, 171 p.

Centre d'information sur le bœuf. *Le bœuf canadien, synonyme d'excellence* (brochure).

Centre d'information sur le bœuf. *Vive le bœuf au barbecue!* (brochure).

Centre de documentation juridique du Québec. *Loi et règlements sur la protection du consommateur*, Montréal, Wilson & Lafleur ltée, 1991, 214 p.

Direction des produits de consommation, Bureau de la consommation, Consommation et Corporation Canada. *Guide des fabricants et annonceurs-Aliments*, 1988, 152 p.

Direction générale des services et de la promotion de la santé et Direction générale de la protection de la santé, Santé et Bien-être social Canada. *Valeur nutritive de quelques aliments usuels*, Ottawa, 1988, 33 p.

Division de la consultation en alimentation, Agriculture Canada. «Une invitation à consommer plus de légumineuses», *Communiqué en alimentation*, nº 2, 1985, p. 1.

Division des aliments, Direction des produits de consommation, Consommation et Corporation Canada. *Manuel sur l'étiquetage nutritionnel*, mai 1991, 59 p.

Dô, Sylvie et Raynald Pépin. «Les yogourts glacés», *Protégez-vous*, juillet 1992, p. 6.

Educational Department, Blue Goose, Inc. *The Buying Guide for Fresh Fruits, Vegetables, Herbs and Nuts*, 7e éd., Hagerstown (Maryland), Blue Goose, Inc., 1980, 136 p.

Fédération des producteurs de bovins du Québec et ministère de l'Alimentation, des Pêcheries et de l'Agriculture du Québec. *Le renouveau du veau*, 1989, 15 p. (brochure).

Fruits Botner ltée. *Fruits et légumes exotiques du monde entier*, Saint-Lambert (Québec), Les Éditions Héritage inc., 1989. (série de sept fascicules).

Howarth, A. Jan. *Délices de la mer et du Canada*, Ottawa, Lidec inc. conjointement avec le ministère des Pêches et Océans et le Centre d'édition du gouvernement du Canada, Approvisionnements et Services Canada, 1984, 286 p.

Human Nutrition Information Service, Nutrition Monitoring Division, United States Department of Agriculture. *Composition of Foods: Cereal Grains and Pasta*, Agriculture Handbook Number 8-20, octobre 1989, 137 p.

Human Nutrition Information Service, Nutrition Monitoring Division, United States Department of Agriculture. *Composition of Foods: Finfish and Shellfish Products*, Agriculture Handbook Number 8-15, septembre 1987, 192 p.

Human Nutrition Information Service, Nutrition Monitoring Division, United States Department of Agriculture. *Composition of Foods: Vegetables and Vegetable Products*, Agriculture Handbook Number 8-11, 1984, 502 p.

Hurley, Jayne et Bonnie Liebman. «Ice cream clones. Low-fat frozen desserts», *Nutrition Action*, vol. 19, n° 5, 1992, p. 10.

Hurley, Jayne et Stephen Schmidt. «Cereals», *Nutrition Action*, vol. 19, n° 2, 1992, p. 10.

Hurley, Jayne et Stephen Schmidt. «Low-fat cheese. Whey to go», *Nutrition Action*, vol. 19, n° 3, 1992, p. 10.

Hurley, Jayne et Stephen Schmidt. «Rice: Go with the grain», *Nutrition Action*, vol. 17, n° 7, 1990, p. 10.

Institut national de la nutrition. «Le poisson dans l'alimentation des Canadiens», *Le point INN*, vol. 6, n° 1, 1991, p. 1.

Institut national de la nutrition. «Les viandes rouges dans le régime alimentaire des Canadiens», *Le point INN*, vol. 4, n° 3, 1989, p. 1.

Lefferts, Lise Y. «Eating Green», *Nutrition Action*, vol. 19, n° 1, 1992, p. 1.

Liebman, Bonnie. «Fresh fruit. A papaya a day?», *Nutrition Action*, vol. 19, n° 4, 1992, p. 10.

Liebman, Bonnie. «The name game», *Nutrition Action*, vol. 19, n° 2, 1992, p. 8.

Liebman, Bonnie. «Vegetables: From sweets to beets», *Nutrition Action*, vol. 18, n° 10, 1991, p. 10.

Monette, Solange. *Dictionnaire encyclopédique des aliments*, Montréal, Éditions Québec/Amérique, 1989, 607 p.

National Institute of Nutrition. «Caffeine, a perspective on current concerns», *NIN Review*, n° 2, mai 1987.

Office canadien de commercialisation du dindon. *La dinde, un festin à tous les repas*, 20 p. (brochure).

Santé et Bien-être social Canada. *Le rapport action santé, nos conceptions et nos actions*, 2ᵉ éd., Ottawa, 1990, 27 p.

Santé et Bien-être social Canada. *Codification ministérielle de la Loi sur les aliments et drogues et du Règlement sur les aliments et drogues*, Ottawa, juillet 1991, 192 p.

Santé et Bien-être social Canada. *Fichier canadien sur les éléments nutritifs*, Ottawa, 1988 (banque de données).

Santé et Bien-être social Canada. *Le guide alimentaire canadien pour manger sainement*, Ottawa, 1992.

Santé et Bien-être social Canada. *Recommandations alimentaires pour la santé des Canadiens et Canadiennes et stratégies recommandées pour la mise en application. Rapport du Comité des communications et de la mise en application*, Ottawa, 1990, 104 p.

Santé et Bien-être social Canada. *Recommandations sur la nutrition. Rapport du comité scientifique de révision*, Ottawa, 1990, 224 p.

Service de la qualité des eaux, ministère de l'Environnement. *Mercure et pêche sportive. Guide de consommation du poisson* (brochure).

Tremblay, Hélène. «Les simili fruits de mer», *Protégez-vous*, novembre 1985, p. 29.

Tremblay, Hélène. «Redécouvrir les céréales», *Protégez-vous*, octobre 1991, p. 54.

Publications autrefois distribuées par Agriculture Canada

Division de la consultation en alimentation, Agriculture Canada. *Disponibilité des fruits et des légumes frais canadiens*, Ottawa, 1985.

Division de la consultation en alimentation, Agriculture Canada. *Durées d'entreposage des aliments*, Publication 1695/B, 2e éd., Ottawa, 1985.

Division de la consultation en alimentation, Agriculture Canada. *Guide d'achat des viandes*, Publication 1690, 2e éd., Ottawa, 1980, 18 p.

Division de la consultation en alimentation, Agriculture Canada. *Haricots, pois et lentilles*, Publication 1555/F, 2e éd., Ottawa, 1984, 18 p.

Division de la consultation en alimentation, Agriculture Canada. *Les légumes frais canadiens*, Publication 1476/F, 2e éd., Ottawa, 1982, 42 p.

Division de la consultation en alimentation, Agriculture Canada. *Pommes de terre d'aujourd'hui*, Publication 1741, Ottawa, 1984.

Division de la consultation en alimentation, Agriculture Canada. *Tout sur la pomme canadienne*, Publication 1735/F, Ottawa, 1982.

Division de la consultation en alimentation, Direction générale des marchés agro-alimentaires, Agriculture Canada et Services éducatifs, Direction générale de la protection de la santé, Santé et Bien-être social Canada. *La nutrition à bon prix*, Publication 1651, 2ᵉ éd., Ottawa, 1980, 32 p.

Services consultatifs de l'alimentation, Agriculture Canada. *Classement des aliments*, Publication 1283, 5ᵉ éd., Ottawa, 1976, 16 p.

Publications distribuées par le ministère des Pêches et Océans

Centre alimentaire des Pêches, Services de promotion, ministère des Pêches et Océans. *Poissons et fruits de mer au micro-ondes*, Ottawa, 1985, 18 p.

Centre alimentaire des Pêches, Services de promotion, ministère des Pêches et Océans. *Poissons et fruits de mer en une leçon*, Ottawa, 1985, 18 p.

Direction de la promotion, Direction générale de la commercialisation et Commercialisation et pêches internationales, Pêches et Océans Canada. *Produits de la pêche du Canada. Région de l'Atlantique*, Ottawa, Communications Pêches et Océans, 1985, 51 p.

Direction de la promotion, Direction générale de la commercialisation et Commercialisation et pêches internationales, Pêches et Océans Canada. *Produits de la pêche du Canada. Région des eaux douces,* Ottawa, Communications Pêches et Océans, 1985, 16 p.

Direction de la promotion, Direction générale de la commercialisation et Commercialisation et pêches internationales, Pêches et Océans Canada. *Produits de la pêche du Canada. Région du Pacifique,* Ottawa, Communications Pêches et Océans, 1985, 35 p.

Direction des communications et Direction générale de commercialisation, ministère des Pêches et Océans. *Le poisson canadien... une bonne affaire!,* Ottawa, 1980.

Ministère des Pêches et Océans. *Poissons et fruits de mer,* n°s 1 et 2.

Liste des tableaux

Table des matières

 LES ÉDITIONS DE L'HOMME

Ouvrages parus aux Éditions de l'Homme

Affaires et vie pratique

* **Acheter et vendre sa maison ou son condominium,** Lucille Brisebois
* **Acheter une franchise,** Pierre Levasseur
* **Les assemblées délibérantes,** Francine Girard
* **La bourse,** Mark C. Brown
* **Le chasse-insectes dans la maison,** Odile Michaud
* **Le chasse-insectes pour jardins,** Odile Michaud
  Le chasse-taches, Jack Cassimatis
* **Choix de carrières — Après le collégial professionnel,** Guy Milot
* **Choix de carrières — Après le secondaire V,** Guy Milot
* **Choix de carrières — Après l'université,** Guy Milot
* **Comment cultiver un jardin potager,** Jean-Claude Trait
  Comment rédiger son curriculum vitæ, Julie Brazeau
* **Comprendre le marketing,** Pierre Levasseur
  Des pierres à faire rêver, Lucie Larose
* **Des souhaits à la carte,** Clément Fontaine
* **Devenir exportateur,** Pierre Levasseur
* **L'entretien de votre maison,** Consumer Reports Books
  L'étiquette des affaires, Elena Jankovic
* **Faire son testament soi-même,** Me Gérald Poirier et Martine Nadeau Lescault
  Les finances, Laurie H. Hutzler
  Gérer ses ressources humaines, Pierre Levasseur
  La graphologie, Claude Santoy
* **Le guide complet du jardinage,** Charles L. Wilson
* **Le guide de l'auto 93,** D. Duquet, M. Lachapelle et J. Duval
* **Le guide des bars de Montréal 93,** Lili Gulliver
* **Le guide des bons restaurants de Montréal et d'ailleurs 93,** Josée Blanchette
  Le guide des plantes d'intérieur, Coen Gelein
  Guide du savoir-écrire, Jean-Paul Simard
* **Le guide du vin 93,** Michel Phaneuf
* **Le guide floral du Québec,** Florian Bernard
  Guide pratique des vins de France, Jacques Orhon
  J'aime les azalées, Josée Deschênes
* **J'aime les bulbes d'été,** Sylvie Regimbal
  J'aime les cactées, Claude Lamarche
* **J'aime les conifères,** Jacques Lafrenière
* **J'aime les petits fruits rouges,** Victor Berti
  J'aime les rosiers, René Pronovost
  J'aime les tomates, Victor Berti
  J'aime les violettes africaines, Robert Davidson
  J'apprends l'anglais..., Gino Silicani et Jeanne Grisé-Allard
  Le jardin d'herbes, John Prenis
* **Lancer son entreprise,** Pierre Levasseur
  Le leadership, James J. Cribbin
* **La loi et vos droits,** Me Paul-Émile Marchand
  Le meeting, Gary Holland
  Mieux comprendre sa vie de travail, Claude Poirier et Nicole Gravel
* **Mon automobile,** Gouvernement du Québec et Collège Marie-Victorin
  Notre mariage — Étiquette et planification, Marguerite du Coffre
  Nouveaux profils de carrière, Claire Landry

Affaires publiques, vie culturelle, histoire

Cuisine et nutrition

Le programme 5BX, pour être en forme,
* Racquetball, Jean Corbeil
* Racquetball plus, Jean Corbeil
Les règles du golf, Yves Bergeron
* Rivières et lacs canotables du Québec, Fédération québécoise du canot-camping
S'améliorer au tennis, Richard Chevalier
Le saumon, Jean-Paul Dubé
Le saxophone sans professeur, John Robert Brown
* Le scrabble, Daniel Gallez
Les secrets du baseball, Jacques Doucet et Claude Raymond
Le solfège sans professeur, Roger Evans
La technique du ski alpin, Stu Campbell et Max Lundberg
Techniques du billard, Robert Pouliot
Le tennis, Denis Roch
* Le tissage, Germaine Galerneau et Jeanne Grisé-Allard
Tous les secrets du golf selon Arnold Palmer, Arnold Palmer
La trompette sans professeur, Digby Fairweather
Le violon sans professeur, Max Jaffa
* Le vitrail, Claude Bettinger
Voir plus clair aux échecs, Henri Tranquille et Louis Morin
Le volley-ball, Fédération de volley-ball

Psychologie, vie affective, vie professionnelle, sexualité

* 30 jours pour un plus grand épanouissement sexuel, Alan Schneider et Deidre Laiken
20 minutes de répit, Ernest Lawrence Rossi et David Nimmons
* Adieu Québec, André Bureau
À dix kilos du bonheur, Danielle Bourque
Aider mon patron à m'aider, Eugène Houde
À la découverte de mon corps — Guide pour les adolescentes, Lynda Madaras
À la découverte de mon corps — Guide pour les adolescents, Lynda Madaras
L'amour comme solution, Susan Jeffers
L'amour, de l'exigence à la préférence, Lucien Auger
Les années clés de mon enfant, Frank et Theresa Caplan
* Apprendre à lire et à écrire au primaire, René Bélanger
Apprivoiser l'ennemi intérieur, Dr George R. Bach et Laura Torbet
L'approche émotivo-rationnelle, Albert Ellis et Robert A. Harper
L'art de l'allaitement maternel, Ligue internationale La Leche
L'art de parler en public, Ed Woblmuth
L'art d'être parents, Dr Benjamin Spock
L'autodéveloppement, Jean Garneau et Michelle Larivey
Avoir un enfant après 35 ans, Isabelle Robert
Bientôt maman, Janet Whalley, Penny Simkin et Ann Keppler
* Le bonheur au travail, Alan Carson et Robert Dunlop
Le bonheur possible, Robert Blondin
Ces hommes qui méprisent les femmes... et les femmes qui les aiment,
   Dr Susan Forward et Joan Torres
Ces hommes qui ne peuvent être fidèles, Carol Botwin
Ces visages qui en disent long, Jeanne-Élise Alazard
Changer ensemble — Les étapes du couple, Susan M. Campbell
Chère solitude, Jeffrey Kottler
Le cœur en écharpe, Stephen Gullo et Connie Church
Comment aider mon enfant à ne pas décrocher, Lucien Auger
Comment communiquer avec votre adolescent, E. Weinhaus et K. Friedman
Comment déborder d'énergie, Jean-Paul Simard
Comment garder son homme, Alexandra Penney
* La communication... c'est tout!, Henri Bergeron
Le complexe de Casanova, Peter Trachtenberg
Comprendre et interpréter vos rêves, Michel Devivier et Corinne Léonard

Santé, beauté

---

* Pour l'Amérique du Nord seulement. (1210)

Achevé   Imprimerie
d'imprimer Gagné Ltée
au Canada Louiseville